19.80
7

Charismatische
Erneuerung und Kirche

Charismatische Erneuerung und Kirche

Im Auftrag der Theologischen Studienabteilung
beim Bund der Evangelischen Kirchen in der DDR
herausgegeben von
Hubert Kirchner, Götz Planer-Friedrich,
Matthias Sens und Christof Ziemer

Schriftenmissions-Verlag
Neukirchen-Vluyn

1986
Aussaat- und Schriftenmissions-Verlag GmbH,
Neukirchen-Vluyn
2. Auflage der Lizenzausgabe
mit Genehmigung der Evangelischen
Verlagsanstalt GmbH., Berlin/DDR

Umschlaggestaltung: Meussen / Künert, Essen
Gesamtherstellung: Druckhaus Gummersbach
Printed in Germany
ISBN 3-7958-8928-6

Inhalt

II. Teil

Einleitung

Geistliche Erfahrung, vorbildliche Christusnachfolge, Zungenrede, Heilungen, Prophetie, Charismen, Exorzismus – diesen und anderen Stichworten konnte man seit einigen Jahren immer wieder begegnen, wenn über bestimmte Gruppen und Kreise berichtet wurde, die – für die meisten überraschend – auf einmal das Leben vieler Gemeinden in unseren Kirchen zu bestimmen begannen. Die keineswegs zahlreichen und oft noch widersprüchlichen Informationen ließen freilich lange kein deutliches Bild dieser Gruppen entstehen und führten zu sehr unterschiedlichen Erwartungen und Einschätzungen: Anliegen, die seit je zum christlichen Glauben gehören, werden hier mit ungewohnter Intensität verfolgt, aber daneben stehen Praktiken, die in der Kirche fast immer nur am Rande geübt wurden. Neues christliches Leben scheint von diesen Gruppen auszugehen, aber dann bleiben sie doch auch wieder ganz für sich, und der Verdacht wird laut, sie hielten sich für die besseren oder gar die einzig wahren Christen. Ein evangelistischer Impuls zeichnet sie aus. Aber wollen sie wirklich einzig zu Christus führen oder nicht zuerst zu ihrer Form des Christseins bekehren? Sie beteuern, lebendiger Kern der Gemeinde sein zu wollen, aber das Zusammenglauben, -leben und -handeln fällt schwer, und immer wieder kommt es zu Auseinandersetzungen. Mit ihrem religiösen Erleben scheinen sie viele herkömmliche Urteile über die Säkularität des heutigen Menschen zu entkräften. Aber bieten sie wirklich eine dem Menschen unserer Zeit angemessene Gestalt christlicher Frömmigkeit und Verkündigung? Manche fühlen sich durch diese Gruppen in ihrem Glauben bestärkt, andere verunsichert. Hoffnungen werden geweckt, aber zugleich erwacht auch die Skepsis.

Wie soll man bei so unterschiedlichen Einschätzungen diesen Gruppen begegnen? Wo bieten sie Anregungen? Welche Probleme machen sie offenbar? Was können und müssen die Kirchen als ganze und die einzelnen Gemeinden von ihnen lernen? Was müssen sie tun?

Die hier vorgelegten Informationen und Ergebnisse ersten Nachdenkens über dieses Phänomen möchten helfen, einige dieser Fragen zu beantworten. Durch Darstellung von Entstehung, Praxis und Anliegen dieser Gruppen in unseren Kirchen, durch ihre theologische Einschätzung und erste Einordnung in die Vielfalt unserer Kirchen möchten sie helfen, daß sich jeder selber ein Bild zu machen und mit Frömmigkeit und Theologie dieser Gruppen auseinanderzusetzen vermag.

1. »Charismatische Bewegung in unseren Kirchen«

das heißt zunächst, diese Gruppen sind nicht isoliert zu sehen. Sie stehen vielmehr im Zusammenhang mit einer wirklichen Bewegung, die sich seit Mitte der sechziger Jahre, ausgehend insbesondere von der lutherischen und der katholischen Kirche in den USA, inzwischen in viele Kirchen aller Konfessionen und Kontinente ausgeweitet hat. Gemeinhin spricht man von der „charismatischen Bewegung", denn ihr hervorragendes Merkmal ist das überraschende Erleben, freudige Praktizieren und offene Propagieren von geistlichen Erfahrungen, die im Neuen Testament „Charismen" – „Gnadengaben" – genannt werden (vgl. 1 Kor 12). Neben vielen Gemeinsamkeiten gibt es innerhalb dieser Bewegung freilich erhebliche Unterschiede. In den unterschiedlichen Kontexten hat sie sich keineswegs einheitlich entwickelt. In unseren Kirchen ist sie besonders durch einen pietistisch-volksmissionarischen Hintergrund und Rahmen geprägt sowie durch einzelne Gruppierungen, die z. T. erheblich älter sind als diese charismatische Bewegung und untereinander nur in einer lockeren Verbindung stehen. Charakteristisch ist ferner die deutliche Zurückhaltung gegenüber der Bezeichnung „charismatisch". Man spricht hier, im Unterschied zu der im englischen Sprachraum üblichen Bezeichnung »charismatic renewal« (charismatische Erneuerung) lieber von einer »geistlichen Gemeindeerneuerung« oder einer »geistlichen Erneuerungs- und Erweckungsbewegung«, sofern man überhaupt nach einer Sammelbezeichnung sucht. Dabei wird mit dem Attribut »geistlich« sehr deutlich auf den für die ganze Bewegung typischen Anspruch verwiesen, in besonderer Weise Bewegung des Heiligen Geistes zu sein. Wenn in der vorliegenden Arbeit dennoch die Bezeichnung »charismatisch« beibehalten wird, dann soll damit das Spezifische der Gesamtbewegung angedeutet werden, wodurch auch die Gruppen in unseren Kirchen auf sich aufmerksam gemacht haben.

Auch der Ausdruck »Bewegung« bedarf einer Erklärung. Von den Vertretern der charismatischen Bewegung in allen Kirchen selbst wird er wiederum nur ungern gebraucht. »Bewegung« klingt ihnen zu sehr nach Distanz zur Kirche, nach Verselbständigung. Und eine Bewegung in diesem Sinne möchte man nicht sein, sondern wirklich bewußt in den Kirchen und Gemeinden als Zelle der Erneuerung wirken. So spricht man auch deshalb lieber von »geistlicher

Gemeindeerneuerung«. Und wieder wird der Anspruch, den die Gruppen erheben, damit deutlich unterstrichen.

»Charismatische Bewegung« ist also vorwiegend eine Fremdbezeichnung. Sie wird hier benutzt, weil sie neutraler ist als die verschiedenen Selbstbezeichnungen. Sie nimmt den Anspruch dieser Gruppen ernst, ohne die Verifizierung dieses Anspruches bereits vorwegzunehmen. Dabei wird unter »Bewegung« ganz allgemein ein »strukturiertes Geflecht von Überzeugungen, Erfahrungen und Aktivitäten« verstanden, bei dem die zentralen Anliegen in Spannung zu vorherrschenden Trends in Kirche und Theologie stehen, aber die »Zustimmung und Unterstützung einer beträchtlichen Zahl von Menschen« gefunden haben.[1]

Wenn hier schließlich von der charismatischen Bewegung in unseren Kirchen gesprochen wird, sind in der Regel die Gruppierungen charismatischer Prägung in den evangelischen Landeskirchen in der DDR gemeint. Freilich finden sich auch in anderen Kirchen in der DDR dieselben oder vergleichbare Phänomene. Diese sind aber genausowenig wie die Bewegung in anderen Ländern Gegenstand dieser Studie, auch wenn verschiedentlich auf sie verwiesen und auf die Zusammenarbeit mit ihnen selbstverständlich eingegangen wird.

2. Eine Studie der Theologischen Studienabteilung

Die vorliegende Arbeit ist das Ergebnis eines Projektes, das die Theologische Studienabteilung in den Jahren 1977 bis 1979 unter dem Arbeitstitel »Aktivitäten und Phänomene charismatischer Prägung und ihre Bedeutung für die Kirchen« durchführte. Dieses Projekt, mit dem die Studienabteilung auf Anregung der Evangelischen Kirche der Kirchenprovinz Sachsen beauftragt wurde, hatte das Ziel, die Kirchen zum Gespräch mit den charismatischen Gruppen zu befähigen.

Die Theologische Studienabteilung hat diesen Auftrag in mehreren Schritten zu erfüllen gesucht:

In einem ziemlich aufwendigen Erkundungsprogramm mit vielen Besuchen und Gesprächen sowie in Auswertung des in den Gruppen benutzten und von ihnen herausgegebenen Materials durch eine spezielle Arbeitsgruppe (Johannes *Berthold,* Roswitha *Bodenstein,* Hubert *Kirchner,* Götz *Planer-Friedrich,* Matthias *Sens* und Christof *Ziemer*, der auch die Leitung des Gesamtprojektes in der Hand hatte, darüber hinaus war Christa *Drummer* an der Konzipierung und Auswertung des Besuchsprogramms beteiligt) wurde zunächst eine Bestandsaufnahme vorgenommen. Ihr Ergebnis bildet den *ersten Teil* dieser Studie. Er beruht weithin auf dem Selbstzeugnis der Gruppen und versucht, oft bis in die Sprachgestalt hinein, dem Rechnung zu tragen.

Als einen zweiten Schritt legte die Studienabteilung dann im Sommer 1979 eine Reihe von Reflexionen über ausgewählte Themen vor, die sich für die Kirche, ihre Theologie und Praxis mit den charismatischen Gruppen in ihrer Mitte als Probleme ergeben (Verfasser sind in der Reihenfolge der Abschnitte Götz *Planer-Friedrich*, Christof *Ziemer*, Matthias *Sens* und Hubert *Kirchner*). Die Anregung dazu gab nicht zuletzt eine Konsultation im April 1978 in Wittenberg, an der Vertreter der charismatischen Bewegung, der Kirchenleitungen und anderer Bereiche der Kirche teilnahmen und die gleichsam einen ersten Versuch darstellte, sich theologisch zu verständigen und die kritischen Punkte gemeinsam in den Blick zu nehmen. Diese Reflexionen bilden den *zweiten Teil* dieser Studie. Damit sollen Hintergründe, Chancen und Probleme charismatischer Frömmigkeit und Praxis bewußt gemacht sowie Hilfen zur Einschätzung und Vorschläge für das Verhältnis von Kirche und Bewegung angeboten werden. Dabei wird stets die Darstellung im ersten Teil vorausgesetzt, ohne daß im einzelnen die differenzierte Vielfalt der Gruppen selbst noch einmal zur Sprache kommen kann. Selbstverständlich ist die dabei vorgenommene Einschätzung keine offizielle Stellungnahme von seiten der Kirche. Sie weiß sich selber ganz dem im Schlußteil empfohlenen Modell der dialogischen Pluralität verpflichtet.

3. Zur Entwicklung nach Abschluß der Studienarbeit

Wenn die Studien heute – mehrere Jahre nach ihrer Fertigstellung – in nur leichter Überarbeitung, und also auch nur den Stand der Entwicklung von damals berücksichtigend, im Druck vorgelegt werden, so kann und soll damit nichts festgeschrieben werden. Die charismatische Bewegung hat sich inzwischen weiterentwickelt. Sie wird auch in Zukunft nicht stehenbleiben und sich gewiß auch verändern, und das Gespräch mit ihr muß und wird weitergeführt werden. Dennoch war in den letzten Jahren ein gewisser Konsolidierungsprozeß zu beobachten. Zwar gab es im einzelnen Verschiebungen und Veränderungen, im großen und ganzen aber kaum neue Entwicklungen größerer Art. Insofern gibt die Darstellung wohl einen bestimmten Entwicklungsstand wieder, bietet aber doch nicht nur eine Momentaufnahme. Das gilt besonders von der Beschreibung der Theologie und Frömmigkeit und damit auch der Aufnahme der Herausforderungen und der kritischen Auseinandersetzung. Kirchenleitungen haben inzwischen in verschiedener Form auf die charismatische Bewegung reagiert und das Gespräch mit ihr begonnen: Im April 1979 fanden theologische Gespräche zwischen dem Bischof der evangelisch-lutherischen Landeskirche Sachsen und Vertretern des Volksmissionskreises Sachsen statt. Für den Volksmissionskreis haben diese Gespräche eine gründliche Neubesinnung über ihren Ort und ihre Aufgabe in der Kirche bewirkt. Ebenfalls im Frühjahr 1979 befaßte sich die Synode der sächsischen Landeskirche mit dem Thema »Die Kirche und ihre Gruppierungen – die Gruppierungen und ihre Kirche«. Sie hörte und diskutierte den Appell, um einer recht verstandenen Pluralität willen jeden Partikularismus aufzugeben. Vor der Synode der Evangelischen Kirche der Kirchenprovinz Sachsen sprach Bischof Dr. W. Krusche im März 1980 über »Wirkungen und Weisungen des Geistes auf dem Weg unserer Kirche«. Dabei hob er den Grundzug der Erwartung gegenwärtigen Geisteswirkens in der charismatischen Bewegung hervor, warnte aber dringend vor allem geistlichen Hochmut und rief dazu auf, sehr viel mehr auf die »vielen schlichten, unauffälligen, nicht von sich reden machenden Zeichen der Geistes-Gegenwart in unserer Kirche« zu achten.

Ist so auf kirchenleitender Ebene das Gespräch inzwischen an verschiedenen Stellen in Gang gekommen, so scheint es besonders wichtig, daß auch auf der sogenannten mittleren Ebene, also auf Kreissynoden, in Konventen, Ausbildungsstätten usw., das Gespräch aufgenommen und fortgesetzt wird. Nur hier können die konkreten Probleme der Praxis erörtert und möglicherweise geklärt sowie die Gemeinden wirksam beraten werden, wie der Anspruch der charismatischen Gruppen ernst genommen und für die Erneuerung der Gemeinde fruchtbar gemacht werden kann, ohne damit andere Weisen des Christseins auszuschließen.

Auch in vielen Kirchen anderer Länder und Konfessionen haben sich inzwischen Kirchenleitungen oder andere Gruppen mit dem Phänomen der charismatischen Bewegung befaßt und den Dialog begonnen. Im März 1980 führte eine Konsultation des Ökumenischen Rates der Kirchen in Bossey bei Genf Vertreter der charismatischen Erneuerung aus allen Teilen der Welt mit anderen Vertretern der Kirchen zusammen. Der Abschlußbericht dieser Konsultation ruft die Kirchen auf, in der charismatischen Erneuerung »ein ermutigendes Zeugnis von Jesu Verheißung der Gegenwart des Geistes in der Kirche« zu sehen, stellt aber zugleich fest, »daß die zu beobachtende Erneuerung im Leben vieler Kirchen gelegentlich Anlaß zu Sorge und Spannungen gibt«. Er hebt hervor, daß die charismatische Erneuerung »dem Volk Gottes eine neue und bedeutende ökumenische Erfahrung gebracht« hat, fragt aber auch, »welchen Stellenwert sie den sozialen und politischen Belangen einräumt«. Mit dieser Konsultation wurde ein Gesprächsprozeß in Gang gesetzt, der für die Kirchen, für die charismatische Bewegung und für die ökumenische Bewegung gleichermaßen nützlich sein kann: Den Kirchen wird geholfen, die charismatische Bewegung besser zu verstehen und in einem größeren Zusammenhang zu sehen; die charismatische Bewegung kann sich vor Einseitigkeiten, Überspitzungen und Verengungen warnen und zu einer neuen Sicht der Schöpfung Gottes und der Verantwortung in ihr leiten lassen; die ökumenische Bewegung schließlich kann sowohl für ihr Bemühen um die Einheit der Kirche als auch für die Verbindung von Frömmigkeit und Engagement neue Impulse erhalten.

I. Teil

Bericht
über die charismatische Bewegung in den evangelischen Kirchen in der DDR

1. Zur Geschichte und gegenwärtigen Situation

1.1. Der Volksmissionskreis Sachsen[2]

1.1.1. Die Anfänge

Charismatisches Leben hat sich etwa seit Mitte der sechziger Jahre innerhalb einer geistlichen Erneuerungsbewegung entfaltet, die den Namen »Volksmissionskreis Sachsen« (auch »Christusdienst Sachsen«) trägt.

Die Bewegung läßt sich zurückführen auf das evangelistische Wirken eines Posaunenquartetts unter der Leitung von Pfarrer Gottfried *Klenner*. Weil ihm die volksmissionarisch-erweckliche Arbeit am Herzen lag, suchte Klenner um das Jahr 1937 Kontakt zur »Oxford-Gruppenbewegung« (vgl. u. S. 36). Während die Oxford-Gruppenbewegung besonders die sozial gehobeneren Schichten ansprach, erkannten Gottfried Klenner und seine »Mannschaft« dagegen, daß gerade die Masse des Volkes einer geistlichen Erneuerung bedurfte. Sie versuchten deshalb das Anliegen der Oxforder »in kleinerer Münze zu verwirklichen« (H. Prehn). Sie begannen eine volksmissionarische Tätigkeit mit »Mannschaftsevangelisationen« und Gästetagungen (z. B. für Pfarrer der Bekennenden Kirche). Ihre Veranstaltungen waren seelsorgerlich ausgerichtet und hatten die persönliche Hinwendung des einzelnen zu Christus zum Ziel. Sie sprachen z. B. massiv von Sünde und Beichte und stießen dabei auch auf mancherlei Ablehnung unter kirchlichen Mitarbeitern. Die Arbeit wuchs, und es entstanden Kreise, in denen man sich zum gemeinsamen Lesen der Bibel in der Stillen-Zeit-Form der Oxforder und zum Gebet versammelte.

Der zweite Weltkrieg unterbrach die Arbeit. Bald danach aber sammelten sich um Johannes *Prehn*, der als einziges Mitglied des Posaunenquartetts den Krieg überlebt hatte, weitere Pfarrer und Laien, die das Anliegen dieser geistlichen Erneuerung teilten. Man führte wieder Evangelisationen durch und lud zu Gästetagungen ein. Nach dem Wohnort des damaligen Geschäftsführers nannte man sie oft kurz die »Limmritzer«.

Die junge Bewegung stand bald vor der Notwendigkeit einer rechtlichen Absicherung. Da die Zeit keine religiöse Vereinsbildung erlaubte, suchte man eine kirchliche Anbindung. Es war Landesbischof Hugo Hahn und OKR Walther Schadeberg zu verdanken, daß der Volksmissionskreis dem Landeskirchlichen Amt für Innere Mission angeschlossen wurde. Auch in die »Arbeitsgemeinschaft für Volksmission«, heute »Arbeitsgemeinschaft für Missionarische

Dienste« (AMD), konnte die Bewegung damit aufgenommen werden. Für die Entwicklung des Volksmissionskreises innerhalb der Kirche hatten diese Entscheidungen weichenstellende Bedeutung.

1.1.2. Die Zentren Bräunsdorf und Großhartmannsdorf

Ein besonderes Kennzeichen des Volksmissionskreises ist es, daß er ganze Gemeinden für seine Arbeit gewinnen konnte. In zwei Gemeinden bildeten sich im Laufe der Jahre jeweils eigengeprägte Zentren, die auf die Arbeit und Entwicklung des Volksmissionskreises nachhaltig eingewirkt haben.

Ein Zentrum liegt in *Bräunsdorf* bei Karl-Marx-Stadt und wurde entscheidend durch Pfarrer Gerhard *Küttner* (geb. 1911) geprägt. Als dieser 1952 die Gemeinde übernahm, lag das kirchliche Leben fast völlig am Boden. Noch im selben Jahr fand eine Mannschaftsevangelisation statt, durch die viele Gemeindeglieder dahin kamen, eine intensivere Form des Christseins zu suchen. Diese Glieder sammelte Küttner in einem eigenen Gemeindekreis, der zum Kern der Gemeindeerneuerung wurde. In die Anfangszeit des geistlichen Aufbruchs fallen auch die ersten charismatischen Erfahrungen. Von zahlreichen Heilungen und Lösungen okkulter Bindungen wird berichtet. Die Gemeinde erlebte einen »geistlichen Frühling«.

Der Schwerpunkt der Arbeit von Bräunsdorf lag von Anfang an weniger auf missionarischem Gebiet, sondern mehr in der Sammlung und Auferbauung der Gemeinde als des Leibes Christi. Diesem Anliegen weiß sich auch die Schwesternschaft verbunden, die sich 1962 in der Gemeinde gebildet hat. Erste Anstöße dazu hatte bereits fünf Jahre vorher eine Begegnung mit der Christusbruderschaft in Selbitz gegeben. Die Schwesternschaft, der 1978 dreizehn Schwestern angehörten, versteht sich nicht als Kommunität, sondern als ein »Stand« innerhalb der Gemeinde mit dem besonderen Anliegen, im priesterlichen Gebet und Dienst für die Erneuerung der Gemeinde und der Kirche zu wirken. Sie hat keine fixierte Regel, auch keine Leiterin. Zwei Älteste aus dem Geschwisterkreis sind besonders für sie verantwortlich, unbeschadet der deutlichen Autorität des Pfarrers.

Charismatische Erfahrungen wurden verstärkt etwa Mitte der sechziger Jahre gemacht. Zwischen Himmelfahrt und Pfingsten 1964 traf sich die Gemeinde täglich zu Gebetsabenden, in deren Mittelpunkt die Gaben und Dienste des Heiligen Geistes standen. Dabei machte die Gemeinde die Erfahrung, daß über dem Dank für die noch nicht vorhandenen Charismen verschiedene Gaben wie Zungenrede, Sprachengesang, Prophetie auftraten. Von all diesen Erfahrungen drang kaum etwas an die Öffentlichkeit, da die Praktizierung der Gaben auf den Geschwisterkreis beschränkt blieb. Aber als 1968 unter Jugendlichen der Ephorie eruptiv Charismen auftraten, fanden sie in Bräunsdorf eine orientierende geistliche Heimat.

Aus der vielfältigen Rüstzeitenarbeit – jährlich bis zu 2000 Gäste – entwickelte sich ein übergemeindlicher Geschwisterkreis, der sogenannte *Johannesring*, dessen Glieder in ihrem Beruf blieben, aber zu einer verbindlichen Gemeinschaft eingesegnet wurden. Der Johannesring traf sich jährlich zu eigenen Rüstzeiten und war innerhalb des Volksmissionskreises eine stark prägende Kraft.

In den letzten Jahren kam es jedoch zwischen dem Vorstand des Volksmissionskreises und Pfarrer Küttner wegen dessen bedenklicher Vereinseitigungen in einigen Lehrfragen zu erheblichen Spannungen, die zum Ausscheiden Gerhard Küttners aus dem Vorstand geführt haben. Drei Schwestern verließen die Schwesternschaft. Zeitweilig wurde von Pfarrer Küttner auch die Auflösung des Johannesringes verfügt.

Anfang 1978 ging Gerhard Küttner in den Ruhestand, und Günter *Uhlig* (ehemals Auerswalde) übernahm die Pfarrstelle in Bräunsdorf.

Das andere Zentrum, von dem eine Fülle von Aktivitäten ausgehen, ist die Gemeinde *Großhartmannsdorf* bei Freiberg. Die Arbeit dort ist besonders durch Pfarrer Christoph *Richter* geprägt, der von 1958 bis 1976 die Gemeinde leitete. Während einer evangelistischen Bibelwoche 1958 erlebte die Gemeinde einen ersten geistlichen Aufbruch. Dreißig Gemeindeglieder entschieden sich für eine »verbindliche Christusnachfolge«. Auch hier wurden sie in einem eigenen Kreis gesammelt. Nachdem seine Teilnehmerzahl auf über hundert gestiegen war, teilte man ihn in kleinere Hausbibelkreise, die sich im Plenum alle vierzehn Tage treffen.

Etwa seit 1960 hat sich die Gemeinde aktiv missionarisch geöffnet. Man besuchte andere Gemeinden, führte Mannschaftsevangelisationen durch, merkte aber bald, daß keine evangelistische Arbeit ohne entsprechende Weiterführung getan werden kann. Diese geschah dann durch eine umfangreiche Rüstzeitenarbeit, die bald große Ausmaße annahm. Bis 1971 beherbergte die Gemeinde z. B. jährlich 2500 Personen. Seit 1966 steht für den missionarischen Dienst eine Gruppe junger Männer zur Verfügung, die ihren Beruf aufgaben und im Pfarrhaus Wohnung nahmen. Aus dieser missionarischen Dienstgruppe entstand eine Art Kommunität. Ihr gehörten 1978 fünf Brüder an. Sie wurden eingesegnet und leben verbindlich nach den »evangelischen Räten« zusammen. Die Bruderschaft trägt die übergemeindliche Arbeit in besonderer Weise mit. Um diesen engen Kreis herum gliedert sich ein Freundeskreis, der sogenannte *Philippusring*, etwa vierzig bis fünfzig junge Leute, die die Arbeit, die von

Großhartmannsdorf ausgeht, verantwortlich mittragen. Sie bleiben in ihren Berufen, aber unterstützen aktiv die Rüstzeitenarbeit von Großhartmannsdorf und bemühen sich an ihren Wohnorten um eine Arbeit im Sinne des Volksmissionskreises.

Etwa um 1965 traten auch in Großhartmannsdorf besondere Charismen auf. Zuerst erhielten einige die Gabe der Zungenrede, später kam Prophetie hinzu, häufig in der Form von Visionen und deutenden Worten. Diese Gaben wurden nicht propagiert, gelegentlich wurde darüber im Kreis gesprochen. Man praktizierte die Charismen vorwiegend im privaten Bereich oder in kleineren Kreisen. Im großen Gemeindekreis, erinnert sich Richter, sei während seiner Großhartmannsdorfer Zeit nur einmal in Zungen geredet worden.

In einem fast unerwarteten Maße traten dann aber charismatische Erfahrungen während einer Silvesterrüstzeit 1972/73 für Jugendliche auf, die in der Folgezeit zu den weithin bekannt gewordenen Jugendwochenenden führte. Diese Ereignisse machten Großhartmannsdorf zu einem Zentrum der Jugenderweckung in unserem Land (vgl. u. S. 33).

1976 übernahm Christoph Richter die Pfarrstelle in Albernau/Erzgebirge. Sein Nachfolger, Pfarrer Martin *Steinmüller*, setzt die Arbeit im gleichen Geiste fort. Es gibt aber Anzeichen dafür, daß die Bedeutung Großhartmannsdorfs als Zentrum mit großer Anziehungskraft zurückgeht. Probleme entstanden auch im Blick auf Verbindlichkeit und Ausrichtung des Philippusringes.

1.1.3. Struktur und Eigenart des Volksmissionskreises heute

Die Beschreibung der beiden Zentren macht nur einen Ausschnitt der Arbeit des Volksmissionskreises sichtbar. Zweifellos ist der Volksmissionskreis ein starker Faktor im Leben der sächsischen Landeskirche. Dabei gibt es regionale Unterschiede. Einen ausgesprochenen Schwerpunkt stellt der Bezirk Karl-Marx-Stadt dar, während die Arbeit in Nordsachsen weniger wirksam geworden ist. Der Volksmissionskreis versteht sich nach wie vor als eine Bewegung in der Kirche zur geistlichen Erneuerung der Kirche. Deshalb ist seine organisatorische Struktur bewußt klein gehalten. Der Vorstand trägt in der Funktion eines Ältestenrates die Verantwortung nach innen und außen. Hauptamtlich angestellt sind nur ein Evangelist, ein Reisesekretär und ein Geschäftsführer. Man besitzt kein eigenes Haus, sondern die Arbeit wird mit z. T. erheblichen Opfern von den einzelnen Gemeinden getragen.

Wer sich zum Volksmissionskreis zählt, tritt verbindlich für dessen geistliches Anliegen ein. Im Hingabegebet verpflichtet er sich »zur regelmäßigen Teilnahme am Gottesdienst und an der Feier des heiligen Abendmahles, zur

Pflege der geschwisterlichen Gemeinschaft, zum geordneten täglichen Bibelstudium und Gebet, zur verantwortlichen Haushalterschaft, zum regelmäßigen seelsorgerlichen Gespräch«.

Die Bewegung des Christusdienstes ist stark gemeinschaftsorientiert. Gebet- und Rundbriefe sorgen für den Kontakt untereinander. Vor allem sind hier aber die vielfältigen Begegnungsmöglichkeiten zu nennen: Auf großen Jahrestagungen werden Pfarrer, Pfarrfrauen, Diakone, Katecheten und Laienmitarbeiter zusammengeführt und zugerüstet. Darüber hinaus treffen sich die hauptamtlichen kirchlichen Mitarbeiter zu regelmäßigen Regionalkonventen. An verschiedenen Orten der Landeskirche finden in regelmäßigen Abständen Volksmissionstage statt. Rüstzeiten und evangelistische Einsätze, häufig in der Verantwortung einzelner Gemeinden, prägen auch über die Zentren hinaus die Arbeit. Schließlich sind hier die »Geschwisterkreise« am Ort zu nennen, in denen die geistliche Gemeinschaft ihren besonderen Ausdruck findet (vgl. u. S. 42).

Der sächsische Volksmissionskreis besitzt eine starke Ausstrahlungskraft, Auf ihn ist zum Teil die Entstehung ähnlicher Gruppen in anderen Landeskirchen zurückzuführen (Christusdienst Thüringen, Missionarische Dienste Südharz u. a.). In dieser Hinsicht wirkte besonders Bräunsdorf sehr stark. Dagegen gingen in der Jugendarbeit die kräftigsten Impulse von Großhartmannsdorf aus.

Obwohl sich innerhalb des Volksmissionskreises vielerorts charismatische Phänomene gezeigt haben, versteht er sich doch nicht als eine »charismatische Bewegung«. Vielmehr will man eine Christusbewegung sein, und das schließt die Offenheit für die Gaben des Geistes ein. Deutlich ist dabei das Bemühen um die lehrgemäße Einordnung und Bewältigung der charismatischen Erfahrung. Im allgemeinen ist jedoch zu beobachten, daß die Praktizierung der Charismen in den meisten Gemeindekreisen sehr am Rande steht. Allerdings ist diese Zurückhaltung auch auf das gespannte Verhältnis zwischen dem Volksmissionskreis und der Landeskirchlichen Gemeinschaft zurückzuführen.

1.2. Julius-Schniewind-Haus

Ein Zentrum der geistlichen Erweckungsbewegung wurde im Laufe der letzten zwanzig Jahre das *Julius-Schniewind-Haus* in Schönebeck-Salzelmen bei Magdeburg.

Das Schniewindhaus, eine Einrichtung der Evangelischen Kirche der Kirchenprovinz Sachsen, war in den fünfziger Jahren Tagungs- und Rüstzeitenheim und hatte verschiedenen kirchlichen Institutionen Unterkunft geboten. Zu ihnen gehörte auch der »Hilfsring«, eine aus der Laienbewegung hervorgegangene Aktivität mit seelsorgerlicher Ausrichtung, die sich unter der Leitung von Dr. Käthe *Zeller* in Rüstzeiten, Besuchsdienst und Briefkontakten um eine personale Zuwendung zu Hilfsbedürftigen bemühte. Als im Jahre 1957 die Kirchenleitung auf Initiative von Präses Kreyssig und Bischof Jänicke den Thüringer Pfarrer Bernhard Jansa an das Schniewindhaus berief und mit der Errichtung und Leitung eines Seelsorgeheimes beauftragte, war man davon ausgegangen, daß es dabei zu einer Zusammenarbeit mit dem »Hilfsring« kommen sollte. Das rasche Anwachsen der Arbeit des Seelsorgeheimes und seine spezifische Prägung durch Jansa führten jedoch dazu, daß sich eine Zusammenarbeit auf Dauer nicht verwirklichen ließ.

Bernhard *Jansa* (1901–1967), der aus der Brüdergemeine stammte, war zunächst Buchhändler und in verschiedener Weise volksmissionarisch tätig gewesen, bevor er sehr spät und ohne akademisches Studium Pfarrer wurde. Entscheidende Eindrücke erhielt er bei einem Besuch im Seelsorgeheim »Die Arche« in Möttlingen im Jahre 1929 durch die Begegnung mit Friedrich Stange, der im Geiste des älteren Blumhardt wirkte. Das Erlebnis von Krankenheilungen und Lösungen von okkulten Bindungen in Möttlingen führte Jahre später dann zu ähnlichen eigenen Erfahrungen. Befreiung von Sünde, Krankheit und dämonischen Mächten als Zeichen des anbrechenden Reiches Gottes, wie sie aus dem seelsorgerlichen »Kampf« Johann Christoph Blumhardts bekannt sind, sind auch wesentliche Elemente der seelsorgerlich erwecklichen Tätigkeit Jansas geworden.

Schon aus seiner Zeit als Pfarrer in der Thüringer Kirche, zunächst in Bischofroda bei Eisenach, später in Sonneberg, wird von *Heilungen* durch Jansa berichtet. Besonders dann aber in den Anfangsjahren im Schniewindhaus gab es eine Reihe von Heilungen, die Aufsehen erregten. Zahlreiche Kranke, darunter viele psychisch Kranke, wurden durch die spezifische seelsorgerliche Ausrichtung des Hauses angezogen. Durch den großen Zulauf, die Heilungstätigkeit und damit verbundene Probleme kam es auch zu Schwierigkeiten, die in den Jahren 1959 und 1960 zu Konflikten mit staatlichen Stellen und einer scharfen Pressekampagne gegen Jansa führten. Der Bischof und die Kirchenleitung, in der es auch kritische Stimmen gab, traten für Jansa ein und betonten das seelsorgerliche Anliegen, das hinter der Arbeit stand. Das Heim blieb einige Zeit für Gäste geschlossen und bei der Wiederaufnahme der Rüstzeitenarbeit wurde festgelegt, daß keine Gäste aufgenommen werden sollten, die vom Arzt krankgeschrieben worden waren (unabhängig davon, ob es sich um physische oder psychische Erkrankungen handelte) oder sich in einer auffallend akuten Phase einer Seelen- oder Geisteskrankheit befanden. Auch in den späteren Jahren hat es Heilungen im Schniewindhaus gegeben, doch stehen sie gegenwärtig nicht mehr so im Mittelpunkt wie in der Anfangszeit.

Zur tragenden Grundlage des Hauses gehört die *Schwesternschaft.* Sie ist wesentlich älter als die Arbeit im Schniewindhaus. 1914 war im Gefolge einer Erweckung in einem schlesischen Dorf eine Schwesternschaft mit Namen *»Anna-Stift«* gegründet worden. Durch die soziale Not herausgefordert, standen diakonische Aufgaben im Vordergrund, später auch die stärker spirituellen Elemente eines gemeinsamen Lebens. Durch das Kriegsende nach Sonneberg verschlagen, hatten die Schwestern dort die Arbeit in einem Altersheim übernommen, waren in Kontakt zu Pfarrer Jansa gekommen und übersiedelten 1957 mit ihm nach Salzelmen. Damals waren es fünf Schwestern, 1965 bereits 43, 1978 57. Ein Teil der Schwestern arbeitet im pflegerischen Dienst außerhalb des Hauses im Krankenhaus in Roßla, in Gemeindeschwesternstationen in Roßla, Hohenstein-Ernstthal, Leipzig und Aue bei Naumburg und im Altersheim von Sonneberg, die anderen Schwestern leben im Schniewindhaus und betreuen die Gäste. Neben dem Aspekt der Dienstgemeinschaft wird jetzt stärker die Lebensgemeinschaft als zentrales Anliegen betont.

Im Anfang hatte es auch eine kleine Bruderschaft gegeben, von der aber heute nur noch ein Bruder im Hause lebt. In einer *Tertiärbruderschaft* aber sammeln sich auch heute noch etwa vierzig Pfarrer um das Schniewindhaus. Gemeinsame Anliegen der Bruderschaft sind vor allem die Erneuerung der Gemeinde und der Gebetsdienst; besondere Verbindlichkeiten gibt es nicht.

Die *Arbeit im Haus* ist durch den Wechsel von Rüstzeiten, Erholungswochen und »stillen Tagen« bestimmt. Das Haus beherbergt ständig etwa 70 bis 75 Gäste (im Jahr etwa 2500), von denen etwa die Hälfte das Haus zum ersten Mal besucht. Neben den offenen Rüstzeiten gibt es Tagungen für bestimmte Zielgruppen, z. B. für Pfarrer. Das Leben im Haus ist durch einen festen Wochen- und Tagesrhythmus geprägt. Der musikalisch und liturgisch reich ausgestaltete Abendmahlsgottesdienst steht am Anfang, die Lob- und Dankstunde am Ende der Woche. Mittwochs beginnt der Tag mit einem Frühgottesdienst für die Mitarbeiter, für die Gäste werden morgens eine Andacht, am Vormittag eine Bibelarbeit und abends thematische Gestaltungen oder Fragestunden angeboten. Daneben besteht die Möglichkeit zum seelsorgerlichen Gespräch, für das regelmäßig mehrere Mitarbeiter zur Verfügung stehen.

Auch wenn der Schwerpunkt der Arbeit im Hause liegt, gibt es doch auch Aktivitäten nach außen. Neben der diakonischen Tätigkeit ist hier besonders die *evangelistische Arbeit* zu nennen. Der zweite Pfarrer des Hauses ist hierfür freigestellt und regelmäßig zu Evangelisationen in Gemeinden unterwegs. Aber auch andere Mitarbeiter beteiligen sich an Evangelisationen; von den Schwestern werden z. B. Kinderevangelisationen in Gemeinden durchgeführt.

Zu den Kennzeichen des Schniewindhauses gehören vielfältige *Erfahrungen mit neutestamentlichen Charismen.* Der jetzige Leiter des Hauses, Pfarrer Dieter *Blischke*, nennt ausdrücklich das 12. Kapitel des 1. Korintherbriefes als geistliches Fundament des Hauses. Standen in der Anfangszeit die Heilungen stärker im Vordergrund, so sind seit der Mitte der sechziger Jahre besonders Erfahrungen mit Zungenrede und Prophetie wichtig geworden. Erste Erfahrungen mit dem Sprachengebet machte man im Schniewindhaus durch einen pfingstlerischen Gast. Aber erst nachdem eine Schwester 1965 das Sprachengebet miterlebte und selbst empfing, begannen diese Erfahrungen im Schniewindhaus – angefangen innerhalb der Schwesternschaft – selbst eine größere Rolle zu spielen. Auch das Charisma der Prophetie gewann stärkere Bedeutung. Heute wird das Schniewindhaus häufig als Autorität für die Prüfung von Prophetien in Anspruch genommen.

In der *Schwerpunktsetzung* des Hauses trat im Laufe der Jahre – besonders auch durch den Wechsel in der Leitung (Pfarrer Bernhard Jansa starb 1967, sein Nachfolger wurde 1969 Dieter Blischke) – eine Akzentverschiebung ein. Gegenüber der Anfangszeit ist der Anteil der physisch und psychisch Kranken unter den Gästen zurückgegangen, der größere Teil der Gäste sucht im Haus Erholung und geistliche Erneuerung. Das Haus versteht sich heute nicht nur als Seelsorgeheim, sondern als »Erneuerungszentrum für Leute in geistlichen Aufbrüchen«, was freilich auch die seelsorgerliche Dimension einschließt. Ergänzend zur Prägung durch Johann Christoph Blumhardt und sein Möttlinger Erbe bei Bernhard Jansa sind heute die Einflüsse der charismatischen Bewegung deutlicher. Dies zeigt sich auch im gewachsenen Stellenwert der Charismen.

Ein Kennzeichen für das Haus sind die vielfältigen *ökumenischen Kontakte.* Auf diese Weise bestehen Verbindungen zu verschiedenen Erweckungsbewegungen, pfingstlerischen Gruppen und vor allem auch zur charismatischen Bewegung in anderen Ländern. Mit den ökumenischen Kontakten kam es zur Öffnung für verschiedene Einflüsse, die die theologische Ausrichtung des Hauses stark bestimmt haben. Besonders verbunden weiß man sich der Konzeption der Arbeit von Larry *Christenson* (vgl. u. S. 37).

Als »Erneuerungszentrum für Leute in geistlichen Aufbrüchen« hat das Schniewindhaus eine wichtige *Bedeutung für die Erweckungsbewegung innerhalb der DDR.* Die Gäste kommen aus allen Teilen des Landes. Es bestehen Verbindungen zu den anderen Gruppierungen und Zentren der Bewegung. Besonders durch die Tagungen für kirchliche Mitarbeiter wird ein großer Kreis erreicht. Aus der Teilnahme an Rüstzeiten und durch Evangelisationen sind zahlreiche Fürbittkreise in Gemeinden entstanden, die zumeist selbständig geworden sind, aber auch immer wieder den Kontakt zum Hause suchen. Durch einen umfangreichen, vor allem seelsorgerlich geprägten Briefwechsel werden Kontakte geknüpft und erhalten.

1.3. Rüstzeitenheim Slate – Haus der Stille Weitenhagen

Die Anfänge des Rüstzeitenheims in *Slate* bei Parchim liegen in der volksmissionarisch geprägten Gemeindearbeit von Pfarrer Erwin *Paehl* (1948–1959 in Slate). Aus einer atheistischen Umgebung kommend, hatte er unter dem Einfluß von Paul Le Seur zum Glauben gefunden und war Pfarrer geworden. Der Schwerpunkt seiner Gemeindearbeit lag vor allem bei der Evangelisation, aber auch Beichte und Rüstzeitenarbeit waren ihm wichtig. Sein Stil war »einfallsreich, locker und ohne Enge«.

Als Pfarrer Reinhard *Rienth* die Arbeit Paehls übernahm, konnte er auf diesen Anfängen aufbauen. Die Rüstzeitenarbeit wurde intensiviert. Sie wurde – und wird – getragen von einem Gemeindekreis, der auch die Teilnehmer aufnimmt und versorgt. Pro Jahr finden etwa sieben Rüstzeiten von jeweils einer Woche statt. Die Teilnehmer sind vorwiegend jüngere Leute, auch Ehepaare. Die meisten Teilnehmer kommen aus den evangelischen Landeskirchen, Baptisten sind ziemlich regelmäßig vertreten, Methodisten häufig. Es sind auch immer einige dabei, die bisher ganz am Rande der Kirche oder völlig außerhalb standen. Schwerpunkte der Rüstzeiten sind: tägliche Bibelarbeit mit Gruppengesprächen, Stille Zeit, Arbeitseinsätze auf dem Grundstück sowie praktische Arbeit für die Durchführung der Rüstzeit, Musik, Einzelseelsorge. Am Sonntag findet ein Abendmahlsgottesdienst statt.

Auch in Slate gibt es seit den sechziger Jahren charismatische Erfahrungen. Einflüsse von außen, z. B. durch holländische Pfingstler, waren dabei mit wirksam. Im allgemeinen zeigt man aber solchen Erscheinungen gegenüber Zurückhaltung und versucht, sie nicht zu sehr in den Mittelpunkt treten zu lassen. Der Einfluß von Slate erstreckt sich vor allem auf den norddeutschen Raum. Es bestehen enge Verbindungen zum Volksmissionskreis Sachsen und zum Schniewindhaus.

Das »Haus der Stille« *Weitenhagen* ist eine Gründung der Landeskirche Greifswald. Pfarrer Heinz *Polzin*, der das Haus seit seiner Gründung im Jahre 1968 leitet, ist zugleich Landespastor für Seelsorge und Leiter des Bruderkreises für Volksmission in der Landeskirche (vgl. u. S. 30). Der Bruderkreis weiß sich für das Haus mitverantwortlich.

Charakteristisch für die Prägung des Hauses ist die Verbindung des seelsorgerlich-evangelistischen Anliegens mit der Retraitenarbeit. Seelsorge wird als ein ganzheitlicher Dienst am Menschen verstanden. Das Angebot der Stille sei gerade heute ein wesentlicher Aspekt dieses Dienstes. Dabei müsse jedoch das Ziel der Lebensveränderung und Hingabe des Lebens an Christus im Blick bleiben. So bestehen auf der einen Seite Kontakte zu anderen Bereichen der charismatischen Bewegung, besonders zu Slate, zum Volksmissionskreis Sachsen und zum Schniewindhaus, auf der anderen Seite aber auch Verbindungen zur evangelischen und katholischen Retraitenarbeit in der DDR, in Schweden und England.

1.4. Volksmissionarische und andere Gruppierungen

In Gesprächen mit Vertretern der charismatischen Bewegung wird verschiedentlich das Bild von einem Netz gebraucht, das das Land überzieht – ein Netz von Gemeinden und Kreisen, die in gleicher Weise glauben, beten und die Kirche zu erneuern suchen. In allen Landeskirchen sind in den vergangenen Jahren Gruppen dieser Art von unterschiedlicher Größe und Bedeutung entstanden, zusammengeführt von Pfarrern, kirchlichen Mitarbeitern oder Gemeindegliedern, die auf Rüstzeiten, Konventen, durch Evangelisation oder Seelsorgearbeit mit der Bewegung in Berührung gekommen sind. Fast überall ist der Einfluß der großen Zentren – Großhartmannsdorf, Bräunsdorf, Schniewindhaus, Slate – spürbar.

Geographisch gesehen liegt der Schwerpunkt im Süden, im südlichen Sachsen. Davon ausstrahlend sind vor allem Thüringen und der Südharz erfaßt. In Berlin-Brandenburg, der Altmark und Mecklenburg, Görlitz und der Niederlausitz ist der Einfluß geringer, aber er fehlt in keiner Landeskirche. Es ist unmöglich, alle Gruppen im einzelnen zu erfassen und aufzuzählen, zumal kein großer Wert auf Publizität gelegt wird, immer wieder neue Gruppen entstehen, während andere sich auflösen.

Im folgenden soll auf größere Zusammenschlüsse und Gruppierungen hingewiesen werden. Sie sind im Blick auf Größe, Alter und Organisiertheit recht unterschiedlich.

Christusdienst Thüringen

Einflüsse der Arbeit des Volksmissionskreises Sachsen gab es schon seit längerem in Thüringen. Seit dem Beginn der siebziger Jahre entstanden neue Gebetsgruppen und Kreise besonders unter der Jugend, aber auch in zahlreichen Ortsgemeinden. In regionalen »Christuskonventen« treffen sich regelmäßig die Leiter solcher Kreise. Seit 1975 gibt es »Geschwistertreffen« der Teilnehmer von Gebetskreisen. Alle Konvente treffen sich jährlich einmal auf einem Generalkonvent in Neudietendorf. Im Frühjahr 1977 kam es zu einem Gespräch zwischen Bischof Braecklein und dem Leitungskreis des Christusdienstes, das für das gegenseitige Kennenlernen wichtig war und zu einer gewissen kirchlichen Anerkennung des Christusdienstes führte. »Der Christusdienst Thüringen versteht sich als ein kleines Gefäß der Sammlung und Nahrung geistlichen Lebens in bruderschaftlicher Verbindlichkeit und charismatischer Erwartung, weil wir überzeugt sind, daß ohne die neutestamentlichen Geistes- und Dienstgaben der Auftrag Gottes in dieser Zeit und an dieser Welt nicht getan werden kann.«[3]

Missionarische Dienste Südharz

Der Initiator des Bruderkreises im Südharz ist Pfarrer Eckart *Schröter* (geb. 1927). Als Propsteimännerpfarrer in Salza hatte er Beziehungen zu Bräunsdorf und wurde von daher beeinflußt. Er sammelte Gleichgesinnte – besonders aus der Männerarbeit – und begann mit ihnen einen Bruderkreis aufzubauen. Ein erster Höhepunkt dieser Arbeit war der Gemeindetag in Sangerhausen 1971, bei dem auch Christoph Richter und Gerhard Küttner zugegen waren. Nachdem Eckart Schröter an die Bibelschule Malche berufen worden ist, wurde Pfarrer Woldemar *Schulz*, Salza, Leiter des Kreises. Der Bruderkreis unterhält zwar Verbindung zu den Zentren, strebt aber Selbständigkeit ihnen gegenüber an. 1978 wurde er in die »Arbeitsgemeinschaft Missionarische Dienste« aufgenommen.

Altmark

Durch Propst Friedrich Carl *Eichenberg*, Stendal, der aus Sachsen kam und dort zum Volksmissionskreis gehörte, begann in der Altmark eine jenem ähnliche Arbeit, die sich aber als weit mühsamer erwies als in Sachsen. Verbindungen bestehen hier vor allem zum Schniewindhaus und Slate, aber auch zu den sächsischen Gruppen. Eichenberg selbst hat durch seine zahlreichen Kontakte und durch seine theologische Arbeit zu Stabilisierung und Integration der charismatischen Bewegung beigetragen.

Bruderschaft in der Niederlausitz

Seit Ende der sechziger Jahre besteht in Brandenburg ein eigener Bruderkreis, der vor allem Pfarrer aus der Niederlausitz, aber auch einzelne Pfarrer aus dem Norden Brandenburgs und aus der Nähe Berlins umfaßt. Man trifft sich in regelmäßigen Abständen und führt gemeinsam Rüstzeiten und Evangelisationen, sogenannte »Ruferwochen«, durch. Kontakte bestehen vor allem mit dem Volksmissionskreis Sachsen und Slate.

Bruderkreis der Volksmission in der Greifswalder Landeskirche

In der Greifswalder Landeskirche gibt es seit den fünfziger Jahren einen Bruderkreis der Volksmission, der vor allem aus Kontakten mit Slate entstanden ist. Die Arbeit des Bruderkreises ist nur sehr locker organisiert. Die besondere Besiedlungsstruktur des Gebietes bedingt, daß es nur in größeren Orten zur Bildung von Gebetskreisen gekommen ist. So versuchen die Pfarrer, ihre Bibelstunden und andere Gemeindeveranstaltungen im Sinne der volksmissionarischen Arbeit zu halten. Mit der Gründung des »Hauses der Stille« in Weitenhagen bei Greifswald hat der Bruderkreis ein Sammlungszentrum und neues Aufgabenfeld bekommen (vgl. o. S. 27f.).

Kreise um Dr. Paul Toaspern

Neben zwei Bibel- und Gebetskreisen wird durch Dr. Paul *Toaspern* in Berlin ein »Arbeitskreis für geistliche Erneuerung« geleitet. Dieser Arbeitskreis möchte Pfarrern in der Umgebung von Berlin, die sich der charismatischen Erneuerung verbunden wissen, die Möglichkeit zu Austausch und theologischer Vertiefung bieten. Es gehören ihm etwa fünfunddreißig Pfarrer an, die aus Berlin und Potsdam, aus dem Niederlausitzer Kreis und aus dem weiteren Umkreis von Berlin kommen, einige auch aus dem Norden.

Der Arbeitskreis kommt seit Herbst 1976 vierteljährlich zusammen und behandelt Fragen aus dem Themenbereich »Heiliger Geist und Charismen«. Dr. Toaspern hat aufgrund persönlicher Erfahrungen 1975 Zugang zu den Anliegen der charismatischen Bewegung gefunden und bemüht sich seitdem besonders um die Sammlung der verschiedenen charismatischen Gruppierungen, das Gespräch mit anderen geistlichen Bewegungen und um eine theologische Klärung der aufgeworfenen Fragen.

1.5. Der charismatische Aufbruch unter Jugendlichen

Am deutlichsten ist die charismatische Bewegung in unserem Land durch den charismatischen Aufbruch unter Jugendlichen in das kirchliche Bewußtsein getreten. Dieser ist seit Anfang der siebziger Jahre deutlich zu erkennen und trägt alle Kennzeichen einer Bewegung. In den Jahren 1972 und 1973 erlebte diese Bewegung ihren Höhepunkt. Die große Welle ist inzwischen verebbt, die Arbeit geht aber auf vielfache Weise weiter. Die Bewegung erstreckt sich auf alle Landeskirchen. Ein deutlicher Schwerpunkt liegt in Sachsen. Sie ging anfangs teilweise neben der Kirche her, ist aber inzwischen weitgehend in die kirchliche Jugendarbeit integriert und bestimmt diese zum Teil maßgeblich.

1.5.1. Anfänge

Von Anfang an stand die Bewegung unter der Jugend in enger Beziehung zu den Zentren – Großhartmannsdorf, Julius-Schniewind-Haus, Slate – und zu den verschiedenen Volksmissionskreisen. Die von dort ausgehende Rüstzeitenarbeit gab die entscheidenden Impulse. Dabei sind besonders drei Rüstzeiten hervorzuheben:

Buckow 1968: Im Sommer 1968 führte die Ephorie Karl-Marx-Stadt II in Buckow eine Rüstzeit für etwa dreißig Jugendliche durch, die einen auch für die Leiter völlig unerwarteten charismatischen Aufbruch erlebte. Zwei Jugendliche, die in der Karl-Marx-Städter Elimgemeinde Erfahrungen mit Zungenreden gemacht hatten, versuchten, ihre Erfahrungen weiterzugeben, und prägten damit den ganzen Verlauf. Eine spontane Gebetsbewegung, die alle anderen Interessen in den Hintergrund treten ließ, erfaßte die Jugendlichen. Die Gebetsgemeinschaften dauerten mitunter bis tief in die Nacht. Viele erhielten die Gabe des Sprachengebetes, auch Mitglieder der Rüstzeitleitung. Vereinzelt traten Prophetie oder Visionen auf.

Schniewindhaus 1969: Zu einem ähnlichen Aufbruch gestaltete sich die Silvesterrüstzeit 1968/69 im Julius-Schniewind-Haus. Hier stand weniger das Sprachengebet im Vordergrund, viele Jugendliche machten aber tiefgreifende geistliche Erfahrungen. Sie berichteten von Befreiung aus okkulter Bindung, von Erfahrungen des Heiligen Geistes, von zahlreichen Bekehrungen. Dabei spielte das Segnungshandeln mit Auflegen der Hände eine besondere Rolle.

Großhartmannsdorf 1972/73: Die Wurzeln des charismatischen Aufbruches dort zu Silvester 1972/73 reichen weit in die sechziger Jahre zurück. Jährlich führte die Gemeinde einige Rüstzeiten durch. Wie es zu den charismatischen Erfahrungen kam, schildert Christoph *Richter* in einem Bericht:

»... 1971 legten wir einen Stop ein, weil wir den Eindruck hatten, wir müssen einmal ganz neu fragen: Was will Gott? Geben wir den Menschen das, was Gott hat, oder hat Gott nicht noch mehr zu bieten? ... Wir hörten damals von der Jesusbewegung ... und erkannten, daß darin offensichtlich eine Stunde Gottes für die Jugend gekommen sein muß ... Für uns war das damals wie ein Signal: Wir sollten neu anfangen und die Kräfte und Potenzen, die Gott in der Gemeinde zubereitet hatte, anbieten. Ich weiß noch, wie wir im Herbst 1972 noch einmal richtig handelten. Wir beteten und übergaben uns selber Gott mit allen unseren Möglichkeiten, unseren Kräften, unserer Zeit und unseren Räumen, mit allem, was wir hatten, als eine Art Landeplatz für das, was da geistlich in der Luft zu liegen schien. Der Start sollte eine Rüstzeit sein für Jugendliche Silvester 1972/73. Da luden wir gezielt etwa hundert Jugendliche ein, vorwiegend aus Sachsen, zu denen wir von früher her Verbindung hatten. Bei uns wird, wenn wir Rüstzeit machen, eigentlich viel, fast ausschließlich, mit der Bibel gearbeitet, ... alles mit einer seelsorgerlichen Orientierung ... Wir luden (Gäste aus Holland) ein, uns die Bibelarbeiten zu halten. Das Thema ... war Heiliger Geist ... Wir wußten, daß das Leute waren, die mit der Pfingstbewegung Kontakt hatten. Wir gaben ihnen auch freie Hand zu reden, wie sie es gewohnt waren.

Bei dieser Rüstzeit gab's so eine Art geistlicher Explosion, bei den Jugendlichen in einer Segnungsstunde am Schluß der Rüstzeit. Wir hatten nicht mehr die Möglichkeit, so viele Einzelgespräche zu führen, wie gewünscht worden waren. Wir konnten sie nur noch in die Kirche einladen. Wir zündeten die Altarkerzen an, stellten uns zu dritt davor und sagten: Wir können nur noch mit einzelnen beten und die Hände auflegen. Aber wir wollen wenigstens noch mit euch beten! Und über diesem Beten, oder, sagen wir, in einem offensichtlichen Zusammenhang damit, machten diese jungen Leute ganz bestimmte geistliche Erfahrungen, von denen sie uns hinterher schrieben oder berichteten, als sie wiederkamen ...«

1.5.2. Ausbreitung

Die Buckower Rüstzeit hatte eine nachhaltige Auswirkung auf die Jugendarbeit in Karl-Marx-Stadt. Die Jugendlichen berichteten begeistert von ihren Erfahrungen und wollten sie unbedingt weitergeben. Dabei kam es im Überschwang der Gefühle auch zu Entgleisungen und Schwärmerei. Die kirchlichen Mitarbeiter – auch die Jugendwarte, die seit jeher in der erwecklich-pietistischen Tradition arbeiteten – standen diesem Feuer rat- und hilflos gegenüber. Schließlich wandte man sich nach Bräunsdorf, da die dortige Gemeinde schon seit

Jahren Erfahrungen mit Charismen hatte. Gerhard Küttner untersagte zunächst bis auf weiteres die Praktizierung der Sprachengabe und anderer Charismen in den Kreisen der Jungen Gemeinde. Er wollte den Jugendlichen erst eine klare biblische Orientierung geben. Deshalb führte er in der Folgezeit in Bräunsdorf monatlich Bibelseminare durch, die zunächst für die Rüstzeitteilnehmer gedacht waren, bald aber bis zu 400 bis 500 Jugendliche anzogen, und es stellte sich bald heraus, daß sich die charismatischen Erfahrungen in der Stille weiter verbreitet hatten. Dieser Aufbruch blieb jedoch zunächst begrenzt auf die Ephorie Karl-Marx-Stadt II. In seinem Gefolge entstanden lokale Gebetskreise. Noch heute ist die Jugendarbeit in dieser Ephorie stark charismatisch ausgerichtet mit besonderer Wertschätzung des Zungenredens.

Auch die Teilnehmer der Silvesterrüste 1968/69 und anderer Rüstzeiten im Schniewindhaus gründeten in ihren Heimatgemeinden Gebetskreise und wollten weitertragen und weiterführen, was sie erlebt hatten. Aus diesen Anfängen entstand ein »Geistlicher Mitarbeiterkreis«, der inzwischen dem Schniewindhaus gegenüber relativ selbständig geworden ist und sich eine verbindliche »Basiserklärung« gegeben hat.

Die Rüstzeit mit der wohl stärksten Breitenwirkung war die Silvesterrüstzeit in Großhartmannsdorf 1972/73. Pfarrer Christoph Richter sah deutlich, daß die Jugendlichen unbedingt eine geistliche Begleitung und biblische Fundierung benötigten. Er lud sie deshalb zu monatlich stattfindenden Jugendwochenenden nach Großhartmannsdorf ein. Dieses Angebot rief ein unerwartetes Echo hervor. Die Teilnehmerzahl wuchs schon im Herbst 1973 auf 1200 bis 1700. Aus allen Teilen der Republik kamen sie. Großhartmannsdorf wurde so zu einem Treffpunkt der erweckten Jugendlichen. Um Großhartmannsdorf jedoch nicht zu einem »geistlichen Luftkurort« werden zu lassen, versuchte man schon 1974 die Arbeit zum Teil von dem Ort wegzurücken. So wurden ähnliche Jugendwochenenden in Dresden und Leipzig durchgeführt.

Ähnliche Erfahrungen prägten in der Folgezeit in unterschiedlichen Formen das Bild einer Bewegung, die sich rasch im ganzen Land ausbreitete. Erwähnt seien die »Jesus-Treffs« in Dresden, Leipzig, Görlitz, Frankfurt (Oder) oder Potsdam, die Rüstzeitenarbeit in Slate und im Bereich der Brüdergemeine (Kleinwelka bei Bautzen und Herrnhut), die Jugendgottesdienste in Karl-Marx-Stadt und die Jugendevangelisationen von Pfarrer Dr. Theo *Lehmann*, die »Kirchenwochen« in Niesky-See und Mohlsdorf (Thüringen) sowie zahlreiche örtliche Gebetskreise. Durch den starken Zustrom erweckter Jugendlicher zu den kirchlichen Berufen kam es auch an vielen kirchlichen Ausbildungsstätten und in zahlreichen diakonischen Einrichtungen zur Bildung von Gebetskreisen.

1.5.3. Die Spiritualität der Bewegung

Die Jugenderweckung in unseren Kirchen zeigte z. T. eine auffallende Ähnlichkeit mit der Jesus-Bewegung in westlichen Ländern zur gleichen Zeit. Ein direktes Abhängigkeitsverhältnis läßt sich jedoch nicht nachweisen, wohl aber eine auch literarisch vermittelte Vorbildwirkung. Mit Interesse las oder hörte man von den Erfahrungen unter der Jugend in den USA oder anderen Ländern. Sie ließen aufhorchen und verstärkten die Erwartungen auf eine Erwekkung unter der Jugend auch in unserem Land. Man glaubte an ein weltweites Handeln Gottes unter der Jugend. So fühlte man sich eng mit der Jesus-Bewegung in anderen Ländern verbunden und entwickelte eine ähnliche Spiritualität und ähnliche Formen wie sie (Lieder; Aufkleber und Plaketten mit der Beschriftung »Jesus lebt«, »Jesus liebt dich«; die Grußformeln »One way«, »Preis dem Herrn« u. a.). Bis heute ist die Frömmigkeit der Jugendlichen ausgesprochenjesusbezogen, ihr Evangelium einfach und unkompliziert. »Es gibt nur einen Weg – Jesus« – für die Fragen des Lebens, in Sorgen und Problemen, in Schuld.

Die Frömmigkeit der Bewegung ist stark emotional bestimmt. Die Jugendlichen scheuen sich nicht, ihre Gefühle auszudrücken, über ihre Erfahrungen mit Jesus zu reden, sie singen begeistert, klatschen in die Hände. Zahlreiche neue Lieder entstanden.

Die persönliche Beziehung zu Jesus findet oft Ausdruck in charismatischen Erfahrungen. Hier macht sich vor allem der Einfluß der holländischen Pfingstler bemerkbar, die mit ihrem ganz unbefangenen Reden und Praktizieren von Geisterfahrungen die Charismen unter den Jugendlichen »populär« machten. Am häufigsten tritt die Gabe der Zungenrede auf, oft durch ein Segensgebet unter Handauflegung vermittelt. Oft ist auch ein prophetisch erhellendes Sprechen in die konkrete Situation des einzelnen hinein entscheidend für die geistliche Entwicklung der Jugendlichen. Die Charismenpraxis, vor allem das Zungenreden, ist aber keineswegs unumstritten. Von einigen ausgesprochen propagiert, wird es von anderen äußerst zurückhaltend beurteilt.

Die Jugendlichen sind fast durchweg stark auf Gemeinschaft hin orientiert. Voller Mobilität sucht man die großen Treffen und fährt zu Rüstzeiten. Am Ort gründet man Gebetsgruppen, die als vertiefende Kreise oft neben der Jungen Gemeinde bestehen. Hier hat die Arbeit des Volksmissionskreises Sachsen und der anderen Zentren prägend gewirkt. Nicht selten haben die Jugendlichen in den vom Volksmissionskreis geprägten Gemeinden auch in den bestehenden Gebetskreisen Aufnahme gefunden. Ihre eigenen Kreise leiten die Jugendlichen z. T. selbst, charakteristischer ist aber die Suche nach einer geistlichen Autorität, der man sich unterstellen kann. So spielt die bis zur engen persönlichen Bindung gehende Orientierung an einzelnen Führungsgestalten eine erhebliche Rolle. Bemerkenswert war vor allem am Anfang der evangelistische Eifer der Jugendlichen, der der Begeisterung für Jesus und der Unkompliziertheit der Frömmigkeit entsprang. Man ging auf die Straße, um zu evangelistischen Veranstaltungen einzuladen oder im spontanen persönlichen Zeugnis von Mensch zu Mensch zu evangelisieren. So wurden z. T. auch kirchenferne Jugendliche erreicht.

1.5.4. Integration der Bewegung

Zeitweilig nahm die Bewegung, vor allem in den Anfangsjahren, spontane und unkontrollierbare Formen an. Selbst für die geistlichen Zentren war sie kaum übersehbar. Es war offen, ob sie sich kirchlich integrieren lassen würde oder nicht, ob sie sich ihre eigenen Leiter wählt und ein Eigenleben entwickelt. Dem Integrationswillen leitender Vertreter in der Bewegung ist es jedoch zu verdanken, daß sie immer mehr ihren Ort in der kirchlichen Jugendarbeit gefunden hat. Die geistlichen Zentren fühlten sich besonders verantwortlich. Man sammelte Schlüsselpersonen aus den einzelnen Spontangruppen und versuchte, ihre geistliche Entwicklung auf Rüstzeiten weiter zu fördern und zu begleiten.

Wesentlich für die Integration der Bewegung war, daß sie in der pietistisch-erwecklichen Arbeit des Jungmännerwerkes einen Anknüpfungspunkt fand. Viele jüngere Mitarbeiter in der Jugendarbeit öffneten sich der Bewegung und identifizierten sich z. T. kritiklos mit ihr. Auch das war in der sächsischen Landeskirche am deutlichsten zu beobachten. Als verbindendes Element zwischen der pietistischen Arbeit des Jungmännerwerkes und der charismatischen Jugendbewegung wirkte vor allem die starke Jesusbezogenheit. Wichtig für die Kommunikation untereinander wurde der *»Lauenhain-Kreis«*, der seit 1968 besteht und etwa 150 Personen, vor allem Jugendmitarbeiter, umfaßt. Er fühlt sich dem Anliegen des Volksmissionskreises Sachsen verbunden, obwohl er ihm organisatorisch nicht angehört. Für viele, vor allem ältere Mitarbeiter des Jungmännerwerkes, bedeutete aber die neue Bewegung mit ihren enthusiastischen Phänomenen auch eine erhebliche Verunsicherung, und sie fühlten sich mit ihrer langjährigen Arbeit z. T. zurückgesetzt, denn von manchen Jugendlichen wurden Mitarbeiter ohne charismatische Erfahrungen nicht akzeptiert. Das Nebeneinander von »herkömmlichen« und charismatischen Jugendkreisen schuf in vielen Gemeinden Probleme. Ansätze für eine Verständigung mit ganz anders geprägter Jugendarbeit (Burckhardthaus o. a.) finden sich fast gar nicht.

Besondere, für die Zukunft nicht unwesentliche Fragen werfen die Gebetskreise auf, die in den verschiedenen kirchlichen Ausbildungsstätten entstanden sind.

Im ganzen wird man sagen können, daß die Spontanbewegung inzwischen verebbt ist. Doch geht die charismatische Bewegung in den örtlichen Gruppen und Kreisen weiter. Es bleibt vor allem abzuwarten, welche Anstöße für die Kirche sich ergeben, wenn die Jugendlichen, die gegenwärtig die kirchliche Ausbildung durchlaufen, in die praktische Gemeindearbeit eintreten.

1.6. Zusammenfassende Beobachtungen

1.6.1. Einflüsse

Der Überblick über die charismatische Bewegung in unserem Land zeigt deutlich, daß in ihr zahlreiche Einflüsse und Anstöße von außen wirksam geworden sind. Sie gehen von verschiedenen Bewegungen und Kommunitäten aus, sind für die einzelnen Zentren und Gruppen zum Teil unterschiedlich und entwikkelten sich teilweise zu festen Kontakten. Immer wieder wird aber auch betont, daß sich die Bewegung in unseren Kirchen durchaus eigenständig entwickelt hat.

Die *»Oxford-Gruppenbewegung«*, die 1921 durch Frank *Buchmann* ins Leben gerufen wurde, hat besonders den sächsischen Volksmissionskreis in seinen Anfangsjahren wesentlich geprägt. Die Gruppenbewegung hatte mit ihrem missionarischen und seelsorgerlichen Anliegen in den zwanziger und dreißiger Jahren eine starke Anziehungskraft. Sie verstand sich als innerkirchliche Bewegung, fand rasch Ausbreitung in verschiedenen Ländern und auch in Deutschland. Ihr Anliegen ist später im *»Marburger Kreis«*, der sich seit 1957 um Artur *Richter* sammelt, wieder aufgenommen worden. Auch zu dieser Gruppe gibt es Kontakte, besonders seitens des Volksmissionskreises Sachsen.

Von der Gruppenbewegung und vom »Marburger Kreis« sind einige wichtige Anliegen und Arbeitsformen übernommen worden, wie die Wertschätzung des Laienzeugnisses und der Beichte, die Form der Mannschaftsevangelisation oder auch der Stille-Zeit-Kreise.

Ausschlaggebend für weite Kreise der Bewegung wurden ferner die engen Kontakte zu evangelischen Kommunitäten (Bruderschaft vom Gemeinsamen Leben; Ökumenische Marienschwesternschaft; Christusbruderschaft in Selbitz; Jesusbruderschaft in Gnadenthal). Die Praxis bruderschaftlichen Lebens, charismatische Erfahrungen, ein tieferes Verständnis der Kirche, ihrer Einheit und ihrer Ämter sind Anstöße, die aus dieser Begegnung erwachsen sind. Zur Bruderschaft von *Taizé* scheinen hingegen keine näheren Kontakte zu bestehen. Auch das Anliegen, das von Taizé ausgegangen ist, Gebet und Engagement, Kampf und Kontemplation zu verbinden, wurde nicht aufgenommen.

Besondere Beziehungen bestehen verständlicherweise zur *»charismatischen Bewegung« in anderen Ländern.* Persönliche Kontakte, aber vor allem auch das geistliche Schrifttum haben die Bewegung in unserem Land mitbestimmt. Zu ersten Berührungen kam es 1965 in Königstein im Taunus auf einer ökumenischen Tagung, die dem Thema »Kirche und Charisma« gewidmet war. Bald darauf besuchte Larry Christenson, Pfarrer der lutherischen Kirche in Kalifornien und führender Vertreter der »charismatischen Bewegung« in den USA, das Schniewindhaus und andere Gruppen des Landes. In den letzten Jahren entstanden ferner Kontakte zu einem Evangelisten, der aus der Gemeinde von Dennis Benett im Staate Washington/USA kommt. Aber auch zu Kreisen der charismatischen Bewegung und der Pfingstbewegung in Polen, ČSSR, Ungarn, Rumänien, Bulgarien und der UdSSR gibt es verschiedene Kontakte.

Im Bereich der Jugenderweckung und in einigen Randgruppen der Bewegung läßt sich der deutliche *Einfluß von Pfingstlern* feststellen (vgl. o. S. 34), vor allem einer Gruppe missionarisch sehr aktiver Holländer, die der »Vollen-Evangeliums-Gemeinde« angehören, einer Denomination, die in Holland zu den Pfingstkirchen gezählt wird. Inzwischen scheinen sich diese Kontakte gelockert bzw. in Randgruppen verlagert zu haben. Auch war von vornherein ihre Theologie nicht unkritisch übernommen worden, so daß bestimmte Vereinseitigungen ausgeschieden wurden (z. B. in der Frage der »Geistestaufe«). Auch wird von einzelnen immer wieder darauf hingewiesen, daß die Pfingstler selbst in der Begegnung mit Gruppen in unserem Land in manchen Fragen eine neue Sicht erhalten hätten. Neben den pfingstlerischen Einflüssen von außen lassen sich aber auch verschiedene Kontakte zur pfingstlerischen Tradition im eigenen Land erkennen, z. B. zu Elim-Gemeinden im Bund Ev.-Freikirchlicher Gemeinden, die wiederum selbst durch die charismatische Bewegung neuen Auftrieb bekommen haben.

In der Jugenderweckung ist schließlich eine Prägung durch die *»Jesus-People-Bewegung«* festzustellen, die jedoch weniger durch persönliche Kontakte als vielmehr durch literarische Zeugnisse verursacht wurde (vgl. o. S. 34).

Neben den Einflüssen ausländischer Bewegungen und Kommunitäten, die bisher zur Sprache gekommen sind, muß abschließend auf die Bedeutung *volksmissionarisch-evangelistischer Strömungen in unserem Land* selbst für die Bewegung hingewiesen werden. Weitreichende Wirkungen sind von der evangelistischen und schriftstellerischen Tätigkeit *Werner de Boors* ausgegangen. Sein Einfluß ist vor allem in den nördlichen Gegenden deutlich, aber auch sonst an vielen anderen Orten des Landes feststellbar. Überhaupt liegen Wurzeln der Bewegung häufig in volksmissionarisch-evangelistischen Aktivitäten. Auch das pietistisch-erweckliche Anliegen des Jungmännerwerkes ist in die Bewegung eingeflossen und war vor allem für die Aufbrüche unter Jugendlichen ein prägender Hintergrund.

Endlich gehört auch die Begegnung mit dem Erbe der alten Herrnhuter Erweckungsbewegung zu den Einflüssen, die die charismatische Bewegung in unserem Lande geprägt haben. So findet etwa der Leitspruch der mährischen Brüder »Unser Lamm hat gesiegt, laßt uns ihm folgen« oder das Wort Zinzendorfs »Ohne Gemeinschaft konstatiere ich kein Christentum« in der charismatischen Bewegung ein deutliches Echo.

Eine in der gesamten Bewegung singuläre Tradition bildet die bewußte Rezeption *Blumhardtschen Erbes* durch Jansa (vgl. o. S. 24). Es scheint, daß dieser Ansatz auf Jansa beschränkt blieb.

1.6.2. Entwicklungsabschnitte und Zeittafel

Die Entwicklung der Bewegung innerhalb der DDR verlief nicht geradlinig, sondern in einem gewissen Auf und Ab, bei dem sich deutlich einzelne Abschnitte und Höhepunkte abzeichnen.

Der *erste Abschnitt* ist die Zeit der Anfänge in den späteren Zentren (Slate, Bräunsdorf, Schniewindhaus, Großhartmannsdorf), die bestimmt ist von geistlichen Aufbrüchen in diesen Gemeinden, aber auch bereits von charismatischen Erfahrungen, vor allem mit Krankenheilung. Durch Evangelisationsarbeit entstehen im Lande Gebets- und Bibelkreise.

Der *zweite Abschnitt* (etwa 1960 bis 1970) läßt sich als Phase der Herausbildung von Zentren beschreiben. Sie ist geprägt durch die Entstehung verbindlicher Lebens- und Dienstgemeinschaften und das Zusammenfinden von Gruppen, die eine größere Verbindlichkeit anstreben (Schwesternschaft in Bräunsdorf und Johannesring; Bruderschaft in Großhartmannsdorf und Philippusring). In diese Zeit fallen auch die ersten Erfahrungen mit der Gabe des Zungenredens, die zunächst im wesentlichen auf die geistlichen Zentren beschränkt bleiben.

Den *dritten Abschnitt* bildet der charismatische Aufbruch unter Jugendlichen. 1968 stellt die Buckower Rüste eine Art »Vorspiel« dafür dar, ihren Höhepunkt erreicht diese Welle in den Jahren 1973/74 und ebbt etwa 1975 wieder ab.

Die weitere Entwicklung ist durch eine gewisse Stabilisierung der Kreise und der gesamten Arbeit gekennzeichnet. Ein engeres Zusammenfinden der verschiedenen Gruppen erwies sich als unerläßlich, gerade auch im Blick auf Gespräche mit anderen Richtungen. Andererseits fand in den Zentren ein Wechsel in der Leitung statt, der auch zu Veränderungen in der Arbeit und in der Prägung der Zentren führte (vgl. zu den einzelnen Abschnitten und den vergleichbaren Frömmigkeitsbewegungen in anderen Ländern die umseitige Zeittafel).

1.6.3. Kontakte und Zusammenschlüsse in der Bewegung

Schon bei den einzelnen Gruppen und Zentren wurde deutlich, wie eng die *Kontakte innerhalb der Bewegung* sind. Zwischen den Gliedern der verschiedenen Gruppen gibt es zahlreiche persönliche Kontakte. Fast jede Gruppe hat zu einem oder mehreren Zentren Beziehungen, die vor allem durch die Teilnahme an Rüstzeiten, Konventen und durch Besuche aufrechterhalten werden. Ebenso sorgen Briefwechsel, vervielfältigte Mitteilungen und Rundbriefe für den Zusammenhalt.

Bei der Abneigung der Bewegung gegen allzuviel Organisation ist es nicht verwunderlich, daß es zu einem Zusammenschluß der führenden Personen der Bewegung erst sehr spät und auch nur in sehr lockerer Form gekommen ist: Der »Arbeitskreis für geistliche Gemeindeerneuerung« (nach seinem Tagungsort in der Nähe von Leipzig auch »Borsdorfer Konvent« genannt) traf sich zum ersten Mal 1977. Ausgangspunkt dafür war das Gespräch mit Vertretern des Gnadauer Gemeinschaftsverbandes, das 1976 erstmals die Vertreter der wichtigsten Gruppierungen der charismatischen Bewegung zusammenführte. Seine Aufgabe ist es, den gegenseitigen Austausch zu fördern, die Entwicklung in den Gruppen zu beobachten und zur theologischen Klärung zu verhelfen. Der Konvent trifft sich in der Regel zweimal im Jahr. Er will kein Leitungsgremium sein und soll nicht zu einer organisatorischen Zusammenfassung der unterschiedlichen Gruppierungen führen.

Eine Kontaktebene für die Begegnung mit anderen volksmissionarischen Aktivitäten ist die *»Arbeitsgemeinschaft Missionarische Dienste«* (AMD). In ihr, der früheren »Arbeitsgemeinschaft für Volksmission«, sind Werke und Aktivitäten wie die Berliner Mission, die Evangelistenkonferenz, das Gnadauer Gemeinschaftswerk, aber auch die landeskirchlichen Ämter für Gemeindedienste zusammengefaßt. Aus dem Bereich der charismatischen Bewegung gehören ihr als Mitglieder der Volksmissionskreis Sachsen und seit 1978 auch die Missionarischen Dienste Südharz an. Der Zusammenschluß auf der Ebene der AMD weist einerseits auf gemeinsame Wurzeln und Anliegen volksmissionarischer Arbeit hin, andererseits unterstreicht er die Notwendigkeit,

Zeittafel

	Internationale Bewegung	Volksmissionskreis Sachsen	Andere Gruppierungen
	1921 Oxford-Gruppenbewegung		
		1937 Begegnung mit der Gruppenbewegung, Posaunenquartett	
1945		Volksmissionskreis, Anschluß an IM	
			1948 Paehl in Slate
1950			
		1952 Küttner in Bräunsdorf	
	1957 Marburger Kreis		1957 Jansa im Schniewindhaus
		1958 Richter in Großhartmannsdorf	
1960	Charismatischer Aufbruch in luth. Gemeinden in den USA (L. Christenson)		
	1962 Bittlingers Reise in die USA	1962 Schwesternschaft in Bräunsdorf	
	1963 Tagung charismatischer Gruppen in Enkebach		
		1964 Auftreten von Charismen in Bräunsdorf	

1965	Tagung charismatischer Gruppen in Königstein	Charismen in Großhartmannsdorf	Charismen im Schniewindhaus und Slate
	1966 Entwicklung der charismatischen Bewegung in der kath. Kirche in den USA	1966 Bruderschaft und Philippusring in Großhartmannsdorf	
			1967 Tod Jansas
			1968 Haus der Stille Weitenhagen
	Jesus-People-Movement	1968 Lauenhain-Kreis	1968/69 Silvesterrüste im Schniewindhaus (Jugend)
		1968 Jugendrüste in Buckow	
			1969 Blischke im Schniewindhaus
1970			1971 Missionarische Dienste Südharz
		1972/73 Silvesterrüste in Großhartmannsdorf (Jugend)	
			1974 Leitungskreis Christusdienst Thüringen
1975	Pfingsttreffen kath. Charismatiker in Rom		
	3. Charismatische Führerkonferenz in Craheim	1976 Steinmüller nach Großhartmannsdorf	
		1976ff. Gespräche mit dem Gnadauer Gemeinschaftsverband	
		1977 Borsdorfer Konvent	
		1978 Uhlig nach Bräunsdorf	Schirrmeister nach Slate

trotz z. T. sehr unterschiedlicher Prägungen beieinander zu bleiben. Hier liegt einer der Anstöße für die Gespräche zwischen den Vertretern charismatischer Gruppen und der Gemeinschaftsbewegung (vgl. u. S. 102–104).

1.6.4. Sammlungsformen

Für die charismatische Bewegung in unserem Land lassen sich typische Sammlungsformen erkennen:

1. Zunächst sind die *Sammlungszentren für geistliche Erneuerung* zu nennen, wie das Schniewindhaus, Bräunsdorf, Großhartmannsdorf, Slate. Als Zentren der Bewegung erzielten sie durch ihre umfangreiche evangelistische Tätigkeit und Rüstzeitenarbeit eine weitreichende Wirkung. Sie üben eine orientierende und leitende Tätigkeit aus innerhalb der Bewegung. Bei ihnen sucht man seelsorgerliche Hilfe und geistliche Wegweisung.

Die Anfänge der Zentren liegen meist in einer geistlichen Erweckung der jeweiligen Ortsgemeinde. Von daher ist häufig die ganze Gemeinde an der Arbeit, geistlich wie organisatorisch, beteiligt. Charakteristisch ist die Entstehung von Formen kommunitären Lebens an diesen Zentren, die als Dienstgemeinschaften die Arbeit in besonderer Weise mittragen.

2. Eine weitere typische Sammlungsform bilden die Gruppen am Ort, die in allen Gegenden des Landes anzutreffen sind. Sie nennen sich Gebetskreis, gelegentlich auch charismatischer Gebetskreis, Geschwisterkreis, Stille-Zeit-Kreis, Vertiefungskreis, Bibel- und Gebetskreis. Im Raum des sächsischen Volksmissionskreises spricht man weithin einfach vom »Kreis«.

Die verschiedenen Bezeichnungen der Gruppen geben bereits über die wesentlichen inhaltlichen Elemente Auskunft: gemeinsames Gebet und Lesen der Heiligen Schrift, Bruderschaft, Vertiefung im Glauben. Die Kreise dienen vor allem der persönlichen Erbauung und Einübung in den christlichen Glauben. Darüber hinaus verstehen sich viele Kreise als »Zelle des geistlichen Lebens«, die für das Leben der Gesamtgemeinde befruchtend wirken möchte. Häufig wird die Gruppe dann als »Kerngemeinde« charakterisiert. In ihr versammeln sich Gemeindeglieder, die sich aktiv und verantwortlich in das Gemeindeleben stellen wollen.

Gelegentlich übt der Kreis jedoch eine Ersatzfunktion für ein unbefriedigendes Gemeindeleben aus. Zieht sich eine solche Gruppe vom Gemeindeleben zurück, kommt es auch zu separatistischen Erscheinungen.

3. Eine weitere Sammlungsform bilden die *regionalen Zusammenschlüsse und Gruppen* (vgl. besonders die in 1.1. und 1.4. genannten Gruppierungen).

Ähnlich wie die geistlichen Zentren dienen diese Zusammenschlüsse der

Koordinierung und Kommunikation innerhalb der Bewegung. Der einzelne, oft in seinem Ort geistlich alleinstehend, findet hier tragende Gemeinschaft. Die Bedeutung dieser Gruppen besteht aber auch in der theologischen Arbeit, die in ihnen im Blick auf Lehre und Praxis geschieht.

1.6.5. Besondere Kennzeichen der Gruppen

1. Hervorgehobene Rolle des Leiters

In unübersehbarer Weise begegnet man in vielen Bereichen der Bewegung dem bestimmenden geistlichen und theologischen Einfluß führender Personen. Auch die starke Anziehungskraft einzelner Zentren und Gemeinden steht mit dieser Beobachtung im Zusammenhang. Die hervorgehobene Rolle einzelner hängt einerseits zweifellos mit deren Originalität und charismatischer Leiterpersönlichkeit zusammen, andererseits aber auch mit dem in der Bewegung häufig zu beobachtenden Verlangen nach geistlicher Autorität. Besonders unter Jugendlichen scheint dieses Bedürfnis vorhanden zu sein.

Auch auf der örtlichen Ebene fällt auf, daß sehr viele Kreise leiterzentriert sind. So wurde in den Gesprächen durchgehend die Notwendigkeit eines »erfahrenen Leiters« betont um der »bewahrenden Ordnung« willen. Wo der Pfarrer oder andere kirchliche Mitarbeiter einer Gruppe angehören, haben sie fast selbstverständlich die Leitung. Damit kommt es oft zu einer ausgesprochenen Hochschätzung des Amtes infolge einer starken geistlichen Aufwertung vorgegebener Strukturen. Diese Beobachtung trifft in besonderem Maße für den von Bräunsdorf bestimmten Teil der Bewegung zu.

Das hervorgehobene Amt des Leiters hat jedoch nicht notwendigerweise Passivität und Unmündigkeit der Gruppe zur Folge. Es gehört gerade zum Anliegen der Kreise, die Gaben des einzelnen zur Entfaltung zu bringen. So sehen einige Pfarrer ihre Leitungsaufgabe in der Gruppe darin, die Gaben und Begabungen der einzelnen zu entdecken und zu fördern. Die Autorität des Leiters schließt ferner auch nicht partnerschaftliche Formen der Leitung aus. Hier gibt es aber in den einzelnen Gruppen unterschiedliche Entwicklungen, die von der Person des jeweiligen Leiters abhängen.

2. Verbindlichkeit für die Glieder der Gruppe

Der verbindlichen Christusnachfolge, in die der einzelne durch seine Übergabe an Christus eintritt, entsprechen bestimmte Verbindlichkeiten für den geistlichen Lebensvollzug des einzelnen und der Gruppe in Form *geistlicher Lebensregeln.* Dazu gehören:

- regelmäßige Teilnahme am Gebetskreis,
- regelmäßige Teilnahme am Gottesdienst und an der Feier des heiligen Abendmahls,
- tägliches geordnetes Bibelstudium und Gebet,
- geregelte persönliche Seelsorge und regelmäßiges Beichtgespräch,
- verantwortliche Haushalterschaft im Blick auf Zeit, Besitz, Gaben, Geld (Zehnter!),
- Offenheit und brüderliches Verhalten gegenüber den anderen Kreisteilnehmern.

Solche geistlichen Regeln werden als Hilfe für das eigene Glaubenswachstum verstanden. Einige Gruppen haben sich bestimmte Verbindlichkeiten in schriftlicher Form gegeben. So betet z. B. jeder, der zum Volksmissionskreis Sachsen findet, das gemeinsame Hingabegebet (vgl. o. S. 22f.).

Auffallend ist, daß der Trend zu verbindlichen geistlichen Lebensregeln und verbindlicher Zugehörigkeit zu einer bestimmten Gruppe in den einzelnen Bereichen der Bewegung unterschiedlich ist. Für den Volksmissionskreis Sachsen ist die Entwicklung verbindlicher Lebensformen ein charakteristisches Merkmal. Er sammelt seine Mitglieder und Kreise in sehr engen Kontakten und größerer Verbindlichkeit als vergleichsweise das Schniewindhaus, zu dem sich die einzelnen Gruppen im Land in ausgesprochen lockerer und freier Form halten.

3. *Geschlossenheit bzw. Offenheit der Gruppe*

Die Frage nach Geschlossenheit oder Offenheit der Gruppe markiert ein Problemfeld, das auch innerhalb der Bewegung noch nicht ausdiskutiert ist. Es gibt in dieser Beziehung keine einheitliche Praxis. An einzelnen Stellen vollzog sich ein Wandel von Geschlossenheit zu größerer Offenheit, an anderen Orten verlief die Entwicklung genau umgekehrt. Auffallend ist, daß Jugendkreise häufig offener gehalten sind als andere Gruppen.

Viele Kreise erwecken den Eindruck einer großen Abgeschlossenheit nach außen. So wird häufig eine Teilnahme Fremder oder von Gästen nur nach einem Gespräch mit dem jeweiligen Leiter möglich, der über Teilnahme oder Nichtteilnahme entscheidet. Auch wer neu zum Kreis finden möchte, muß den Weg über den Leiter gehen und ihm sein Verhältnis zu Christus offenlegen. Geschlossenheit bedeutet nicht, daß man sich hermetisch abriegelt, so daß niemand hinzufinden kann. Aber eine Einladung in den Kreis wird doch von bestimmten Voraussetzungen abhängig gemacht: Grundlegend ist der Wille zu einer verbindlichen Christusnachfolge. Es soll keine Zuschauer geben, keine distanzierten Beobachter. Diese Voraussetzung wird aus der Zielsetzung des Kreises abgeleitet, die nicht das missionarische, sondern mehr das seelsorgerliche Anliegen der Weiterführung im Glauben betont. Diese Zielsetzung sei der Erfahrung nach nur zu verwirklichen, wenn jeder die Grundvoraussetzung der verbindlichen Christusnachfolge mitbringt. Die Geschlossenheit eines solchen Kreises habe deshalb nur einen »pädagogischen Grund«, keinen »geistlichen«. Als weiterer Grund wird immer wieder die große Vertraulichkeit der Aussprache genannt, die aus der seelsorgerlichen Ausrichtung der Kreise hervorgeht. Dagegen wird die Ausübung besonderer Charismen wie Zungenrede oder Prophetie nur vereinzelt als Grund für die Geschlossenheit angegeben.

Die Geschlossenheit vieler Gruppen führt in der Praxis zu mancherlei Problemen. Vor allem macht sie auf Außenstehende einen negativen Eindruck. Hin und wieder wird davon berichtet, daß die Exklusivität der Gruppen einer Klassifizierung zwischen »Bekehrten« und »Nichtbekehrten« innerhalb der Gemeinde Vorschub leisten würde, so daß sich andere in ihrem Christsein disqualifiziert fühlten.

2. Zur Frömmigkeit und Theologie

2.1. »Völlige Ausrichtung auf Christus« – die Grunderfahrung

Fast immer steht am Anfang eine Erfahrung, die hier als »Grunderfahrung« beschrieben werden soll. Sie ist nicht einfach identisch mit dem, was in der pietistischen Tradition Bekehrung heißt, kann sie aber mit einschließen. Im Erzählen solcher grundlegenden Erfahrungen, in der Erhebung ihrer inneren Struktur, in der Entfaltung der Grunderfahrung im geistlichen Lebensvollzug und ihrer theologischen Verarbeitung soll zugleich das zentrale Anliegen der charismatischen Bewegung in unserem Lande deutlich werden.

2.1.1. Biographische Erfahrungen

Ein Pfarrer aus dem Volksmissionskreis Sachsen erzählt seine grundlegende Erfahrung, die er in der Zeit vor dem zweiten Weltkrieg auf einer Tagung der Oxford-Gruppenbewegung gemacht hat:

(a) »Während dieser Tagung kam ein dänischer Professor auf mich zu: ›Kann ich mit Ihnen die Bibel lesen?‹ Er schlug Joh. 3 auf und fing an, Nikodemus zu schildern. Dieser dänische Professor mußte offenbar meine Situation gesehen haben. In seiner Schilderung des Nikodemus hat er mich naturgetreu abgemalt. Ich habe mich gewundert, woher er das alles wußte. Dann stellte er die Frage: ›Was wissen Sie vom Heiligen Geist?‹ Ich blieb die Antwort schuldig. Es folgte eine schreckliche Nacht, in der ich Gott alles vorhielt: mein Elternhaus, mein Studium ... Mir war, als sagte er immer: Nein. Am Ende der Nacht war ich total ausgebrannt. Am nächsten Tag kam der Professor wieder auf mich zu: ›Darf ich mit Ihnen beten?‹ Er hat über mir gebetet. Er hat die Gabe des Heiligen Geistes auf mich herabgefleht, daß ich lebendig würde im Innern. Als ich aufstand, war nichts besonders. Ich gehöre nicht zu den Leuten, die besondere Erlebnisse haben mit Halleluja-Rufen ... Dann merkte ich, es ist irgend etwas anders geworden ... Ich hatte noch nicht gebeichtet, die Beichte ist erst viel später gekommen ... In der Zeugnisstunde am Ende der Tagung stand ich auf und sagte nur einen Satz: ›Jesus hat gesiegt.‹ In der nächsten Nacht konnte ich vor Freude nicht schlafen. Ich wußte auf einmal, wozu ich da bin, den Sinn meines Lebens, wer Jesus ist ...«

In einem biographischen Bericht aus jüngster Zeit wird deutlich, welches Gewicht charismatische Erfahrungen gewinnen können:

(b) »Wir haben während unseres Urlaubs im Juli zwei Wochen hindurch die Bibelstunden eines begnadeten Evangelisten gehört, eines Judenchristen. Er verkündigte Jesus in einer so vollmächtigen Weise, wie wir sie noch nicht kannten. Und wir begegneten seiner in ebensolcher Vollmacht im Namen Jesu geübten Gabe der Heilung ... Ich selbst bin an einem der Abende von meiner Herzerkrankung, derentwegen ich schon mehrere Kuren gemacht habe, geheilt worden ... Wir haben in jenen beiden Wochen erste Erfahrungen mit der Wirklichkeit der neutestamentlichen Charismen gemacht. Das war für uns nüchterne Norddeutsche eine neue Erfahrung. Wir sind auch heute noch genauso nüchtern wie vor diesen Erfahrungen, aber es hat sich uns eine Dimension von Wirklichkeit erschlossen, die Gott für seine Gemeinde bereit hat ... (es folgt ein Bericht über erste eigene Erfahrungen mit der Gabe der Prophetie) ... Es ist schon eigenartig, wenn man als Pfarrer nach über zwanzig Jahren Predigtdienst und einer schon in der Studentenzeit vollzogenen Übergabe des Lebens an Jesus in einen noch wieder ganz neuen und unbekannten Raum heller und tiefer Freude eintritt, die einem unentwegt das Herz mit dem Lob Jesu erfüllt ...«

Den genannten Erfahrungen lassen sich zahlreiche andere biographische Erfahrungen an die Seite stellen, in denen ähnliches berichtet wird. Einen etwas anderen Akzent haben demgegenüber die Erfahrungen, von denen Jugendliche berichten. Deutlicher steht hier der Bekehrungsaspekt im Vordergrund. Ein 18jähriges Mädchen schreibt zur Begründung ihrer Bewerbung zum Theologiestudium:

(c) »Ich suchte nach dem Sinn des Lebens. Voriges Jahr entschied ich mich während eines Ferienaufenthaltes im Schniewindhaus für ein Leben mit Jesus. Seitdem habe ich die Gewißheit, daß Jesus lebt. Immer wieder erlebe ich, wie er mir Schuld vergibt und neue Kraft gibt, Probleme und Schwierigkeiten zu überwinden. Das Wort ›Ihr sollt meine Zeugen sein‹ wurde mir wichtig, und aus der großen Freude durch Jesus begann ich aktiv in der Gemeinde mitzuarbeiten ... Durch eine Begegnung gab mir Jesus den Auftrag, ihm beruflich zu dienen ...«[4]

In den Berichten über die grundlegenden persönlichen Erfahrungen lassen sich bei allen Unterschieden bestimmte *Elemente* wahrnehmen, die häufig für diese Erfahrungen charakteristisch sind:

- Erlebnis einer inneren Krise, Aufbrechen der Sinnfrage, Unsicherheit über den weiteren Weg, Zweifel an der Glaubensüberlieferung der Kirche, bei Pfarrern häufig als Identitätskrise im Blick auf ihren Beruf (vgl. die Berichte a und c).
- Begegnung mit Gemeinschaften und Gruppen, in denen eine intensivere Form des Christseins erlebt wird, die häufig zu einer Zuspitzung der Krisensituation führt (a, c).
- Begegnung mit bestimmten Personen, denen besondere geistliche Vollmacht zuerkannt wird und die dann z. T. auch als geistliche Führer Bedeutung gewinnen (a, b).

- Erlebnis besonderer charismatischer Erscheinungen an anderen und bei sich selber (b).
- Verständnis der grundlegenden Erfahrung als Geisterfahrung, bei Jugendlichen weniger differenziert als Jesuserfahrung verstanden (a, b, c).
- Betonung des umwandelnden Charakters dieser Erfahrung: Sinnfindung, Glaubensgewißheit, Freude, unmittelbare Erfahrung der Wirklichkeit Gottes (a, b, c).

Die Bedeutung der persönlichen – auch zumeist irgendwie datierbaren – Erfahrung einer tiefgreifenden Wandlung läßt sich nicht übersehen. Ein organisches Hineinwachsen in den Glauben wird zwar nicht ausgeschlossen, sei aber äußerst selten und eher eine Entschuldigung dafür, daß mit dem Glauben noch nicht ernst gemacht werde. Die Entscheidung setze zwar einen Wachstumsprozeß in Gang, gehe dabei aber doch von einer festen Grundposition aus.

2.1.2. Innere Struktur der Grunderfahrung

Die Grunderfahrung, wie sie z. B. in den biographischen Erfahrungen sichtbar wurde, läßt in ihrer inneren Struktur deutlich zwei Seiten erkennen:

a) die bewußte, willentliche Entscheidung für ein verbindliches Leben mit Jesus und
b) das Erlebnis der Erfahrung der Gegenwart Gottes als Erfüllung mit dem Heiligen Geist.

In der Zuordnung der beiden Aspekte lassen sich deutliche Akzentunterschiede erheben:

1. Die Zusammengehörigkeit der beiden Seiten der Grunderfahrung wird von einigen deutlich betont. Entscheidung und Geisterfüllung seien die beiden Aspekte eines einzigen Aktes. Dies kann ausdrücklich theologisch hervorgehoben werden. Häufig begegnet aber auch im Blick auf den Gesamtbereich die unreflektierte Zusammenschau der verschiedenen Aspekte. So können dann Bekehrung, Wiedergeburt, auch Geistestaufe u. a. als austauschbare Begriffe für ein und dieselbe Sache verwendet werden (vgl. o. S. 46).
2. Die beiden Seiten der Grunderfahrung werden von anderen deutlich auf zwei verschiedene Ereignisse bezogen, ohne daß daraus ein Prinzip gemacht werden muß. Die bewußte Entscheidung oder Bekehrung einerseits und die Geisterfüllung andererseits werden stärker in ihrer unterschiedlichen Intention sichtbar (vgl. o. S. 46f.).
3. Schließlich wird durchaus unterschiedlich jeweils eine der beiden Seiten besonders hervorgehoben, so z. B. in der Jugendarbeit, wo einerseits in der vom Jungmännerwerk geprägten pietistischen Tradition die bewußte Ent-

scheidung für ein verbindliches Leben der Christusnachfolge im Vordergrund steht, andererseits in pfingstlerisch geprägten Gruppen die Geisterfahrungen besonderes Gewicht bekommen (vgl. o. S. 47).

Typisch für die Bewegung im ganzen ist jedoch – bei allen Unterschieden – die Verbindung von Entscheidung und Geisterfahrung als den beiden Seiten der Grunderfahrung. Indiz dafür ist einerseits die Kritik am pietistischen Bekehrungsbegriff, der zu stark die einmalige Entscheidung betone und darum zumeist vermieden wird, andererseits aber auch die weitgehende Ablehnung des pfingstlerischen Begriffs der »Geistestaufe«, der einseitig eine bestimmte Geisterfahrung zur Norm erhebe und darum mißverständlich sei. Um das zentrale Anliegen deutlich zu machen, werden darum andere Ausdrücke gebraucht. So wird gern von Hingabe oder Übergabe des Lebens an Jesus gesprochen.

2.1.3. Entfaltung der Grunderfahrung

Ihre charakteristische Bedeutung gewinnt die Grunderfahrung erst dort, wo sie zu einer Entfaltung geistlichen Lebens führt. Die Grunderfahrung wird als Initialzündung für einen Prozeß gesehen, der gern in Ausdrücken der Wachstumsterminologie beschrieben wird.

Das Ziel des Wachstums ist die »völlige Ausrichtung auf Christus«. Andere sprechen von »konsequenter Nachfolge« oder auch in deutlicher Anlehnung an moderne Terminologie von »mündigem Christsein«. In Abgrenzung zu einem heilsindividualistischen Verständnis wird die Bindung des Wachstumsprozesses an die Gemeinde betont. Das Wachstum des einzelnen vollzieht sich in der Gemeinde als dem Leib Christi (vgl. u. S. 80).

Der Wachstumsprozeß hat wie die Grunderfahrung zwei Seiten, die als Bewältigung des alten Lebens und Ergreifen des neuen Lebens verstanden werden können. Es geht um ein doppeltes Wachsen in der Hingabe:

a) Bedeutet Lebenshingabe, alles hinzugeben, was einem Leben mit Jesus entgegensteht, so geht es um die Abgabe des alten Lebens und bewußt vollzogenen Herrschaftswechsel. Alles Natürliche muß unter die Herrschaft Jesu gebracht werden: Wille, Verstand, Gemüt, Leib. Das Wachsen in der Hingabe vollzieht sich darin, daß ein Gebiet nach dem anderen unter die Herrschaft Jesu, unter die Herrschaft des Geistes gebracht wird. Was nicht hingegeben wird, so wird gefolgert, bleibt anfällig für das Böse.
   Hier haben das seelsorgerliche Gespräch und die Beichte ihren Ort, desgleichen die Lösung von Bindungen verschiedenster Art durch Exorzismus (vgl. dazu im einzelnen u. S. 75 ff.).
b) Bedeutet Lebenshingabe andererseits, offen zu werden für die Erfahrung

des Heiligen Geistes, so geht es um ein Wachsen im geisterfüllten Leben, um die Bereitschaft, sein Leben der Führung des Heiligen Geistes anzuvertrauen. Die Erfahrungen mit bestimmten Charismen (vgl. u. S. 54), der tägliche Umgang mit der Bibel (vgl. u. S. 66ff.), Wachsen in Gebet und Lobpreis (vgl. u. S. 71ff.) und die Bereitschaft zum persönlichen Zeugendienst (vgl. u. S. 87ff.) werden als Kennzeichen solchen geisterfüllten Lebens verstanden.

Das Verständnis der Grunderfahrung und ihrer Entfaltung in einem geistlichen Wachstumsprozeß läßt erkennen, daß es in der Tat um eine völlige Ausrichtung des Glaubenden geht. Es gibt keine neutralen Bereiche des Natürlichen oder Menschlichen. Der Mensch steht in der Entscheidung zwischen Christus und dem Bösen. Diesem Verständnis entsprechen auch die ethischen Maßstäbe, die in Anlehnung an die biblischen Gebote und Paränesen entwikkelt werden. Deutlich ist dabei die Betonung der Normen (z. B. Reinheit in der Sexualethik), die nicht in falscher Anpassung an den Zeitgeist aufgegeben werden dürften.

2.1.4. Doppelte Rückbindung der Grunderfahrung

Auf einer Tagung des sächsischen Volksmissionskreises für Laienmitarbeiter wurde die Frage gestellt: Wann ist ein Mensch wiedergeboren? Die Fülle der möglichen Antworten wird an vier sinngemäß wiedergegebenen *Antworten* deutlich:

- »Wiedergeboren bin ich, wenn ich die Früchte des Geistes fühle«,
- »Ich bin wiedergeboren am . . .« (Datum der Bekehrung),
- »Wiedergeboren bin ich in der heiligen Taufe«,
- »Gelobt sei Jesus Christus, der uns nach seiner großen Barmherzigkeit wiedergeboren hat zu einer lebendigen Hoffnung aus der Auferstehung Jesu Christi von den Toten«.

Das breite Spektrum der Antworten – Geisterfahrung, Bekehrung, Taufe, Ostern –, erklärlich z. T. durch die konfessionelle Vielfalt des Kreises, macht den unterschiedlichen Erkenntnisstand sichtbar. Zugleich wird ein bestimmter Trend deutlich: von der Grunderfahrung zurückzufragen nach dem Grund. Geisterfahrung und Bekehrung werden theologisch rückgebunden an Taufe und Christusgeschehen.

Rückbindung an die Taufe

In Gesprächen – besonders mit Verantwortlichen des Volksmissionskreises in Sachsen – wurde auf die zunehmende Beachtung der Taufe in diesem Zusammenhang hingewiesen.

Die Glaubenserfahrungen werden in ihrem Bezug zur Taufe gesehen. So wird etwa die Bekehrung als »Lebendigwerden der in der Taufe geschenkten Gnade«, die Grunderfahrung als Tauferneuerung verstanden. Gegenüber den vielfältigen geistlichen Erfahrungen wird die Taufe als »Objektivum« wiederentdeckt. Christoph Richter erzählt dazu ein Beispiel aus seiner Seelsorgepraxis:

Eine Frau, die eine Erweckung erlebt hatte, war inzwischen wieder von dem einmal begonnenen Weg abgekommen. Sie hatte den Boden unter den Füßen verloren. Richter vergleicht die Glaubenssituation der Frau mit einem Haus, dessen Stockwerke die unterschiedlichen Glaubenserfahrungen der Frau darstellen. Im Gespräch mit der Frau sei er mit ihr durch alle Stockwerke hinabgestiegen. Es hätte sich herausgestellt, daß nichts mehr tragfähig gewesen sei. Das unterste Stockwerk sei die Taufe gewesen, das allein habe noch Bestand gehabt. Die Taufe sei dann das Fundament gewesen, von dem her die Frau einen neuen Zugang auch zu ihren früheren Erfahrungen fand.

Diese Rückbesinnung auf die Taufe, die Betonung des Objektiven, der grundlegenden Heilstatsachen gegenüber den Erfahrungen, kann als das Ergebnis eines Lernprozesses verstanden werden. Dabei muß aber deutlich hervorgehoben werden, daß diese Rückbindung der Grunderfahrung an die Taufe keineswegs für den Gesamtbereich der Bewegung typisch ist. Typisch ist eher die Pluralität, wie sie in den verschiedenen Antworten (siehe oben) zum Ausdruck kam. Dies bedeutet, daß die Taufe häufig auch ganz unbetont bleibt.

Wird die Bedeutung der Taufe hervorgehoben, verbindet sich damit in der Regel eine Bejahung der kirchlichen Praxis der Kindertaufe. Dies führt gelegentlich auch zu einer neuen Besinnung auf die Konfirmation. Die Konfirmation rückt dann in die Nähe zur Übergabe an Christus. Das schließt freilich eine Kritik der volkskirchlichen Praxis und ferner die individuelle Bestimmung des Konfirmationstermins mit ein.

Ganz vereinzelt kommt es aber auch zu einer deutlichen Ablehnung der Kindertaufe, so z. B. in für den Gesamtbereich durchaus singulären Gruppen, die stark pfingstlerisch bestimmt sind und auch die Wiedertaufe üben.

Rückbindung an das Christusgeschehen:
Die Rückbindung der Grunderfahrung an das Christusgeschehen erscheint fast als Selbstverständlichkeit. »Die Mitte ist Christus und sein Erlösungswerk am Kreuz«, es gehe darum, »das Opfer Jesu zu erkennen, anzunehmen und darauf sich in seinem Leben einzulassen« – so oder ähnlich wird häufig das zentrale Anliegen zusammengefaßt. Deutlich ist vor allem die Betonung des Sühneopfertodes Jesu, das Rechnen mit dem gegenwärtigen Herrn, die Erwartung der Wiederkunft Christi.

Allerdings wird man in der Regel nicht von einer theologisch reflektierten Rückbindung der Glaubenserfahrungen an das Christusgeschehen sprechen können. Typisch ist eher der umgekehrte Weg: Die als selbstverständliche Grundlage vorausgesetzten Heilstatsachen werden existentiell angeeignet und finden in den Erfahrungen des Geistes ihre Bestätigung. Die eigentliche Schlüsselfrage ist also: Wie kann ich das ergreifen, was vorgegeben ist? Eine bewußte christologische Reflexion, die auch die vielfältigen Glaubenserfahrungen einbezieht, findet sich selten. Ansätze dazu lassen sich erkennen, wo z. B. die Rechtfertigungslehre ausdrücklich als *articulus stantis et cadentis ecclesiae* gerade im Blick auf die neuen Geisterfahrungen verstanden wird oder wo die Kreuzesverkündigung als entscheidendes Kriterium aller geistlichen Erneuerung betont wird.

Ein Beispiel dafür ist die *Kreuzestheologie*, wie sie Gerhard Küttner auf dem Hintergrund seiner Erfahrungen in Bräunsdorf entwickelte, die in einzelnen Elementen aber auch anderswo begegnet:

- Die eindrücklichen Glaubenserfahrungen der Anfangszeit (große Heilungen, Lösungen von okkulten Bindungen) werden auf ihren christologischen Grund zurückgeführt: *»Christus für uns am Kreuz«*. Weil Jesus die Sünde auf sich genommen hat, weil er die Krankheiten getragen und die Gottverlassenheit erlitten hat, darum hat er Macht über Sünde, Krankheit, Böses. Die Glaubenserfahrungen sind die Folge des Glaubens an den Gekreuzigten. Der Glaubende erfährt an sich die Macht des Gekreuzigten.
- Gegenüber der Anfangszeit ist es zu einer Akzentverschiebung gekommen: nicht mehr die reichen charismatischen Erfahrungen stehen im Vordergrund, sondern das Annehmen von Krankheit, das Ja auch zum Dunklen, zur Last. Damit verbindet sich eine neue Erkenntnis des Kreuzes als Dimension auch des eigenen Lebens: *»Christus, der Gekreuzigte, in uns«*. Der Glaubende hat Anteil an der Ohnmachtserfahrung des Gekreuzigten.

Das Glaubensleben wird hier von seinem Bezug zum Leben Jesu her verstanden. Es geht darum, »das Leben Jesu in uns auszuleben«. Die Teilhabe des Glaubenden am Leben Jesu kann dabei fast zu einer Identifizierung mit Jesus, z. B. als Wundertäter oder Schmerzensmann, führen.

2.1.5. Pneumatologische Interpretation

Die für die charismatische Bewegung allgemein charakteristische Betonung der Pneumatologie begegnet auch in unserem Raum. Häufig wird die »Wiederentdeckung des Dritten Artikels« als ein zentrales Anliegen herausgestellt. Die Grunderfahrung und ihre Entfaltung wird als Wirken des Heiligen Geistes verstanden. Allerdings ist die pneumatologische Interpretation erst ein Ergebnis der jüngsten Zeit, etwa seit Anfang der siebziger Jahre. Die Akzentverschiebung, wie sie sich etwa im Volkskommissionskreis Sachsen vollzogen hat, beschreibt Christoph *Richter* (1974):

»Bisher war unsere Frömmigkeit beim Zweiten Artikel zu Hause, dem Kreuz und dem Opfer. Jetzt sind wir mitten im Erleben des Heiligen Geistes. Wir entdecken gegenwärtig, was es bedeutet, daß er Person ist wie Gott und Christus. Unsere letzten Tagungen waren dieser Frage gewidmet. Angestoßen worden sind wir von der spontanen charismatischen Jugendbewegung, die so massiv auf uns zugekommen ist. Daß Christus in der Gemeinde Gestalt gewinne, ist das Werk des Geistes.«[5]

Was für den sächsischen Volksmissionskreis gilt, gilt auch für die anderen Zentren: Die Aufnahme der pneumatologischen Fragen stellt eine Neuinterpretation der bisherigen Erfahrungen dar. Wesentlich angestoßen ist diese durch die Aufbrüche der Jugend Anfang der siebziger Jahre.

Auch wenn es bisher nicht zu einer eigenständigen pneumatologischen Verarbeitung gekommen ist, lassen sich doch einige *Akzente* erkennen:

1. Ausgangspunkt für das Nachdenken über pneumatologische Fragen sind die pneumatischen Erfahrungen. Sie gehen der theologischen Reflexion voraus. Von den charismatischen Erfahrungen ausgehend, wird dann aber das gesamte Glaubensleben als Leben aus dem Heiligen Geist verstanden. Der Geist überführt, wirkt die Hingabe an Jesus und erfüllt mit seinen Gaben.
2. Die Personalität des Heiligen Geistes wird betont. »Wir bekennen, daß der Heilige Geist eins mit Gott dem Vater und dem Sohn und so selbst personhaft Gott ist.«[6] Dabei wird dieses Personsein gelegentlich trinitätstheologisch – etwa in Anlehnung an Heribert *Mühlen* – begründet. Das eigentliche Interesse an der Personalität muß aber wohl darin gesehen werden, daß der einzelne die Gewißheit bekommt, in pneumatischen Erfahrungen auch wirklich Gott zu erfahren. »Leben im Heiligen Geist bedeutet Leben in der Unmittelbarkeit zu Gott, zu Jesus.«[7]
3. Gegenüber einer zu starken Betonung einer eigenständigen Pneumatologie wird bisweilen die Rückbindung der Pneumatologie an die Christologie deutlich herausgestellt. »Dem Geist geht es um Christus.« Der Geist führt zu Jesus hin, ist der »Quartiermacher für Jesus«. »Wo Jesus als der persönliche Herr im Mittelpunkt steht – und nicht der Geist –, ist das nur durch den Geist möglich.« Von hier aus ist auch die Zurückhaltung gegenüber dem Lobpreis des Heiligen Geistes verständlich, der seinerseits ja damit begründet wird, daß der Geist den Vater und den Sohn verherrlicht (Küttner). Das schließt allerdings eine Anrufung des Heiligen Geistes nicht aus.

Gegenüber der besonders im sächsischen Raum ausgeprägten Rückbindung der Pneumatologie an die Christologie steht das stärkere Eigengewicht der Pneumatologie (eigenständige Person der Trinität, starke Betonung des charismatischen Lebens) dort, wo stärker von der charismatischen Bewegung und pfingstlerischen Einflüssen her gedacht wird.

2.2. »Gütezeichen Gottes« – die Charismen

Das auffälligste Kennzeichen der geistlichen Erweckungsbewegung sind die Erfahrungen mit bestimmten Charismen, wie sie aus den urchristlichen Gemeinden bekannt sind. Gibt es auch im Blick auf die Definition, das Verständnis und den Stellenwert der Charismen unterschiedliche Akzentuierungen, so ist die grundsätzliche Offenheit für solche charismatischen Erfahrungen doch ein gemeinsames Kennzeichen der verschiedenen Gruppen.

Im Vordergrund des Interesses stehen dabei die Erfahrungen mit den ungewöhnlichen Charismen wie Heilungen, Glossolalie und Prophetie. Von ihnen soll darum im folgenden ausgegangen werden (vgl. aber u. S. 64f.).

2.2.1. Krankenheilungen

Erfahrungen mit Krankenheilungen reichen bis in die Zeit der Anfänge zurück.

Der jetzige Leiter des Schniewindhauses, Dieter Blischke, spricht von zehn großen Fällen von Krankenheilungen in der Anfangszeit des Schniewindhauses unter Bernhard Jansa (vgl. o. S. 24), die er ausdrücklich von Heilungen unterscheidet, die mehr in den psychosomatischen Bereich gehören.

Eine Schwester des Schniewindhauses erzählt ein Beispiel einer »wunderbaren Heilung« beim Abendmahl:

»Da war eine junge Frau da, die hatte multiple Sklerose, war also schwer gelähmt und mußte immer hin und her getragen werden. Sie war nicht zu uns gekommen, um gesund zu werden, sondern sie wollte die Kraft bekommen, diese Krankheit zu tragen. Und beim Abendmahl, als ihr die Hostie gereicht wird und der Wein, da krampft sich ihr Körper zusammen, und sie verliert einige Sekunden die Besinnung. Als sie wieder zu sich kommt, sagt sie, das war die Krise. Von dem Tage an ging erst einmal die fürchterliche Schüttellähmung weg, die sie immer in dem einen Arm hatte – die war in drei Tagen weg –, und dann ist von da ab ganz allmählich die Heilung gekommen. Sie ging dann nur noch an Stöcken, und als sie mal wieder als Gast zu uns kam, da dauerte es nicht lange, da konnte sie frei laufen und gehen und war gesund.«[8]

Auch aus der Bräunsdorfer Gemeinde werden schon aus den fünfziger Jahren Heilungswunder berichtet.

Auch wenn es gegenwärtig keine ausgesprochenen Heilungszentren gibt, so werden doch aus allen Bereichen der Bewegung Heilungen berichtet: Psychisch und physisch Kranke erfahren in der Seelsorge, beim Gottesdienst unter Wort und Sakrament, durch das fürbittende Gebet Heilung. In der Regel geschehe es in der Stille, ohne an die Öffentlichkeit zu dringen.

Ein Vergleich der Erfahrungen läßt verschiedene *Formen der Krankenheilung* erkennen:

1. Die Erfahrungen der Anfangszeit werden häufig in Analogie zu den Heilungen Jesu und seiner Jünger beschrieben. Man spricht gern von »Glaubensheilungen«. Charakteristisch ist das Nebeneinander von Krankenheilung und Exorzismus (z. B. im Schniewindhaus und in Bräunsdorf), ebenso die Begeisterung über die gemachten Erfahrungen (vgl. etwa Luk 9 und 10).
2. Gegenüber dem ausdrücklichen, personengebundenen Charisma der Heilung gibt es starke Zurückhaltung. Es sei äußerst selten, vielleicht habe es Bernhard Jansa gehabt. Gelegentlich begegnet man dieser Gabe bei ausländischen Heilungsevangelisten. Hingewiesen wird in diesem Zusammenhang gern auf 1 Kor 12,28.30, wo von Gaben der Heilungen im Plural, nicht von *der* Gabe der Heilung gesprochen wird.
3. Häufig wird das Krankengebet nach Jak 5 praktiziert. Dabei ist die Salbung wohl nicht konstitutiv, wird aber geübt. Das Gebet wird in der Regel unter Auflegung der Hände vollzogen (vgl. Mk 16,18). Auch der Zusammenhang zwischen Sündenbekenntnis und Krankengebet in Jak 5 wird dabei beachtet.
4. An die Stelle der Krankensalbung kann auch die einfache Fürbitte treten. In solcher Fürbitte kann sowohl die Heilung eines konkreten einzelnen erbeten werden (etwa wenn der Kranke nicht anwesend ist) als auch mehr allgemein die Situation der Kranken vor Gott gebracht werden. So wird z. B. im Schniewindhaus ein Fürbittgottesdienst für die Kranken unter den Schwestern gehalten, bei dem nicht direkt um Heilung, sondern um die Öffnung für das, was Gott tun will, gebetet wird.
5. Schließlich wird immer wieder von spontanen Heilungen berichtet, die unverhofft und häufig auch, ohne daß es bekannt wird, z. B. beim Abendmahl (siehe oben) oder bei der Verkündigung, geschehen.

Für das *Verständnis der Krankenheilungen* lassen sich folgende Aspekte erheben:

1. Krankenheilungen werden als Machterweise Gottes verstanden. Als sichtbares Eingreifen Gottes werden sie zum Zeichen des anbrechenden Reiches Gottes und zugleich zu einer starken Vergewisserung für den Glaubenden.

2. Krankenheilungen werden als Zeichen dafür verstanden, daß Gott den ganzen Menschen heilen will. Es gehe um eine Erneuerung bis ins Leibliche. Die Glaubenserwartung dürfe sich darum auch auf die körperliche Heilung erstrecken.
3. Krankenheilungen werden als Zeichen einer lebendigen Gemeinde verstanden. In Seelsorge und Gebet nimmt die Gemeinde teil am Geschick ihrer Kranken, weckt die Hoffnung auf Heilung und hilft, die Krankheit zu tragen, wenn es zu keiner Heilung kommt.

Die Erfahrungsberichte machen auch einige *Probleme* sichtbar, die sich im Zusammenhang mit Krankenheilungen ergeben:

1. Die Echtheit der gemachten Erfahrungen wird selten angezweifelt. Es liegen – soweit bekannt – keine ärztlichen Gutachten vor, die Heilungen und ihre Stabilität bezeugen. Dieter Blischke berichtete, daß er einige Personen besucht habe, die von Bernhard Jansa geheilt worden seien. Die Heilungen seien weitgehend stabil geblieben.
2. Physische Heilungen können psychische Probleme aufwerfen. So wird von Fällen berichtet, bei denen es zu Entfremdung und Isolation von Geheilten gekommen ist, weil sie z. B. immer wieder von ihrer Heilung gesprochen haben oder weil der Zusammenhang von Heil und Heilung verlorenging. In diesem Zusammenhang wurde auch von Selbstmordfällen berichtet, ohne daß jeweils eine kausale Verknüpfung mit der Glaubensheilung nachweisbar war.
3. Ein weiteres Problem ergibt sich aus der Zuordnung von medizinischer und geistlicher Heilung. Während häufig betont wird, hier gäbe es keine Alternative, ergibt sich aus der Betonung der Glaubensheilung doch die Gefahr, sie als Ersatz für die ärztliche Heilung zu verstehen. Demgegenüber weist Paul Toaspern im Blick auf den hohen Anteil von psychischen Ursachen für körperliche Erkrankungen stärker darauf hin, daß das heilende Handeln der Gemeinde gerade im Blick auf diese Faktoren eine wichtige Ergänzung des medizinischen Heilens sei.
4. Besondere Probleme werfen die nichterfolgten Heilungen auf. Zwar wird die Freiheit Gottes, Heilung zu gewähren und zu versagen, betont, aber die psychischen Probleme, die durch das Ausbleiben von Heilung hervorgerufen werden, werden nur zum Teil gesehen. Anzeichen dafür sind da zu erkennen, wo auch das Tragen von Krankheit stärker in den Blick rückt (vgl. z. B. o. S. 52) und theologisch reflektiert wird.

2.2.2. Glossolalie

Für die *Erfahrungen* mit Glossolalie lassen sich deutlich zwei zeitliche Ansatzpunkte erkennen. In der Mitte der sechziger Jahre wurden in den Zentren erste Erfahrungen mit Zungenrede gemacht (vgl. zu den Anfängen im Volksmissionskreis Sachsen o. S. 20, im Schniewindhaus o. S. 26). Ein deutlicher zweiter Ansatzpunkt sind die Erfahrungen im Zusammenhang der Aufbrüche in der Jugend Ende der sechziger/Anfang der siebziger Jahre. Hier sind pfingstlerische Einflüsse – vor allem durch holländische Evangelisten – ausschlaggebend gewesen (vgl. o. S. 34).

Während die ersten Erfahrungen ganz im verborgenen geblieben waren (Arkandisziplin), wurden die Erfahrungen mit Glossolalie in der Jugend schnell publik, breiteten sich aus und warfen zahlreiche Probleme auf. In den Zentren der Bewegung wurde die Aufgabe einer theologischen Verarbeitung gesehen und aufgegriffen. Dennoch wird man auch gegenwärtig zwei Linien in der Bewertung der Zungenrede sehen müssen: eine gemäßigte Linie, die sehr stark auf Integration dieses Charismas in den Gesamtvollzug des geistlichen Lebens tendiert, sich gegen jede dränglerische Praxis wendet und zur Zurückhaltung mahnt, und eine andere Linie, die mehr Offenheit auch gegenüber dieser Gabe fordert, bewußt auf die Erlangung der Zungenrede hinarbeitet und die Zurückhaltung in den eigenen Reihen beklagt.

Die Zungenrede wird sowohl in der Gemeinschaft wie im privaten Bereich praktiziert. Am häufigsten begegnet der private Gebrauch zur persönlichen Erbauung. Die Übung des Zungenredens in Gebetskreisen, Geschwisterkreisen oder Gottesdiensten hängt von der allgemeinen Bewertung dieser Gabe ab. Starke Zurückhaltung gegenüber dem Zungenreden in Gemeinschaft findet sich in Bereichen des sächsischen Volksmissionskreises. So wird z. B. in vielen Geschwisterkreisen kein Zungenreden geübt aus Rücksicht gegenüber Gliedern der Kreise, die dieser Gabe kritisch gegenüberstehen (z. B. Mitglieder der Landeskirchlichen Gemeinschaft).

Wo das Zungenreden in Gebetsversammlungen praktiziert wird, begegnet neben dem Zungenreden häufig auch der Gesang in Zungen.

Erste Erfahrungen mit Zungenreden werden in unterschiedlicher Weise gemacht, so z. B. bei der Segnung unter Handauflegung, im persönlichen Gebet, in der Seelsorge, auch ganz unvorbereitet, z. B. beim Aufwachen mitten in der Nacht. Wer die Gabe einmal empfangen hat, kann in der Regel ihren Gebrauch steuern und Anfang und Ende bestimmen.

Seltener als die Gabe der Glossolalie wird die Gabe der Auslegung der Zungen erwähnt, auch wenn ihre Notwendigkeit beim Zungenreden in der Gemeinde betont wird. Wo sie geübt wird, wird sie in den seltensten Fällen als Auslegung im strengen Sinne verstanden. Oft empfange der Ausleger einen »ersten Satz und die allgemeine Richtung der Auslegung und empfängt über dem Sprechen die weiteren Sätze«[9]. Andere betonen, daß die Auslegung nicht unbedingt an den Inhalt der Glossolalie anschließen müsse. Es gäbe Auslegungen, die nicht einmal die Intention der Zungenrede treffen. Wichtig sei, daß es eine geistliche Interpretation sei, die im Zungenreden des anderen einen Anstoß bekommen hat. Auffällig ist, daß die Auslegung der Zungenrede häufig durch die Leiter der Gruppen geschieht.

Die Erfahrungen mit der Glossolalie lassen das *Verständnis* und die Bedeutung dieses Charismas erkennen:

1. Die Glossolalie wird häufig als Sprachen*gebet* bezeichnet. In Aufnahme von 1 Kor 14,14ff. wird der Zusammenhang zwischen Zungenrede und Gebet hervorgehoben. Zwei *Aspekte* können dabei betont werden:
   - Das Sprachengebet wird als »Lobpreisen im Geist« (1 Kor 14,16) verstanden. Der anbetende Charakter des Sprachengebetes wird häufig herausgestellt. Man fühle sich durch das Beten in Zungen ganz angefüllt mit Loben und Preisen. In diesem Sinne wird besonders auch der Gesang in Zungen, der Sprachengesang, verstanden.
   - In Anlehnung an Röm 8,26 kann das Sprachengebet vereinzelt aber auch als Zeichen einer großen Gebetshilflosigkeit verstanden werden, der Gott auf diese Weise aushilft. Zungenrede wird als Hilfe zum Beten, als Einstimmung in das Gebet geschätzt.
2. Mit der Glossolalie verbindet sich für viele eine besonders eindrückliche Erfahrung der Gegenwart Gottes. So wird das Zungenreden beschrieben als ein »Beten im Heiligen Geist in großer Klarheit und Einfachheit, ein Stehen vor Christus unter Umgehung kritisch-intellektueller Reflexion, das jedesmal, wenn es empfangen wird, wieder eine Überraschung ist«. Zungenreden führe in die Unmittelbarkeit zu Gott, im Sprachengebet trete der Betende in die Gegenwart Gottes.
3. Schließlich wird in Verbindung mit den genannten Aspekten immer wieder die geistliche Vergewisserung und Stabilisierung betont, die durch das Sprachengebet erfahren werde. Es stelle eine Hilfe in verschiedensten Situationen dar, sei hilfreich bei Predigtvorbereitungen und in der Seelsorge. Mit dieser Gabe könne geistliche Leere überwunden werden, und sie habe überhaupt eine »seelenhygienische« Bedeutung.

Auch bei diesem Charisma werden aus den Berichten verschiedene *Probleme* deutlich, die mit dem Gebrauch der Glossolalie und ihrem Stellenwert zusammenhängen:

1. Das schwerwiegendste Problem ergibt sich zweifellos aus der Auseinandersetzung mit der pfingstlerischen Tradition, in der das Zungenreden in Verbindung mit der Geistestaufe als sichtbarer Ausweis der Geistbegabtheit verstanden wird. Zwar wird dieses Verständnis in den meisten Fällen von den führenden Theologen der charismatischen Bewegung ausdrücklich zurückgewiesen, etwa mit dem immer wieder gehörten Satz »Charismen sind kein Zeichen geistlicher Reife«, aber in der Praxis gibt es doch zahlreiche Probleme, besonders im Bereich der Jugendarbeit. So fragte z. B. ein Jugendpfarrer den Jugendwart, der von einer Rüste kam und von seinen Erfahrungen erzählte: »Und wie viele reden in Zungen?« Jugendliche, die gerade ihre ersten Erfahrungen gemacht haben, kommen nach Hause und eröffnen ihrem Pfarrer, daß er nicht den Heiligen Geist habe. Jugendwarte, besonders im sächsischen Bereich, die nicht die Gabe des Zungenredens empfangen haben, fühlen sich unter Druck gesetzt und werden verunsichert.
2. Ein weiteres Problem verbindet sich mit der Frage der Vermittlung und Einübung des Zungenredens. Das aus der pfingstlerischen Tradition bekannte direkte Anbieten und Einüben des Zungenredens hat besonders in den Aufbrüchen unter der Jugend eine wichtige Rolle gespielt. Ließ man zunächst z. B. pfingstlerischen Evangelisten durchaus freie Hand, so überwiegen später die kritischen Stimmen, die eine solche direkte Vermittlung der Zungenrede als »dränglerische Praxis« ablehnen.
3. Ein anderes Problem ergibt sich durch das paulinische Kriterium, daß Charismen der Auferbauung der Gemeinde dienen sollen. Demgegenüber wird darauf hingewiesen, daß auch bei Paulus die Zungenrede der privaten Erbauung zugeordnet wird. Darum werde diese Gabe auch besonders in diesem Sinne gebraucht. Sie gehöre in die »Intimsphäre des Glaubens«. In der Gemeinschaft solle jedoch die Auslegung den Sinn der Auferbauung der Gemeinde gewährleisten.
4. Die Erfahrungen mit der Gabe der Auslegungen werfen die Frage auf, ob der Zusammenhang zwischen vorausgehender Zungenrede und nachfolgender Auslegung eigentlich noch deutlich ist. Die Stringenz der Auslegung erscheint zumindest fraglich.
5. Vereinzelt wird die Frage der Prüfung und Echtheit der Zungenrede aufgegriffen. Man habe dafür ein Gefühl, ob das Zungenreden echt sei. In diesem Zusammenhang kann auch darauf hingewiesen werden, daß bei Schritten bewußter Sünde die Gabe genommen werde, bis das Leben wieder in Ordnung gebracht sei.[10] Einmal wird auch von Anfechtungen gesprochen, in

denen man der Echtheit der Zungenrede mißtraue und sie für »Geplapper« halte. Hier müsse immer wieder der Zweifel im Glauben überwunden werden.

2.2.3. Prophetie

Die Anfänge der *Erfahrungen* mit Prophetien oder Weissagungen waren in den Berichten nicht deutlich erkennbar. Prophetieähnliche Phänomene hat es wohl seit den Anfängen gegeben. Zahlreichere Erfahrungen werden aber erst im Zusammenhang der beiden Phasen des Aufbrechens der Zungenrede berichtet.

Prophetien können in unterschiedlicher Weise empfangen und weitergegeben werden. Am häufigsten werde das Charisma der Prophetie innerhalb einer Gebetsversammlung ausgeübt. Wer ein Weissagungswort erhält, spreche es in den Kreis hinein. In der Regel sei das Wort in seiner Wirksamkeit dann auch auf den Kreis beschränkt, es richte sich an die anwesende Gemeinde. Daneben gebe es aber auch Prophetien, die nicht an einen konkreten Kreis und eine besondere Situation gebunden sind. Solche Prophetien werden in schriftlicher Form weitergegeben. Häufig werden in diesem Zusammenhang die »Worte« Paul Toasperns erwähnt, die durch das Schniewindhaus verbreitet worden sind.

Die Unterscheidung von mündlicher und schriftlicher Weissagung kann mit der Art des Empfangens in Zusammenhang gebracht werden. Die Grenze zwischen den beiden Formen erscheint aber als fließend, da auch mündlich vorgetragene Prophetien dann in schriftliche Form gebracht werden können.

Neben ausdrücklichen Weissagungsworten in kürzerer (manchmal nur ein Satz) oder längerer Gestalt, die häufig die Form einer Ich-Aussage einer Person der Trinität haben, gibt es auch andere Formen prophetischen Erlebens und Redens: Häufig wird von Visionen berichtet, die mit oder ohne Deutung empfangen werden. Dabei wird z. T. nachdrücklich gefordert, daß nur Visionen zusammen mit der Deutung in der Gemeinde weitergegeben werden. Auch die Auslegung der Zungenrede kann die Gestalt einer Weissagung haben. Selbst ein einzelnes Bibelwort kann die Bedeutung einer prophetischen Weisung bekommen, wie überhaupt die Grenze zwischen ausdrücklicher Prophetie und Verkündigung manchmal nicht ganz deutlich ist.

Inhaltlich sind die Prophetien stark auf die Situation der Gemeinde bezogen. Im einzelnen lassen sich vor allem folgende *Anliegen* erkennen:

- seelsorgerlicher Zuspruch an den einzelnen oder die Gemeinde:
  z. B.: »So spricht der Herr: Mein Sohn, fürchte dich nicht. Ich führe dich den Weg durch die Wüste.«
- ethische Ermahnung und Weisung:
  z. B.: »Es ist ein Greuel vor mir zu sehen, was ihr zurückhaltet, wie euer inwendiger Mensch besudelt und beschmutzt ist. Ich will mehr Raum in euch! Legt die Lüge ab, sie ist mir ein Greuel. Werdet nüchtern und gehorsam auf dem Weg, den ich euch vorgezeigt habe.«

- Mahnung zu geistlichem Leben und Zeugnis:
  z. B.: »Ich will, daß ihr mein Wort lernt und es Tag und Nacht in euch lebt und brennt und euch tröstet und auf die Knie drängt, daß ihr mich preist.«
- Deutung der Zeit, Kritik am Zeitgeist, Kritik an der gegenwärtigen Theologie:
  z. B.: »Ich gebe euch heute meinen Geist in der Fülle; nur mein Volk ist nicht bereit. Sie sind abgeirrt zum Verstand.«
- konkrete Weisungen an einzelne:
  z. B.: Weisungen im Blick auf bestimmte Personen, einen besonderen Dienst zu übernehmen.
- Vorschau von künftigen Ereignissen (nur selten bezeugt).

Sprache und Inhalt der Weissagungen sind oft an biblischen Texten orientiert, häufig erscheinen biblische Zitate in leicht veränderter Gestalt. Stil und Aussage lassen z. T. deutlich den »Propheten« erkennen. Auch wenn die Geistgewirktheit der Prophetie betont wird, wird doch auch die persönliche Einfärbung von Weissagungen gesehen.

Durchgehend wird betont, daß es notwendig sei, die Prophetien zu prüfen. »Wir nehmen nicht gleich alles, was einer sagt, für bare Münze.« Die Notwendigkeit der Prüfung wird z. B. damit begründet, daß prophetisches Reden ein Vorgang sei, wo Wirken des Heiligen Geistes und Anteil des Menschen nicht klar voneinander getrennt werden können.

Die Prüfung erfolgt in der Regel durch die Autoritäten der Kreise, den Leiter, der sehr häufig zugleich der Pfarrer ist. In Zweifelsfällen wendet man sich an die geistlichen Zentren, z. B. das Schniewindhaus (zur Unterscheidung der Geister vgl. 2.2.4.).

Für das *Verständnis* der Weissagungen lassen sich folgende Gesichtspunkte erkennen:

1. Prophetien werden als seelsorgerliche Wegweisungen für die heutige Gemeinde verstanden: Erkennen der Situation, Verheißung und Mahnung für den Weg der Gemeinde, aber auch konkrete Weisungen für ein bestimmtes Tun. Häufig ist eine konkrete Not- oder Entscheidungssituation der äußere Anlaß.
2. Das Verständnis der Prophetie wird im Anschluß an das neutestamentliche Verständnis entwickelt. Dabei kann der Unterschied zum alttestamentlichen Verständnis auch deutlich betont werden. Das Fehlen des Weltbezuges und der sozialen Dimension in den Weissagungen unterstreicht diese Einschätzung.
3. Prophetien werden als geistgewirkte Worte verstanden, in denen Gott selbst

– häufig in der Ich-Form – in die heutige Situation hinein spricht. Sie haben von daher eine besondere Autorität und bedürfen der Prüfung.

4. Prophetien werden als Aktualisierungen von Bibelworten verstanden. Durchgehend wird die Schriftgemäßheit als wesentlichstes Kriterium für die Prüfung der Prophetien angesehen.
5. Prophetie wird sowohl als spontane Gabe als auch als persongebundenes Charisma verstanden. Allerdings ist es nicht üblich, von einem Amt des Propheten zu reden. Im Unterschied zur Zungenrede wird betont, daß die Gabe der Prophetie nicht dirigierbar sei. »Prophetie ist ein Wirken des Heiligen Geistes, das sich niemand geben oder nehmen kann.«[11]

Die *Probleme*, die sich im Zusammenhang des Charismas der Prophetie ergeben, entzünden sich vor allem an der besonderen Autorität des prophetischen Redens und der Aufgabe der Prüfung (vgl. dazu auch 2.2.4.).

1. Gegenüber Prophetien in Form einer Ich-Aussage Gottes gibt es z. T. Vorbehalte: Die mit solchen Worten verbundene besondere Autorität mache ihre Prüfung schwierig. Demgegenüber wird darauf hingewiesen, daß die Prophetie in der Ich-Form biblisch bezeugt ist und daß auch solche Prophetien unbedingt zu prüfen sind.
2. Durch Prophetien, besonders durch konkrete personbezogene Weisungen, können Menschen unter Druck gesetzt werden, weil sie sich an die besondere Autorität eines solchen Wortes gebunden fühlen. Ob die Prüfung auch die konkrete Situation der Angesprochenen mit im Blick hat, läßt sich nicht erkennen.
3. Auch die Ablehnung einer Prophetie bei der Prüfung kann Probleme aufwerfen, vor allem, wenn diese Ablehnung von dem, der die Prophetie empfangen hat, nicht angenommen wird. Hierbei kann es zu scharfen Auseinandersetzungen bis hin zu Trennungen kommen.
4. Ein besonderes Problem ergibt ich bei den Prophetien, die von den Autoritäten der Gruppen ausgehen. Hier ist in der Regel eine Prüfung kaum möglich, weil sie selbst innerhalb der Gruppe für die Prüfung verantwortlich sind. Die Gefahr eines Mißbrauchs der Autorität ist nicht auszuschließen.

2.2.4. Prüfen, Unterscheiden, Leiten

Im Zusammenhang mit der Prophetie wurde bereits auf die Notwendigkeit des Prüfens hingewiesen. Die apostolische Ermahnung »Prüfet die Geister, ob sie von Gott sind« (1 Joh 4,1) wird auf den Gesamtbereich der Charismen bezogen, auch wenn sie im Blick auf die Prophetien als besonders notwendig angesehen wird. Dabei wird 1 Joh 4,1 im folgenden Sinne aufgenommen: Im

Blick auf die Charismen sei eine scharfe Unterscheidung nötig, was Geist und was Natur sei. Charisma sei nur das, was als Wirkung des Geistes ausgewiesen sei. Besonders hinsichtlich der Weissagungen müsse geprüft werden, ob Geistliches, Seelisches oder Dämonisches vorliege. Dabei liegt besonderes Gewicht bei der Unterscheidung von Geistlichem/Geistgewirktem und Seelischem/Menschlichem. Das Menschlich-Seelische ist als das »Sarkische« zugleich das Einfallstor des Dämonischen. Es gibt keinen vergleichsweise neutralen Bereich des Natürlichen. Darum müssen auch alle natürlichen Dinge unter die Herrschaft des Geistes gebracht werden (*Küttner*).

Die Aufgabe des Prüfens wird vor allem von denen wahrgenommen, die das *Charisma der Unterscheidung der Geister* haben. Dieses Charisma kann einzelnen in besonderer Weise gegeben sein, es kann daneben aber auch in mehr allgemeiner Form als eine Aufgabe aller angesehen werden, die z. B. zu einem charismatischen Kreis gehören.

»Die Unterscheidung der Geister und das Prüfen stellt einerseits die Betätigung des Charismas einzelner dar, nicht einer Behörde oder Institution oder generell des Bischofs, sie ist andererseits auch allgemein Aufgabe jedes Christen, der sich Gott ganz öffnet und ihm sein Leben übergeben hat.«[12]

Deutlich ist, daß mit dem Argument »geistliche Dinge müssen geistlich beurteilt werden« (vgl. 1Kor 2) die Unterscheidung der Geister zu einer internen Angelegenheit der Kreise erklärt wird. Dies kann in ausdrücklicher Abgrenzung gegen die Lehrautorität der Kirche (siehe oben) gesagt werden. In diesem Zusammenhang kann auch beklagt werden, daß die Kirche die Kraft verloren habe, zwischen gut und böse zu unterscheiden.

Für die Aufgabe der Unterscheidung und Prüfung werden bestimmte *Kriterien* genannt. Solche Kriterien gelten vor allem für das Prüfen von Prophetien. Häufig werden genannt:

- die Übereinstimmung mit Aussagen der Heiligen Schrift,
- die Auferbauung der Gemeinde und des einzelnen,
- das Zeugnis persönlichen Lebens dessen, der das Charisma hat,
- die Zuordnung unter die Ämter und die Einordnung in die Gesamtheit der Gemeinde,
- die Liebe (von ihr wird verschiedentlich gesagt, sie sei das eigentliche Erkennungszeichen der Gruppen).

Das Außergewöhnliche, das für einige Charismen typisch ist, wird nicht als Kriterium gewertet.

Mit der Unterscheidung der Geister hängt eng zusammen die Aufgabe und *Gabe der Leitung*. Die Notwendigkeit der Leitung wird nachdrücklich betont. Diejenigen, die Gaben haben, müßten begleitet, geführt, geleitet werden. Besonders notwendig erscheint dies im Blick auf die Jugendlichen. Häufig wird die Notwendigkeit der Leitung gegenüber einem freien Wuchern charismatischen Überschwangs geltend gemacht: Charismen ohne Leitung glichen einem Auto, bei dem zwar ein Gaspedal, aber kein Lenkrad vorhanden sei. Andererseits wird aber auch die Eindämmung der Spontaneität durch eine zu stark bremsende Leitung beklagt.

Die Aufgabe der Leitung wird vor allem in der geistlichen Führung des einzelnen und seiner Integration in die Gemeinde gesehen.

Auch die Leitung selbst wird als Charisma verstanden. Nur wer das Charisma der Leitung hat, ist zur Leitung berufen. Dabei wird in der Regel davon ausgegangen, daß der Leiter eines Kreises oder Leiter der Gemeinde (Pfarrer), sofern er von der geistlichen Erneuerung geprägt ist, dieses Charisma besitzt. Dieses Verständnis kann sich mit einem lutherischen Amtsbegriff verbinden: Das Amt wird dann ausdrücklich auch charismatisch legitimiert (vgl. 2.6.4.). Da aber zu den Aufgaben der Leitung auch die Unterscheidung der Geister – ebenfalls im Sinne eines Charismas – gehört, kann es zu einer starken Potenzierung geistlicher Autorität in der Person des Leiters kommen. Um dieser Gefahr zu begegnen, wird von einigen die Notwendigkeit einer mehr partnerschaftlichen Form der Leitung betont.

Das Verständnis der Leitung als Charisma kann aber auch zu Konflikten mit den kirchlichen Leitungsämtern führen, besonders dort, wo z. B. der Leiter eines Gebetskreises nicht zugleich der Pfarrer der Gemeinde ist. Dem kirchlichen Leitungsamt wird dann nur eine formale Autorität zugebilligt, die der geistlichen Vollmacht, d. h. des Charismas der Leitung, entbehrt.

2.2.5. Verständnis und Stellenwert der Charismen

Vielfalt der Gaben

Auch wenn die auffälligen Charismen der Krankenheilung, der Glossolalie oder der Prophetie häufig im Vordergrund des Interesses stehen, wird doch betont, daß sie nicht die einzigen Charismen seien und ihre Hervorhebung keine Abwertung anderer Charismen einschließe. Dabei gibt es jedoch Unterschiede in bezug auf das, was als Charisma gelten kann.

Ausgangspunkt für die Bestimmung der Charismen sind in der Regel die *paulinischen Listen*, aber diese können unterschiedlich interpretiert werden:

– Die paulinischen Listen werden grundsätzlich vorausgesetzt. Was bei Paulus aufgezählt wird, wird als Charisma anerkannt. Bestimmte Charismen – vor allem die genannten auffälligen Gaben und die Charismen der Unterscheidung und Leitung – stehen aber eindeutig im Zentrum des Interesses.

- Die paulinischen Listen werden zwar als grundlegend vorausgesetzt, aber sie können prinzipiell auch situationsgemäß erweitert werden. Als solche Ergänzungen gelten z. B. der Mut zum Predigen und Bekennen, der priesterliche Dienst der Fürbitte, seelsorgerlich-geistliches Handeln an Belasteten, Weitergabe des Evangeliums an Kinder. Gelegentlich werden auch die natürlichen Talente zu den Charismen gerechnet.

Vereinzelt begegnen auch Versuche einer Typologie der Charismen (z. B. kerygmatische oder diakonische Charismen), ohne daß damit eine Wertung verbunden wird. Andere verweisen auf den Unterschied zwischen den persongebundenen Charismen und den spontanen und einmaligen Krafttaten oder auch auf die trinitarische Zuordnung von Gaben, Ämtern und Kräften entsprechend 1Kor 12,4–6.

Gegenüber Klassifizierungsversuchen wie auch generell gegenüber einer bestimmten Festlegung der Charismen gibt es aber auch Bedenken. So wird etwa gesagt, es gehe nicht so sehr um besondere Gaben, sondern vielmehr um charismatisches Leben. Charisma sei alles, was als Wirkung des Geistes ausgewiesen sei. Jeder habe charismatisches Leben, oft sei es nur verhüllt. Der Geist selbst habe ja Gabecharakter.

Aber auch dort, wo – durchaus nicht selten – ein solcher weiter Charismenbegriff vertreten wird, spielen die Erfahrungen mit besonderen Charismen häufig eine dominierende Rolle.

Bedeutung und Stellenwert der Charismen

Charismen werden als Wirkungen des Geistes verstanden, in denen sich der dreieinige Gott im einzelnen wie in der Gemeinde manifestiert. Sie sind »Gütezeichen Gottes« in einem doppelten Sinn: einmal als Zeichen der Güte Gottes, die er darin dem Betroffenen sichtbar macht, und andererseits Qualitätsmerkmal, als Zeichen und Beweis dafür, welche wunderbaren Kräfte der Heilige Geist beim Glaubenden zu wecken vermag. Als unmittelbare Wirkungen des Geistes können sie für den Betroffenen geradezu den Charakter eines Beweises für das Dasein Gottes haben.

In den Charismen geschehe von Gott her ein »Einrenken der Glieder in ihre Funktionstüchtigkeit«. Dabei wird betont, daß die Charismen eingebunden sind in die gesamte geistliche Erneuerung des einzelnen und der Gemeinde und nicht davon isoliert werden dürfen. Sie sind eine Folge der Lebenshingabe und ausgerichtet auf den Dienst in der Gemeinde.

Die Charismen werden als Zeichen der Endzeit verstanden. Ihr Aufbrechen in der Gegenwart mache deutlich, daß unsere Zeit Züge der Endzeit trägt.

Die Charismen gelten zugleich als Zeichen einer lebendigen Gemeinde (häufig im Blick auf die Anfänge betont). Auch wenn eingeräumt wird, das Vorhandensein von besonderen Charismen gehöre nicht notwendig zum authentischen Christsein, so wird doch das Fehlen von Charismen als Defizit betrachtet, sowohl im Blick auf das Glaubensleben des einzelnen wie im Blick auf die Gemeinde.

Der unterschiedliche Stellenwert der Charismen innerhalb der Bewegung, wie er bei der Einschätzung der Zungenrede sichtbar wurde, kann auch im Blick auf den Gesamtbereich festgestellt werden. Besonders die Gefahren, die mit einer ungeordneten charismatischen Praxis verbunden sind, führen zu einer zurückhaltenden Einschätzung. Gefahren werden z. B. darin gesehen, daß man bei der charismatischen Anfangsbegeisterung steckenbleibe, zuviel davon rede oder sich mit seinem Charisma über andere erhebe. Gerade die zuletzt genannte Gefahr wirft besondere Probleme auf: das Verhältnis des Charismatikers zu den Nichtcharismatikern und umgekehrt innerhalb der charismatischen Kreise, aber auch im Verhältnis zu anderen Christen. Der hier nötige Lernprozeß wird zwar z. T. gesehen, ist aber zweifellos noch nicht bewältigt.

2.3. »Stille Zeit« – Leben mit der Bibel

2.3.1. Eine Bibelbewegung?

»Ich habe ein ganz neues Verhältnis zur Bibel gewonnen.« »Eine neue Liebe zur Bibel wurde in mir geweckt.« Solche und ähnliche Aussagen stehen oft im Zentrum der Berichte über den eigenen Weg als Christ. Die typische Sammlungsform der Bewegung wird unter anderem als »Bibel- und Gebetskreis« bezeichnet. Auf den Rüstzeiten der verschiedenen Zentren bildet das gemeinsame Lesen der Bibel und die intensive Beschäftigung mit Texten der Heiligen Schrift den Hauptschwerpunkt. Das regelmäßige Bibellesen in der Gemeinschaft und die tägliche Lektüre für sich allein gehören zu den Selbstverständlichkeiten. Man liest gern in der Bibel. An den Ausbildungsstätten sammelt man sich bewußt neben dem Studium gemeinsam um die Bibel. Die biblische Sprache prägt ganz deutlich das Denken, Reden, Beten und Singen. Viele Charakteristika der Spiritualität und theologischen Anschauungen der Kreise sind durch ihre ausgeprägte Bibelbezogenheit erklärbar.

Ist es also angemessen, von einer Bibelbewegung zu sprechen, wie sie die jüngere Kirchengeschichte auch sonst kennt? Gewiß ist das bewußte Streben danach, mit der Bibel zu leben und sich in allem nach ihr zu richten, ein

Grundcharakteristikum der charismatischen Erneuerung in der DDR – genau wie auch in anderen Ländern. Genauso kann man aber auch von einer »Erweckungsbewegung«, einer »Gebetsbewegung«, einer »Bewegung für gemeinsames Leben« oder eben von einer »charismatischen Bewegung« sprechen. Und daran zeigt sich dann: Die Hinwendung der Bibel ist *eines* der nicht voneinander zu trennenden Konstitutiva der Bewegung. Und diese Verbindung mit anderen konstitutiven Elementen bestimmt auch den Umgang mit der Bibel, so daß nicht das »Daß«, sondern das »Wie« der Beschäftigung mit der Bibel das eigentlich Unterscheidende ist.

2.3.2. Lesen, Hören, Gehorchen

»Mit vielen anderen jungen Menschen entdeckten wir die Bibel erst, als wir den von ihr bezeugten Herrn Christus als unseren persönlichen Herrn erkannt und angenommen hatten« *(Richter)*. Persönliche Hingabe an Jesus und Hinwendung zur Bibel gehen Hand in Hand. Leben mit Jesus ist gleichzeitig ein Leben mit der Bibel, weil sie »die einzige Hilfestellung auf dem neu eingeschlagenen Wege« und eine »Energiequelle im Blick auf das Leben in der Nachfolge Jesu« ist *(Richter)*.

Dieser Grundhaltung entspricht allgemein ein unkomplizierter Umgang mit dem biblischen Text. Es kommt zuallererst darauf an, ganz schlicht zu *lesen*. Eine grundsätzliche Distanz zum Text wird weder empfunden noch behauptet, vielmehr ausdrücklich verneint; denn im betenden Lesen löst der Heilige Geist das hermeneutische Problem auf direkte Weise. Dieses Lesen der Bibel wird charakterisiert als »existentielles Leben«: Der Text wird sehr unmittelbar auf das persönliche Leben bezogen, als Wort für mich, für die Gemeinde heute, für die Welt heute verstanden.

Aufmerksames Hören auf diese konkrete Botschaft ist entscheidend sowohl für das private Lesen als auch für die gemeinsame Lektüre im Kreis. In der Auslegung durch den Bruder oder im gegenseitigen Austausch über den Bibelabschnitt, die Erfahrungen, die man mit ihm gemacht hat, und die Erkenntnisse, die einem geschenkt wurden, redet der Geist und damit Gott selbst. Solchem Reden entspricht ein »Hören«, selten aber kommt es zu Diskussionen über den Text oder über die Auslegung. Auf diese Weise empfängt man vom biblischen Wort auch konkrete Weisungen und Befehle. Man wartet darauf, daß der Text auf ganz bestimmte Fragen eine Antwort gibt (Beispiel: 2Kön 22,3–7 als Ja Gottes zu einem Plan, ein altes Pfarrhaus als Ort bruderschaftlichen Lebens auszubauen). Dem Hören solcher Antwort kann dann nur ein vertrauensvolles Gehorchen folgen. »So erlebten wir im konkreten Fall die

Führung Gottes. Wir fanden in der Bibel neue Maßstäbe, die sich im praktischen Leben als sehr richtig und brauchbar erwiesen. Wir lernten, nach dem Willen Gottes für uns persönlich zu fragen, und halfen einander ihn anhand der Schrift zu erkennen und dann auch zu tun« *(Richter)*.

Die typische Form dieses Umganges mit der Bibel ist die sogenannte »Stille Zeit«, die vom Volksmissionskreis weitgehend aus der Oxford-Gruppenbewegung übernommen wurde. Sie wird ziemlich regelmäßig in den »Bibel- und Gebetskreisen« und von vielen täglich zu Hause gehalten. Die »Stille Zeit« enthält folgende *Grundelemente*:

- Gebet, das auf das Hören des Wortes vorbereitet;
- Lesen des Textes unter verschiedenen Fragen, die Text und eigenes Leben verbinden, z. B.:
  1. Was sagt mir das Wort von Christus?
     Was sagt mir das Wort von mir?
     Was muß ich tun?
  2. Wofür habe ich zu danken?
     Worunter muß ich mich beugen?
     Was muß ich tun?

  Oft werden besondere *Fragen* zum jeweiligen Text gestellt:
- Notizen über Erkenntnisse im Blick auf den Text, über Erfahrungen mit ihm, über konkrete Aufschlüsse und Weisungen im Blick auf das eigene Leben;
- Austausch der Notizen entweder sofort im Kreis oder in Auswahl bei der nächsten Zusammenkunft;
- Aufnahme der Erkenntnisse und Anliegen im Gebet.

2.3.3. Die Bibel – Gottes Wort

Voraussetzung für solchen Umgang mit der Bibel ist die ausdrückliche und stillschweigende Überzeugung, daß die Bibel Gottes Wort *ist* und nicht nur enthält. Sie ist die »Wortgestalt geschehener Offenbarung«, die der Heilige Geist gebraucht, um die Sache Jesu präsent zu machen. So wird durchweg die Inspiration der Bibel bejaht und betont, aber die Verbalinspiration wird doch nur selten behauptet, obwohl die Grenze nicht immer deutlich wird. Im allgemeinen liest man die Bibel, ohne sich über solche Fragen viele Gedanken zu machen.

Das dezidierte Verstehen der Bibel als Wort Gottes ist wichtig für das Selbstverständnis der charismatischen Bewegung: Daß die heutigen Erfahrungen dieselben sind, wie sie aus biblischer Zeit berichtet werden, »beweist«, daß der Heilige Geist ganz unmittelbar in der charismatischen Bewegung handelt und daß die Erfahrungen, die man macht, echt sind. In der Bibel findet man die allgemeinen Kriterien für die »Unterscheidung der Geister«, und sie ist in der Regel auch die Instanz für die Prüfung konkreter charismatischer Erfahrungen (z. B. Prophetien).

Umgekehrt haben die heutigen Erfahrungen einige Bereiche des biblischen Zeugnisses »ganz neu erschlossen«, sie stellen für manche biblischen Berichte so etwas wie einen Wahrheitsbeweis da (z. B. Heilungen) und haben so das biblische Wort insgesamt deutlich an Autorität gewinnen lassen.

Damit hängt ein von vielen berichteter deutlicher Trend zu einem wörtlichen Verständnis des Textes zusammen, verbunden mit der Annahme unmittelbarer Relevanz des wörtlich verstandenen Textes für heute. Das betrifft nicht nur (wie selbstverständlich) die Daten der Heilsgeschichte, die großen Taten Gottes, die Wunder Jesu, die Wirkungen des Heiligen Geistes und die charismatischen Erfahrungen, sondern auch das Weltbild der Bibel (z. B. Existenz der Dämonen, Wirklichkeitsverständnis), das weitgehend rezipiert wird. Den Weisungen zum geistlichen Leben, zur Ordnung der Gemeinde und zum ethischen Verhalten der Christen wird unmittelbare Bedeutung für heute zuerkannt.

Neben das wörtliche Verständnis tritt häufig eine Neigung zu einem übertragenen Verständnis einzelner, vor allem schwerverständlicher Texte. So werden Texte des Alten Testaments, sofern sie nicht unmittelbar auf die Heilsgeschichte oder das Glaubensleben bezogen werden können, sehr schnell auf Christus und die Kirche gedeutet. Apokalyptische Texte werden gern unmittelbar auf heutige Verhältnisse und Ereignisse bezogen. Bisweilen wird dabei unbekümmert allegorisiert und interpretiert.

Sehr ausgeprägt ist zumeist die Überzeugung von der »inneren Geschlossenheit (der Schrift) trotz aller Verschiedenartigkeit der einzelnen biblischen Zeugen«. Die Bibel wird durch die Bibel erklärt. Man lernte »die bibeleigene Logik kennen« *(Richter)*. Von einigen wird dabei die Geschichtlichkeit der einzelnen biblischen Schriften in Rechnung gestellt. Verbreiteter ist aber ein unkritisches Parallelisieren und Inbeziehungsetzen der Aussagen der verschiedensten Schriften des Alten wie des Neuen Testaments. Das Alte Testament wird dabei sehr hoch geschätzt. Dies ist möglich, weil es konsequent vom Neuen Testament her interpretiert wird.

2.3.4. Bibel und Wissenschaft

Der beschriebene Umgang mit der Bibel und das skizzierte Bibelverständnis lassen durchaus unterschiedliche Positionen im Blick auf die wissenschaftliche Exegese und Theologie zu.

Bei einigen ist die Stille-Zeit-Methode die einzige Art des Umgangs mit der Bibel, auch da, wo Bildung und Kenntnisse mehr ermöglichen würden. Viele bemühen sich darüber hinaus um ein tiefes Verstehen der Texte und ziehen dazu Paralleltexte oder andere Bibelstellen hinzu. Bei ihrer Auswahl spielen vielfach Wortassoziationen eine große Rolle. Die Konkordanz ist ein vielbenutztes Hilfsmittel. Vor allem Pfarrer und andere kirchliche Mitarbeiter treiben intensiv thematische Bibelstudien. Man geht biblischen Zusammenhängen nach, fragt nach geschichtlichen Situationen und bemüht sich um eine biblische Theologie. Dabei steht häufig eine heilsgeschichtliche Exegese im Vordergrund. Manche nennen das im Unterschied zur historisch-kritischen Exegese eine »historisch-biblische Auslegung«. Sie wird in der Regel aber ohne ausgeprägtes wissenschaftlich-methodisches Rüstzeug betrieben.

Fast durchgängig wird der historisch-kritischen Exegese wie der wissenschaftlichen Theologie überhaupt nur eine sekundäre Bedeutung zugebilligt. Von vielen wird sie ganz abgelehnt. Manche haben im oder nach dem Studium eine Wendung von der literar- und formkritischen Exegese zu einem unkritisch-frommen Bibellesen gemacht. Von theologischen Ausbildungsstätten wird berichtet, daß Studenten die exegetischen Studien nur als Pflichtübung absolvieren oder auch offen gegen den wissenschaftlichen Umgang mit der Bibel opponieren. Einige erkennen ein relatives Recht der wissenschaftlichen Theologie an, aber oft mit Vorbehalten gegenüber ihren Ergebnissen. Die *Hauptgründe* für diese Haltung sind:

- Die Bibel sei nicht ein literarisches Werk wie andere;
- die Vernunft werde zu sehr über Bibel und Geist gestellt;
- die wissenschaftliche Exegese habe den Zugang zur Bibel als Gottes Wort verstellt;
- es gäbe nur wenig gesicherte Erkenntnisse der modernen Exegese, aber die Gemeinden würden durch Thesen und Hypothesen, die als Tatsachen hingestellt werden, oft verunsichert.

Nur selten wird die wissenschaftliche Arbeit an der Bibel ausdrücklich bejaht und als eine andere Möglichkeit des Wirkens des Geistes anerkannt. Dahinter steht dann das Wissen um die Geschichtlichkeit der Offenbarung, die Suche nach Möglichkeiten intensiven Eindringens in biblische Zusammenhänge, die Sorge vor Oberflächlichkeit und Verhärtung der eigenen Anschauungen und das Streben nach dem Reichtum des biblischen Zeugnisses.

Diese ausgesprochene Reserviertheit gegenüber den Bibelwissenschaften und gegenüber einer intellektuell verantworteten Theologie hängt bisweilen mit einer »Geringschätzung« des Intellekts überhaupt zusammen. Nicht nur im Blick auf die Bibel, auch sonst werden die Ergebnisse der modernen Wissenschaft oft mit Skepsis betrachtet. Die Ablehnung des Absolutheitsanspruches der Wissenschaft kann in der Behauptung der Irrelevanz der Vernunft für den Glauben umschlagen. Bibelstellen wie Mt 11,25 und 1 Kor 1,20f. gehören zum Credo der Gruppen. Von Wissen, Logik und allgemeiner Erkenntnis wird nur selten Wesentliches erwartet, und schon gar nicht, wenn biblische Aussagen und Glaubenssätze kritisch zu befragen wären. Und daher werden andererseits Vernunft und Wissenschaft kaum einmal konkret befragt und eventuell in Dienst gestellt.

2.4. »Die großen Taten Gottes« – Gebet und Gottesdienst

2.4.1. Gebetsgemeinschaft

Für manche ist das Gebet das wichtigste Anliegen der Bewegung. Das Gebet steht im Zentrum des geistlichen Lebens. Davon zeugen die vielfältigen Zusammenhänge und Formen, in denen das Gebet geübt wird: Gebetskreise, Gemeindegebetsstunden, Lob- und Dankstunden, das tägliche persönliche Gebet, das ein Lebensmerkmal des Bekehrten ist, und schließlich auch Sprachengebet und Zungengesang. Mit der Übergabe des eigenen Lebens an Jesus tritt der Erweckte in eine enge Gemeinschaft mit Jesus bzw. Gott. Das Gebet ist das Band dieser Gemeinschaft. Viele vollziehen eine tägliche Übergabe im Gebet. Auf dieser Grundlage wird das Gebet als persönliches Gespräch mit einem konkreten Gegenüber verstanden, mit dem alle Dinge »besprochen« werden. Ein Verständnis des Gebets als Selbstvergewisserung oder bloße Ausrichtung auf Jesus hin wird abgelehnt. Manche verstehen als die engste Form dieser Gemeinschaft, die geradezu zum Nachweis des engen Verbundenseins mit Jesus werden kann, das Sprachengebet.

Weil das Gebet »mit dem (verbindet), der Himmel und Erde gemacht hat«, hat es »kosmische Auswirkungen«. Jedes Beten hat reale Bedeutung im Blick auf den Gegenstand des Gebets, keinesfalls nur im Blick auf den Beter.

In der ständigen und ausgeprägten Fürbitte füreinander (Fürbittkalender, Fürbittlisten) wird so das Gebet auch zum engsten Band der erweckten einzelnen und Gruppen untereinander. Noch stärker ist die gemeinschaftstiftende

Wirkung des Gebets in der regelmäßigen Gebetsgemeinschaft der Kreise selbst. Hier binden sich alle gleichzeitig an Jesus und aneinander. In der Gebetsgemeinschaft öffnet sich der einzelne mit seinem Loben und Bitten gleichzeitig Gott und seinen »Geschwistern« gegenüber. So ist die Teilnahme am freien Gebet gleichzeitig ein Zeichen der Zugehörigkeit zu Gott und zum Kreis der Erweckten. Das gemeinsame Gebet schafft eine verbindliche und verpflichtende Gemeinschaft und wird so zum Arkanum der Erweckten. Das freie Sichaussprechen mit Gott und den anderen in der Gebetsgemeinschaft ist ein wesentlicher innerer Grund für die relative Geschlossenheit der Kreise. Die doppelte gemeinschaftstiftende Wirkung des Gebets zeigt sich auch bei den übergemeindlichen Bruderschaften: Mit einem Hingabegebet an Jesus vollzieht sich die Aufnahme in den »Christusdienst«.

Dementsprechend wird die Gebetspraxis der Gruppen wenig in das allgemeine Leben der Gemeinde eingebracht. Die Gebetsgemeinschaft hat ihren Platz nicht im Gottesdienst der Gemeinde. Gemeinsames Beten ist nicht fester Bestandteil von Evangelisationen, Jugendgottesdiensten und anderen missionarisch ausgerichteten Aktionen. Nur die »Mannschaft« oder die Kerngruppe in der Gemeinde trifft sich zum Gebet, z. T. während des Gottesdienstes oder der anderen Veranstaltungen.

Charakteristisch für die Gebetsgemeinschaft wie für das Gebet des einzelnen ist das frei formulierte Gebet. Solches offene und gleichzeitig verbindliche Reden mit Gott ist aber das Ergebnis eines Lernprozesses. Er ist letztlich nie abgeschlossen. Entscheidende Hilfe beim Betenlernen ist der Umgang mit der Bibel (vgl. o. S. 66ff.). In der »Stillen Zeit« komme es zum Hören auf das Wort Gottes, ergeben sich die persönlichen Gegenstände des Dankens und Bittens, erwartet man Gottes Antwort und findet so zum Reden mit Gott. Die Sprache der Bibel bestimmt weitgehend das eigene freie Beten. Vor allem die Psalmen spielen eine große Rolle. Noch auffälliger lehnen sich formulierte Gebete an die Sprache der Bibel an. Da wird wenig eigenes Denken und Erlebnisverarbeiten eingebracht. Freie Gebete, aber auch vorformulierte Gebete sind oft durch ausgesprochene Wortfülle gekennzeichnet, mit einem Hang zu Vollständigkeit und umfassender Breite der Gebetsgegenstände. So wurde in Bräunsdorf das Vaterunser »ausformuliert« zu vier langen Vorgebeten und zwei- bis dreiseitigen Texten zu jeder einzelnen Bitte, gedacht für ein Gebet im Wochenzyklus. Dabei läßt sich folgende *Struktur* beobachten:

- Gottes Taten;
- die gottferne Welt / unsere Schuld / der Zustand der Kirche;
- Bitten um Glauben / Fürbitten für einzelne, die Gemeinde, die Welt;
- Doxologie.

2.4.2. Bitten und Fürbitten

Die enge Gemeinschaft mit Gott ist der Grund für die stark ausgeprägte Gewißheit der Erhörung. Im ständigen Gebet sieht man sich persönlich von Gott geführt. Allein und in der Gruppe wartet man auf konkrete Antworten und Weisungen. In einigen Gruppen und Zentren sind konkrete Gebetserhörungen konstitutiv für die Arbeit geworden, vor allem am Beginn (geschehene Erwekkung, Ausbau eines Hauses u. a.). So werden wichtige Entscheidungen im Rahmen der Gebetsgemeinschaft getroffen. Denn man will nicht dem eigenen Willen folgen, sondern sich in allem bewußt der Führung des Heiligen Geistes anvertrauen. Andeutungen, daß die starke Ausrichtung auf konkrete Gebetserhörungen auch zu Problemen führt (z. B. bei Ausbleiben der Erhörung), finden sich kaum. Man betont selbst immer wieder die Souveränität des Handelns Gottes. Dies ist für die Gruppen nicht nur eine allgemeine geistliche Erfahrung und Gewißheit, sondern wird sehr substantiell und in die leibliche Existenz hineinreichend verstanden.

Eine zentrale Rolle spielt das Gebet bei Exorzismus (vgl. u. S. 79) und Heilung (vgl. o. S. 55). Unter dem Gebet der Brüder wird der Gebundene frei. Für den Kranken wird – z. T. unter Handauflegung – um Gesundung an Leib und Seele gebetet, oder der Kranke wird durch die Gemeinschaft des Gebets getragen und bleibt selbst mit seinem Gebet tätiger Christ.

Die Fürbitte des einzelnen und der Gemeinschaft umfaßt die gesamte Glaubens- und Lebenswelt. Die ganze Gemeinde wird in der Fürbitte getragen. Das ganze Dorf wird »durchgebetet«. Bei Rüstzeiten erhalten Gemeindeglieder die Namen von Teilnehmern zur Fürbitte. Gebetsdienste und -zyklen zielen darauf, möglichst umfassend zu beten. Sehr häufig wird um Erweckung gebetet: für den Ort, für das Land, weltweit. Auch das laufende Zeitgeschehen, die weltlichen Dinge und Probleme werden umfassend berücksichtigt. Man sieht hier ein besonderes priesterliches Charisma: die ganze Welt im Gebet zu tragen. Deshalb versteht man sich gern als »ökumenische Beter«: »Die ganze bewohnte Erde ist auf das Herz der Könige und Priester Gottes gelegt.«

2.4.3. Loben und Anbeten

Konkrete Bitte und allgemeine Fürbitte wären nach durchgängiger Meinung nicht möglich, wenn sie nicht auf dem Boden von Lob und Anbetung geschähen. Das »Lobopfer« wird als die andere Seite des priesterlichen Gebetsdienstes verstanden. Der Dank für Gottes große Taten – in der Schöpfung, an seinem Volk Israel, in Jesus Christus, in der Geschichte der Gemeinde, im persönlichen Leben, im gegenwärtigen Geschehen in Gemeinde und Welt – ist Grundbestandteil jedes Gebets. »Grund«bestandteil ist dabei ganz wörtlich zu nehmen; denn in ihm kommt eine bemerkenswerte Gewißheit des Glaubens zum Ausdruck, die grundlegende Freude über den Sieg Jesu – ein Sieg am Kreuz und für mich (vgl. o. S. 46ff.). Viele Gruppen halten von Zeit zu Zeit Lob- und Dankstunden oder Anbetungsstunden. So widmet sich z. B. ein »Realitätengebet« den Heilstatsachen. In thematischen Gebetsstunden-Reihen wird die ganze Heilsgeschichte »durchgebetet«. In anderen Stunden nimmt man sich ein bestimmtes Thema vor, um es im Gebet möglichst erschöpfend zu erfassen. Für manche ist gerade diese Möglichkeit des Dankens und Anbetens ein besonderer Gewinn in der Bewegung. Mit dieser Grundhaltung dürfte auch die Atmosphäre des Friedens, der Freude und Heiterkeit zusammenhängen, von der aus den Gruppen immer wieder berichtet wird. Sie steigert sich häufig bis zum Jubel, zum überschwenglichen Lobpreis, dessen intensivste Ausdrucksform einige im Zungengesang sehen.

2.4.4. Gottesdienst und Liturgie

Die starke Ausrichtung auf gemeinsames Loben und Anbeten ist einer der Gründe dafür, daß der Gottesdienst eine relativ große Bedeutung gewonnen oder erhalten hat. Wenn die Mitglieder der Kreise oder Gruppen es als selbstverständliche Pflicht ansehen, an den Gemeindegottesdiensten teilzunehmen und sie weitgehend auch mitzutragen, spielt auch das Bestreben eine Rolle, sich bewußt als Glieder der Gesamtgemeinde zu verstehen. Die gottesdienstliche Funktion der Anbetung tritt besonders dort hervor, wo der Gottesdienst eine reiche liturgische und z. T. auch musikalische Ausgestaltung erfährt, wie es in einigen Zentren der Fall ist. Vereinzelt steht dahinter ausdrücklich der Grundsatz, daß die Leiturgia im ganzen einen Platz vor Diakonia und Martyria erhalten müsse. Die Bedeutung des agendarischen Gottesdienstes wird aber keineswegs durchgängig hervorgehoben. Bei Rüstzeiten und Jugendwochenenden finden häufig Gottesdienste statt, deren Elemente in der Hauptsache Musik (z. B. von einer Band), gemeinsame Lieder, Predigt und Zeugnisse von Jugendlichen sind. Aus den Gruppen und Zentren wird von Gebetsgottesdiensten, charismatischen Gottesdiensten und von Lob- und Dankstunden berichtet, die oft thematisch orientiert sind oder für die bewußt keine feste Ordnung besteht. Für den Gemeindegottesdienst wird vielfach die regelmäßige Einbeziehung des Abendmahls angestrebt (zum Stellenwert des Abendmahles vgl. u. S. 82f.).

2.4.5. Gemeinsames Singen

Das ganze Spektrum der Frömmigkeit der Gruppen findet sich in den Liedern wieder, die in großer Zahl und Intensität gesungen werden. Vor allem in den Jugendgruppen spielen neue Lieder eine große Rolle. Viele haben sich eigene Liederhefte zusammengestellt. In manchen Gruppen entstehen neue Lieder. Die meisten der gesungenen Lieder fügen sich bruchlos in die weite Palette der in der Jugendarbeit auch sonst üblichen neuen Lieder ein. Auffallend ist der Anteil an reinen, z. T. sehr einfachen Lobliedern und Liedern vom Sieg Jesu, an Liedern, die von der persönlichen Hingabe an Jesus sprechen oder zu ihr auffordern (also ausgesprochen evangelistischen Liedern), und an Liedern, die auf sehr direkte Weise Probleme des Glaubens und Lebens (z. T. apologetisch) aufnehmen. Aber auch Spirituals, Lieder und Kanons früherer Singebewegungen und traditionelles Liedgut der Gemeinde haben ihren festen Platz und können in einzelnen Gruppen dominieren. Die musikalische Seite reicht von Gitarrenbegleitung über Bands bis zu vereinzeltem regelmäßigem mehrstimmigem Choral- und Psalmengesang. Das gemeinsame Singen dient in den Bibel- und Gebetskreisen der Vorbereitung auf die Stille Zeit, der Einstimmung ins Gebet, dem Ausdruck des Lobes. Sehr viel gesungen wird auf Rüstzeiten, bei Evangelisationen, im Gottesdienst. Anders als das Gebet wird das Lied mit seinen verschiedensten Inhalten bewußt missionarisch und evangelistisch eingesetzt.

2.5. »Frei werden von Belastungen« – Beichte und Exorzismus

2.5.1. Die charismatische Bewegung als Seelsorgebewegung

Innerhalb der charismatischen Bewegung spielt die Seelsorge eine ganz eminente Rolle. Auf Rüstzeiten wird dem seelsorgerlichen Einzelgespräch sehr viel Raum gegeben. Bei Evangelisationen stehen Mitarbeiter während und nach den Veranstaltungen zum seelsorgerlichen Gespräch zur Verfügung. Das innere Leben der einzelnen charismatischen Gruppen wird weithin durch die Seelsorge bestimmt.

Der Grund dafür liegt in dem Bestreben, das Glaubensverständnis konsequent in der Gestaltung des Lebens wirksam werden zu lassen. Denn ist Glaube die lebendige personale Beziehung zu Christus, so kann das nicht unverbindlich bleiben, sondern muß das ganze Leben bestimmen.

Erstes Ziel der Seelsorge ist insofern die Hinführung zu Christus. Es geht zunächst darum, daß der einzelne überhaupt erst einmal in eine personale Beziehung zu Christus tritt. Die Impulse der Evangelisation werden durch die Seelsorge aufgenommen, vertieft und gefestigt. Wichtig ist dabei, daß wirkliche Veränderungen des Lebens bewirkt werden. Der Christ muß sich allmählich aus allen anderen Bindungen lösen und sein Leben Zug um Zug Christus übergeben. »Neue Verbindlichkeiten« ersetzen die alten. Die Seelsorge aber ist eine wichtige Hilfe dabei. Sie verhilft zur Erkenntnis der Sünden, führt zum Sündenbekenntnis und in die persönliche Beichte. Darüber hinaus aber wird in vielen Entscheidungssituationen des Lebens – Ehe, Beruf usw. – der seelsorgerliche Rat gesucht.

Wichtig ist ferner, daß prinzipiell jeder des anderen Seelsorger sein kann. Zwar gibt es in vielen der Gruppen einzelne Personen, die über ein besonderes seelsorgerliches Charisma verfügen. Doch gibt es keine Einschränkungen, und oft werden die einzelnen Glieder der Gruppen ausdrücklich seelsorgerlich aneinander gewiesen, wodurch der ständige seelsorgerliche Kontakt geradezu gemeindewirksam wird.

2.5.2. Die Erfahrung der Sünde

Sünde wird als etwas erfahren, was von Gott trennt. Diese Erfahrung wird aber erst durch die Verkündigung und die seelsorgerliche Praxis bewußt gemacht.

Das aufrichtige Sündenbekenntnis schließt noch nicht ein, daß die Erkenntnis der Sünde in allen ihren Konsequenzen schon vorauszusetzen ist. Andererseits gilt das *Bekenntnis* der Sünden als unumgängliche Voraussetzung für die Erfahrung mit Christus.

Durch die Hingabe des »ganzen Lebens« an Christus wird als deren Kehrseite Sündenerfahrung ständig provoziert. Daraus folgt bei vielen eine besondere Akribie in der Beobachtung der eigenen Bindungen, Gewohnheiten und Handlungen. Dabei beschränken sich einige durchaus nicht nur auf die Sündenerforschung bei sich selbst. Sie verstehen sich als »Wächter über die Sünde« auch bei anderen, was von diesen dann als »dränglerische Seelsorge« kritisiert wird.

Häufig wird auf diesem Hintergrund die heutige Seelsorgepraxis kritisiert. Nicht nur, daß die Seelsorge im Pfarramt einen viel zu geringen Raum einnimmt, wird vermerkt. Auch die neuen Seelsorgemethoden, wie z. B. Clinical Pastoral Training (CPT), werden als ungeistlich und daher kaum wirksam angesehen. Es komme nicht darauf an, durch seelsorgerliche Führung zu sich selbst zu finden, sondern gerade zur Erkenntnis der eigenen Sündhaftigkeit geführt zu werden und Gottes Führung für das eigene Leben anzunehmen.

2.5.3. Die Beichte

Man hört gelegentlich den Vorwurf, die evangelischen Kirchen praktizierten nicht, was sie glauben. Luthers Hochschätzung der Beichte werde in den lutherischen Kirchen nur theologisch rezipiert, jedoch nicht in der kirchlichen Praxis nachvollzogen.

Heilsnotwendig sei die Beichte nicht, wird betont. Aber die Seelsorge führe den einzelnen in die Beichte. Hier werde der Mensch auf seinen »harten Kern« hin angesprochen. Dabei spielt das Bild von den »Schalen« der menschlichen Existenz eine Rolle: die äußere Schale sei das »Leibliche«; darunter liege das »Seelische«, das immerhin der Psychologie zugänglich sei und oft schon als der geistliche Kern mißverstanden werde. Erst die Durchbrechung dieser »seelischen« Dimension lege die »geistliche« Tiefe des Menschen frei. Aufgabe der Beichte ist es dann, in der Durchbrechung der äußeren Schalen zur geistlichen Mitte vorzustoßen. Durch die Beichte vermag der Heilige Geist den Menschen zu »durchleuchten«.

Die Beichte gilt als Tor zum neuen Leben. Die Beichte hilft, die Vergangenheit loszuwerden, und bereitet damit einen Neuanfang und den Geistempfang vor. Vollendung der Beichte ist immer die Hingabe an Christus. Die Beichte wird in diesem Zusammenhang sowohl initial als auch prozessual verstanden: Sie bereitet den Neuanfang vor, und sie begleitet das erneuerte Leben.

In der Praxis wird deutlich zwischen dem seelsorgerlichen Austausch in der Gruppe und der Einzelbeichte unterschieden. Im »Austausch« in der Gruppe werden Glaubenserfahrungen, aber auch eigene Unzulänglichkeiten und Probleme und unbrüderliche Einstellungen untereinander ausgesprochen. Anderes bleibt dagegen bewußt der Einzelbeichte vorbehalten, z. B. unversöhnlicher Haß, Sexuelles und Okkultes. Für die Beichte können ein Beichtspiegel anhand der Zehn Gebote und Anleitungen zum Abnehmen der Beichte benutzt werden. Für den Beichtvater wird als wichtig angesehen, daß er nicht richtet, sondern Geburtshelfer des Neuen wird. (Gott will nicht die Sünden, sondern den Menschen.) Er soll auch mit dem Beichtenden nach Wegen der Wiedergutmachung suchen. Auf solche Aufarbeitung der Schuld wird z. T. großer Wert gelegt.

Als Beispiel ein *Gebet zur Vorbereitung der Beichte:*

»Lieber Vater im Himmel! Ich komme jetzt zu Dir mit der herzlichen Bitte: Schenke mir die Gabe des Heiligen Geistes! Ich öffne Dir hiermit mein ganzes Leben, meine gesamte Vergangenheit in Gedanken, Worten und Werken. Leuchte Du hinein mit Deinem göttlichen Licht. Decke mir bitte alles auf, was vor Dir nicht bestehen kann. Ich bin bereit, mich zu demütigen und alle erkannten Sünden zu bekennen. Ich vertraue darauf, daß auch mich das Blut unseres Herrn Jesus Christus rein wäscht von allen Sünden. – Komm, Herr, Heiliger Geist, und erleuchte mich! Ich will Deinem Reden stillhalten und nicht ausweichen. Rede bitte so deutlich mit mir, daß ich es verstehen kann. Hilf Du mir, mit Gott und den Menschen ins reine zu kommen. Verwandle mein Leben und richte die Königsherrschaft unseres Herrn Jesus Christus in meinem Herzen auf. Amen.«

2.5.4. Okkulte Bindungen und Exorzismus

1. Aufdecken und Lösen okkulter Bindungen

Durch die Beichte werden falsche »Bindungen« aufgedeckt. Solche Bindungen können zu Menschen bestehen (z. B. sexuelle Abhängigkeit) oder zu Dingen (z. B. Geld). Zu solchen Bindungen werden meistens auch alle Süchte gerechnet – vom Medikament bis zur Zigarette. Manche reden aber auch nur von »Gefährdungen« und warnen vor einer Überbewertung und Verteufelung aller menschlichen Bindungen. Vieles sei einfach nicht gut, aber deswegen noch nicht dämonisch oder okkult.

Häufiger dagegen ist die Warnung vor der heute üblichen Verkleinerung des Teufels. Es gibt die Bindung an Okkultes und Dämonisches. Viele Menschen leiden heute an den Folgen begangener Zaubereisünden. In erschütternder Weise trete uns diese Tatsache entgegen. Gott aber habe Aberglauben und Zauberei als Greuel in seinen Augen bezeichnet und mit schwersten Strafen bedroht (5Mose 18,9–12). Es gibt Listen, in denen solche Handlungen detailliert aufgeführt werden. Dazu zählt man das »Daumendrücken« und »Handlinienlesen« ebenso wie spiritistische Sitzungen und »schwarze Magie«. Als Folgen solcher Handlungen werden genannt: Charaktereigentümlichkeiten und geistige Störungen, Krankheiten und familiäre Zwistigkeiten. Daher wird dem Aufdecken solcher Bindungen und dem Aufspüren abergläubischer Handlungs-, Sprach- oder Denkelemente große Aufmerksamkeit gewidmet. Das geschieht gelegentlich auch gegenüber solchen Menschen, die sich nicht in die Erneuerungsbewegung einordnen. Das Erkennen des verdeckten oder verborgenen Bösen gilt als eine besondere Gabe, die als »Herzensschau« bezeichnet wird. Die Herzensschau wird – nicht nur im Blick auf okkulte Bindungen – als die Gabe der »wunderbaren« Erkenntnis des inneren Zustandes eines Menschen verstanden. Ihr Ort ist das Seelsorgegespräch. Immer wieder hört man von Menschen, die diese besondere Gabe haben und bei anderen völlig vergessene oder verdrängte Bindungen dieser Art aufgedeckt und angesprochen haben.

Es wird auch darauf hingewiesen, daß okkulte Bindungen oft gewollt seien. Der Betroffene bekennt sich dazu – aber er will sich nicht lösen. Deshalb wird in diesen Fragen immer wieder der Wille des Betroffenen angesprochen. Dem

Beichtvater obliegt die Aufgabe, im Sinne eines Anwaltes die Bindungen aufzudecken, die Gefahren aufzuzeigen, die Möglichkeit der Umkehr deutlich zu machen und zur Lösung der okkulten Bindungen zu verhelfen.

Okkulte Bindungen wirken sich nicht nur auf den Betroffenen aus, oft sind es die »Sünden der Väter«, die in ihren bösen Folgen bei den Nachkommen fortwirken. In diesem Falle gibt es »Lossagegebete« nach folgendem Schema: »Ich sage mich los von meinem Vater (und falls er noch lebt: ... damit ich ihm in dir, Christus, neu geschenkt werde), ... von meinen Großeltern väterlicherseits usw. bis ins vierte Glied. Dann ebenso von der Mutter und den mütterlichen Ahnen. Ich sage mich los vom Teufel und allen seinen Werken – und übergebe mich dir, du dreieiniger Gott, als dein Eigentum für Zeit und Ewigkeit.« – Das Ziel der Lösung ist die alleinige Bindung an Christus.

2. Dämonismus und Exorzismus

Von der Erfahrung der Wirklichkeit dämonischer Mächte wird immer wieder berichtet. Die Überzeugung, daß Dämonen als eigenmächtige Wesenheiten im Menschen Platz ergreifen können, wird mit den entsprechenden Berichten des Neuen Testaments begründet, die ihrerseits wieder, so meint man, durch heutige Erfahrungen gestützt werden.

Wo die Wirklichkeit dämonischer Mächte so stark empfunden und die Wirkung dämonischer Kräfte den biblischen Schriftstellern nachempfunden wird, kommt auch die Macht und der Sieg Jesu Christi über die Dämonen verstärkt zur Geltung. Und da den Jüngern Jesu in seiner Nachfolge gleiche Vollmachten verheißen sind (vgl. Mk 16,17; Joh 14,12), wird diese Zusage auch in exorzistischen Handlungen wahrgenommen. Exorzismus sei eine spezielle Handlungsform der Kirche, in der die Macht Christi über alle bösen Mächte offenbar werde.

Christus wird als Sieger gepriesen, er habe auf Golgatha der alten Schlange den Kopf zertreten. Die Zuflucht zum Kreuz Christi mache frei. »Wenn du so nicht frei werden kannst«, heißt es in einem Text, »dann suche Hilfe bei geistesmächtigen Dienern Gottes und in einer lebendigen Gemeinde, wo gebetet wird. Es gibt eine Art, die nicht ausfährt, es sei denn durch Fasten und Beten.« In lutherisch geprägten Gruppen wird dabei auf die lutherische Taufagende verwiesen, die die Absage an den Teufel ausdrücklich vorgesehen hatte. Dementsprechend gilt die Taufe als die eigentliche Grundlage und der jeweilige Beginn jeder Dämonenaustreibung. Jede exorzistische Handlung sei eingebunden in die seelsorgerliche Praxis und das Beichtgeschehen. Sie sei als Nachvollzug und Bewußtmachen des in der Taufe Geschehenen zu verstehen. Dabei werde die Taufzusage erneuert und der Betroffene im Namen Christi »losgesprochen«.

Aber immer wird betont: *Christus* hat die Macht über das Böse; in seinem Auftrag handelt die Gemeinde wie der einzelne Charismatiker.

2.6. »Zum Leib gehören« – Gemeinde und Amt

2.6.1. Die Gemeinde als Leib Christi

Mit Berufung auf 1 Kor 12 wird die christliche Gemeinde als Leib Christi verstanden. Die spezifische Aneignung dieses Verständnisses innerhalb der Bewegung läßt deutlich Einflüsse durch die Bruderschaft vom gemeinsamen Leben, andere Kommunitäten und die katholisch-apostolische Tradition erkennen.

Von der Bruderschaft vom gemeinsamen Leben stammt das »11-Uhr-Gebet«, das besonders innerhalb des Volksmissionskreises Sachsen gebetet wird. Darin wird das Blut Christi als verbindendes Element für die Einheit des Christusleibes angesprochen: »Dein Blut komme über uns ... über Dein altes Bundesvolk und das Land seines Erbes und über die ganze nach Freiheit seufzende Kreatur. Besonders komme Dein Blut, o Herr, in unser Verhältnis zu Dir und zu uns untereinander. Vereinige uns alle mit Dir und miteinander in der einen allumfassenden und unzertrennlichen Liebes- und Lebensgemeinschaft Deines heiligen Herzens . . .« – In einem anderen Gebet, das auf die Ökumenische Marienschwesternschaft in Darmstadt zurückgeführt wird, ist das Gebetsanliegen auf die »Einheit des Leibes Christi« konzentriert: »Wir bitten Dich für Deinen zertrennten Leib, eine ihn in Liebe durch das Blut Deiner Wunden . . . Schenke uns, Deine letzte Bitte ernst zu nehmen, daß wir alle eins seien, um Deines Leidens willen.« – Diese Gebete geben nicht nur dem Verlangen nach einer geistlichen Kircheneinheit Ausdruck; sie weisen schon sprachlich eine mystische Leib-Christi-Verehrung auf.

Daß das Leib-Christi-Verständnis gleichzeitig eine Form der Kritik an der verfaßten Kirche darstellt, läßt sich aus der katholisch-apostolischen Tradition erkennen. Nach *H. Thiersch* ist z. B. die Kirche kein formloser Verein, der sich nach menschlichem Ermessen eine Gestalt geben kann. »Sie sei der ›mystische Leib Christi, d. h. ein Organismus und zwar der vollkommenste von allen Organismen‹.«[13] Dementsprechend heißt es in einem Artikel von E. Luderer im Rundbrief des Volksmissionskreises Sachsen: Die Gemeinde ist »Inkarnation (Fleischwerdung) Christi als Haupt seines Leibes«, und so muß man »sie als außerordentliche Schöpfung verstehen, die in der Gesamtschöpfung einen hervorragenden Platz einnimmt und für die Vollendung der Pläne Gottes von großer Bedeutung ist«.

Eine »Entmythologisierung« des Leib-Christi-Bildes wird ausdrücklich zurückgewiesen; nur wenn die Gemeinde sich wirklich als der Leib Christi versteht, sind Nachfolge, charismatischer Dienst und bruderschaftliches Leben möglich. Die Übergabe an Christus entscheidet nicht nur über die eigene Existenz; sie führt zugleich in die Gliedschaft am Leib Christi. Es geht also nicht um das individuelle Heil, sondern um die Auferbauung des Leibes Christi. »Man kann Christus nicht ohne den Bruder haben«, wird in Abgrenzung gegenüber dem Pietismus gesagt. Ausdrücklich wird geistlicher Individualismus und Egoismus als Hinderungsgrund für die Einheit und Zusammenarbeit der Gemeinschaft genannt.

Eindrucksvoll wird das ekklesiologische Selbstverständnis in der Basis des »geistlichen Mitarbeiterkreises« (vgl. o. S. 33) beschrieben:

»Der geistliche Mitarbeiterkreis ist ein *Ökumenischer* Kreis, der aufmerksam in der charismatischen Bewegung unserer Zeit steht, bereit, als *Dienstgemeinschaft mitzuarbeiten* am Aufbau des LEIBES CHRISTI (der *einen* Kirche) und dafür Zurüstung zu erfahren . . .

Wir wissen, daß niemand CHRISTUS *ganz* meinen kann, der nicht auch zugleich SEINE Kirche meint.

Darum öffnen wir uns weit dem ökumenischen Anliegen, treten in fortwährender Fürbitte für die *Einheit* der Kirche ein und suchen Klarheit über unseren Stand bzw. unsere Einordnung in die GESAMTKIRCHE JESU CHRISTI . . .«

Hier sind wesentliche Elemente des *ekklesiologischen Grundverständnisses* zusammengefaßt:

(a) Da ist zunächst die ökumenische Weite, die sich aus der Wertschätzung des christlichen Lebens gegenüber dem bloßen Bekenntnis ergibt. Das Bekenntnis tritt hinter Lobpreis, Dank und Fürbitte, Austausch und Beichte erheblich zurück und wird nicht grundsätzlich als trennend angesehen.

(b) Damit zusammen hängt die Betonung der kirchlichen Einheit. Die innere Kirche umgreift alle Konfessionen und Länder. Die einzelnen Gemeinden sind Glieder, die allein nicht leben können. Daher die Suche der Gruppen nach Verbindung untereinander, aber auch ihre bewußte Einbindung in die Kirchengemeinden.

(c) Schließlich hat jeder einzelne und jede Gruppe ihren Dienstauftrag, der dem Aufbau des Leibes Christi dient, nicht allein der Vergrößerung und Vervollkommnung ihrer selbst. Dabei bleibt es allerdings nicht aus, daß diese Dienstgemeinschaften sich selbst als Schrittmacher und Erneuerer verstehen, die den ermüdenden Leib mit neuem Leben erfüllen müssen.

2.6.2. Die Gruppe als familia Dei

Die Verbindlichkeit der Lebens- und Dienstgemeinschaft im eigenen Kreis wird häufig mit dem Bild von der familia Dei beschrieben. Innerhalb des Leibes Christi versteht sich die Gebetsgemeinschaft oder charismatische Gruppe als eine »Zelle«. Die Gruppe ist eine »Zelle geistlichen Lebens« oder eine »Bruderschaftszelle« innerhalb der Kirche als Leib.

Das biologische Bild vom Leib ist hier zunächst durch eine besondere Nuance verfeinert worden: Es gibt nicht nur einzelne Glieder am Leib, sondern auch besondere Zellen. Der Zusammenhang dieser geistlichen Zellen wird auch als »Zellverband« beschrieben. Aber diese Zellen sind »Mittel zum Zweck«, nicht Selbstzweck. Sie sind mit einem anderen biblischen Bild der »Sauerteig« innerhalb der äußeren Kirche oder das »Salz«.

Innerhalb der Zelle ist aber die Verbindlichkeit des gemeinsamen Lebens und geistlichen Erfahrungsaustausches wesentlich größer. Deshalb wird das biologische Bild durch ein soziales ergänzt: Die Gruppe versteht sich als familia Dei. Dieses Bild wird fast ausschließlich auf den kleinen Kreis angewendet, der sich dann als Kerngemeinde verstehen kann. Damit ist nicht ausgeschlossen, daß die Gemeinde Christi grundsätzlich familia Dei sein sollte und könnte. Aber die Realisierung gelingt im Moment nur bildhaft in der kleinen Zelle. Wie das jeweils gemeint ist, zeigen folgende Selbstbezeichnungen: »Geschwisterkreis«, »Bruderschaftszellen« oder »Dienstgemeinschaft«.

Für die praktische Gemeindearbeit bedeutet das häufig, daß die Familie als die Wachstumszelle der Gemeinde gegenüber der »Verkreisung« in den Gemeinden neu entdeckt wird. Aber grundsätzlich kann der Gedanke der familia Dei als eine geistliche Überhöhung des sozialen Familiengedankens verstanden werden. Die Spiritualität wird durch praktische Lebensvollzüge gefördert und unterstrichen. Einzelne Gruppen haben eine Wohngemeinschaft gebildet, oder sie verleben den Feierabend und das Wochenende gemeinsam.

(Zu den Problemen, die mit dem Gruppenverständnis verbunden sind, vgl. o. S. 44f.)

2.6.3. Die Bedeutung des Abendmahls

In allen Gruppen und Zentren erfreut sich das Abendmahl einer besonderen Hochschätzung. In den Zentren wird es häufig in Gottesdiensten mit großem liturgischem Reichtum gefeiert. In einigen Gruppen und Zentren wird darüber hinaus regelmäßig (z. T. täglich) das Abendmahl gefeiert, teils in betont liturgischer Form (z. B. nach einem katholisch-apostolischen Formular), teils auch bewußt ohne liturgische Bindung oder in Anknüpfung an urchristliche Formen der Agape.

Diese Wertschätzung des Abendmahls weist auf einen wichtigen Unterschied zwischen dem Pietismus und der charismatischen Bewegung hin: Das Erlebnis der geistlichen Erneuerung wird weder verinnerlicht noch personalisiert; geistliche Erfahrungen sollen auf irgendeine Weise objektivierbar und in einer ekklesiologischen Bindung manifestierbar sein. Das Abendmahl ist somit nicht nur ein objektiver Faktor für die vertiefte Verbindung mit Christus, sondern zugleich ein Element der Stabilisierung im Blick auf die Gemeinschaft der Christen mit Christus.

Im wesentlichen sind es wohl drei Faktoren, die dem Abendmahl seinen besonderen Stellenwert in der charismatischen Bewegung verleihen: Die Christuszentriertheit des ganzen Lebensvollzuges, das realistische Verständnis der Gemeinde als Leib Christi und die eschatologische Naherwartung.

Wie die Gemeinde als Leib Christi im Abendmahl durch Leib und Blut des Gekreuzigten und Auferstandenen erbaut, gestärkt und mit ihm vereint wird, bringt folgendes *Dankgebet* zum Ausdruck, das im Anschluß an die Kommunion gebetet wird:

»Wir danken Dir, daß Du uns gespeist und getränkt hast mit dem Leibe und Blute Deines lieben Sohnes Jesus Christus.
Wir danken Dir, daß diese heilige Speise dem ganzen geheimnisvollen Christusleib zugute kommt:
Stärkung der schwachen Glieder,
Heilung der Kranken,
Rettung der Bedrängten,
Belebung der Sterbenden, Auferbauung des ganzen Leibes.
Dadurch werden wir alle zur Einheit des Glaubens und der Erkenntnis des Sohnes Gottes gelangen,
zur vollkommenen Mannesreife,
zum Vollmaß des Wuchses,
in der Fülle des Christus,
zur Ehre Deines Namens. Amen.«

Das Abendmahl ist Gemeinschaft mit dem Gekreuzigten. Mit besonderem Nachdruck wird an der Realpräsenz Christi im heiligen Abendmahl festgehalten. Ein Leben in der Nachfolge Christi muß im Abendmahl seinen immer wiederholbaren Anknüpfungspunkt haben. Vom Opfer des Leibes Christi lebt der Christusleib »Gemeinde«. Deshalb ist die Erwartung der geistlichen Gaben zum Aufbau der Gemeinde und zur Stärkung und Freude ihrer Glieder im Abendmahl gesteigert. Heilungswunder werden bisweilen auf den Empfang des Abendmahls zurückgeführt, oder Gesundungen geschehen während der Austeilung. Auch der Empfang der Charismen steht gelegentlich mit der Abendmahlsfeier in direktem Zusammenhang oder wird so interpretiert. Das heilige Mahl gilt als »Gabe aller Gaben«.

Die eschatologische Vollendung als ungebrochene Gemeinschaft mit dem Herrn Christus wird im Abendmahl – wenn auch nur zeitlich punktuell – vorweggenommen. Das Abendmahl wird als Angeld auf die Erfüllung der Verheißung verstanden. Der Ruf »Maranatha« ist in zahlreichen Abendmahlsfeiern ein fester Bestandteil. In der Feier des Mahls wird die Sehnsucht nach dem Gottesreich bestärkt und wachgehalten.

2.6.4. Zum Verständnis des Amtes

In den Zentren der Erneuerungsbewegung und in fast allen Gruppen nimmt der kirchliche Amtsträger als Leiter eine hervorragende Position ein, weil seine vorgegebene Autorität als Pfarrer mit einer charismatischen Führungsrolle verbunden wird. Trotzdem jedoch, z. T. sogar gerade dadurch, entstehen auch hier weitreichende Probleme, die einerseits das Selbstverständnis des einzelnen Pfarrers, andererseits seine Stellung innerhalb der Kirche betreffen. Denn die Kopplung von Amt und Charisma führt nicht nur zu gelegentlichen deutlichen Übersteigerungen, sondern andererseits auch dazu, daß das Charisma als das eigentlich entscheidende Kriterium dem dann nur noch formal verstandenen kirchlichen Amt gegenübergestellt bzw. übergeordnet wird. Das aber bedeutet eine erhebliche Relativierung des herkömmlichen kirchlichen Amtsverständnisses, das die Kirche als Institution voraussetzt und von der Glaubenserfahrung des einzelnen unabhängig macht. So kommt es, daß sich im Amtsverständnis der charismatischen Bewegung immer wieder verschiedene Tendenzen überschneiden, sich gelegentlich sogar zu widersprechen scheinen. Wenn im folgenden eine Unterscheidung der Aspekte vorgenommen wird, so muß sie zwangsläufig herangetragen werden und unvollkommen bleiben.

1. Stärkung des Amtsbewußtseins

Beispielhaft scheint die Bedeutung der »Dienstordnung« in Bräunsdorf wie überhaupt die häufige starke Differenzierung der einzelnen Ämter. Offenbar wirken sich hier katholisch-apostolische Traditionen (Lehre vom vierfachen Amt der Kirche) aus, obwohl nirgends eine ausdrückliche Herleitung erfolgt, sondern unmittelbar an die Ämter Christi erinnert wird: Christus ist Hirte, Prophet, Priester, Diakon usw. Die Teilnahme an seinem Leben ist Dienerschaft in seinen Ämtern. Das Hirtenamt des Pfarrers steht dabei selbstverständlich an erster Stelle, gestützt vor allem durch die besondere Rolle des Seelsorgeaspektes. Daneben wird aber auch das Ältestenamt betont, das bei Christoph Richter in deutlicher Abwehr eines hierarchischen Amtsverständnisses zum zentralen Gemeindeamt wird: Der Pfarrer ist ›Gemeindeältester‹ mit besonderem Auftrag.

Die Dienstordnung in Bräunsdorf wird durch eine »Ständeordnung« ergänzt, durch die die ganze Gemeinde unter der »Hauptschaft Christi« geordnet sei. Diese Ordnung sei gottgegeben und nicht äußerlich zu verstehen. Hier werden – gesellschaftlich gesehen – konservative Vorstellungen sichtbar. Dafür ist die Hervorhebung der »Hauptschaft des Mannes« ein auffälliges Zeichen.

Wo das Charisma der Leitung (s. o. S. 63f.) auf einen kirchlichen Amtsträger trifft, wird seine Autorität und geistliche Legitimation zweifellos verstärkt. Die solchermaßen potenzierte geistliche Autorität eines Leiters mit kirchlichem Amt wird gelegentlich auch als belastend empfunden. Christoph Richter hat aus der Wahrnehmung dieses Tatbestandes in Großhartmannsdorf die Konsequenz gezogen und die Pfarrstelle gewechselt.

2. *Relativierung des Amtes durch die Charismen*

Um die Beziehung zwischen Amt und Charisma zu beschreiben, wird bisweilen auf die Unterscheidung zwischen »innerer« und »äußerer« Kirche verwiesen. Die äußere Institution der Kirche bedarf der Leitung und Lenkung durch das kirchliche Amt; es betrifft aber nur die äußere Gestalt der Kirche. Die charismatischen Gaben dagegen sind Differenzierungen durch den Heiligen Geist innerhalb der Gemeinde. Insofern kann man das äußere Amt akzeptieren, ohne darin ein wesentliches Kriterium für das geistliche Leben innerhalb der Gemeinde zu sehen.

Hinzu kommt das entscheidende Kriterium der persönlichen Glaubenserfahrung. Es besteht ein Unterschied zwischen jenen Christen, die keine eindeutigen Glaubenserfahrungen gemacht und die Übergabe ihres ganzen Lebens an Christus noch nicht vollzogen haben, und denen, die beides für sich in Anspruch nehmen. Es ist unvermeidlich, daß diese Differenzierung auch auf die Pfarrer als Amtsträger angewendet wird, ohne daß allerdings im allgemeinen praktische Konsequenzen gezogen werden. Immerhin ist die Autorität eines nichterweckten Amtsträgers für die Mitglieder der Gruppe zweifellos geringer als die eines charismatischen Leiters ohne kirchliches Amt.

In diesem Zusammenhang ist die Betonung der »priesterlichen Existenz« von paradigmatischer Bedeutung. E. Luderer beschreibt in einem dreiteiligen Artikel in den Rundbriefen der Volksmission Sachsen (Mai – Dezember 1976) den priesterlichen Charakter der Nachfolge als entscheidendes Kriterium für die Legitimität und Effektivität des Amtes. Dabei wird vor allem der »Opfercharakter« des priesterlichen Dienstes angesprochen. »Nachfolge als Christonomie« schließe das Opfer des eigenen Lebens für diesen Dienst ein. Erst dadurch werde der Christ »frei für Gott«. Die totale Selbsthingabe wird als Nachvollzug der Passion Jesu verstanden. Und am Ende heißt es dann: »Dienst, der das Zeichen des priesterlichen Opfers täglicher Selbsthingabe entbehrt, geht daneben.« Die suggestive Frage an den kirchlichen Amtsträger: »Bist du ein von Gottes Geist beglaubigter Christ?« läßt erkennen, woher die meist sehr verhaltene Kritik am kirchlichen Amtsbegriff ihre Brisanz bekommt.

3. Kritik am Amtsbegriff aufgrund charismatischer Erfahrungen

Ein überzogenes Amtsverständnis wird vor allem von Jugendlichen und Laiengruppen kritisiert. Sie sehen in der Konzentration des Amtes auf die Person des Pfarrers eine Verengung des pluralisch angelegten Gemeindeverständnisses im Neuen Testament. Die eigenen charismatischen Erfahrungen bestätigen ihnen, daß der Heilige Geist für sein Wirken nicht die Institution eines kirchlichen Amtes voraussetzt. Wo sich die Pfarrer reserviert oder kritisch verhalten, werden sie gelegentlich direkt als Hindernis für das Wirken des Heiligen Geistes kritisiert; das kirchliche Amt sei nicht durchlässig für den Empfang und das Praktizieren der Charismen. Die Legitimation für einen Dienst in der Gemeinde wird dann einseitig in der charismatischen Erfahrung gesehen.

Im allgemeinen sind aber auch diese Gruppen um die Integration kirchlicher Amtsträger bemüht. Das Bedürfnis nach Leitung und Führung kommt dem Amtsverständnis des Pfarrers im allgemeinen entgegen.

4. Ermutigung zum Amt durch charismatische Erneuerung

Häufig berichten kirchliche Amtsträger von einer besonderen Amtsmüdigkeit vor ihrer neuen geistlichen Erfahrung. Erst die Begegnung mit der charismatischen Erneuerungsbewegung und ihre persönliche Glaubenserfahrung habe diese Amtsverdrossenheit überwinden können. Oft wird von einer ganz neuen Predigtfreudigkeit berichtet. Auch in den Gemeinden sei diese neue Amtsfreudigkeit gespürt worden.

Auch die Ordination gewann für einige eine neue, intensivierte Bedeutung. Sie sei durch die charismatische Erfahrung erst in ihrer ganzen Tragweite und Tragfähigkeit erkannt worden. Sie wird erfahren als die Zusage Gottes für einen Dienst, der nur unter der Verheißung der Geistesgaben annehmbar und durchführbar ist. Die Erfahrung der charismatischen Erneuerung wird als nachträgliche Bestätigung dieser in der Ordination gegebenen Verheißung interpretiert.

2.7. »Zu Christus führen« – Missionarisches Wirken

2.7.1. Zeugnis geben

Auf Rüstzeiten versammelt man sich zu Zeugnisstunden. Bei evangelistischen Veranstaltungen haben die Zeugnisberichte von Laien neben der Verkündigung ihren festen und wichtigen Ort. Jugendliche zeigen einen vorher nicht gekannten Eifer, im spontanen persönlichen Zeugnis auch von Mensch zu Mensch zu evangelisieren (vgl. o. S. 35). Pfarrer berichten, daß sie in der Begegnung mit der charismatischen Bewegung eine »neue Predigtfreudigkeit« gewonnen hätten. Mit der Durchdringung ihres eigenen Lebens und Alltags durch den Heiligen Geist sei ihre Predigt erst wirklich zum Zeugnis geworden.

Die Bereitschaft, in den verschiedensten Situationen weiterzusagen, was man selbst erfahren habe, Zeugnis zu geben, um andere »zu Christus zu führen«, wird als ein wesentliches Kennzeichen der Christusnachfolge angesehen. Die Weitergabe von Erfahrungen im Zeugnis erscheint als selbstverständliche und notwendige Konsequenz der eigenen Umkehr. Zugleich ist dabei deutlich: Nur wer selbst zu Christus geführt worden ist, kann andere zu Christus führen. Durch die eigene Glaubenserfahrung wird das Zeugnis gegenüber anderen glaubwürdig.

Die Zeugnisberichte sind vom Erleben und der Gewißheit des eigenen Glaubens bestimmt, die in Erfahrungssätzen an andere weitergegeben werden. »Ich habe Freude im Herzen, ich spüre tiefen Frieden, ich fühle mich wie neugeboren ...« Bezeugt werden z. B. Gebetserhörungen, Erlebnisse besonderer Führung, charismatische Erfahrungen, z. B. Krankenheilungen, oder auch die Befreiung von Schuld und belastenden Bindungen. Im Unterschied zu anderen pietistischen Traditionen bestehen aber z. T. erhebliche Bedenken gegenüber Berichten von Bekehrungserlebnissen. Wiederholtes Erzählen von der eigenen Bekehrung verleite dazu, sich auf der einmal geschehenen Bekehrung auszuruhen, und lenke damit von der Notwendigkeit des Wachsens im Glauben ab. Dies schließt jedoch nicht aus, daß auch die grundlegenden Erfahrungen im Zeugnis ihren Platz haben.

Dabei kann die starke Betonung der persönlichen Erfahrung im Zeugnis auch Probleme aufwerfen, wenn z. B. Jugendliche ihre eigene charismatische

Erfahrung vorschnell zum Maßstab auch für andere machen. Daß hier ein Problem gesehen wird, wird z. B. daran deutlich, daß die Zeugnisberichte in den Evangelisationsveranstaltungen in der Regel nicht spontan gegeben werden, sondern vorher von Verantwortlichen geprüft werden.

2.7.2. Der Zeuge

Wer andere zu Christus führen will, muß durch sein persönliches Leben selbst ein Zeugnis seines Glaubens ablegen. Durch ihr Leben in der Nachfolge sollen die Christen sich als »Salz« und »Licht« der Welt erweisen. Maßstab ist immer wieder Christus selbst. Gegenüber der modernen Kategorie von der »Selbstverwirklichung« des Menschen wird die wachsende Christusgemäßheit als Lebensziel betont. Der Christ solle nicht danach streben, sich selbst zu verwirklichen, sondern Christus in der eigenen Existenz immer deutlicher zur Wirkung kommen zu lassen. Der eigene Lebensvollzug wird so zum wirksamen Gleichnis für Christi Handeln am Menschen.

Zeuge sein bedeutet in den Gruppen auch immer »Haushalterschaft«. Im Konzept der »verantwortlichen Haushalterschaft« spielt die Integrität des eigenen Handelns in allen Bezügen des Lebens eine besondere Rolle. Es geht nicht darum, durch Appelle und spektakuläre Aktionen Einfluß zu nehmen auf politische und gesellschaftliche Situationen. Es geht vielmehr um die Änderung des eigenen Lebensstils und um den verantwortlichen Umgang mit den eigenen – und wenn noch so geringen – Mitteln. Daher gibt es keine Ansätze zu sozialen Programmen. Globale Probleme (Krieg, Hunger, Unterdrückung usw.) werden oft aus konkretem Anlaß in die Fürbittgebete aufgenommen; aber das akute sozial-ethische Engagement der Kirchen wird meist skeptisch betrachtet. Man plädiert für die »kleinen Schritte«, die immer das eigene Verhalten und den Umgang mit den dem einzelnen zur Verfügung stehenden Mitteln betreffen. Das konkretisiert sich vor allem in zwei Bereichen: In der Übernahme diakonischer Aufgaben und Dienste und im Verhältnis zum Geld.

Abgesehen davon, daß sich jedes Mitglied der Gruppen für den anderen – oft mit direkter Beauftragung – verantwortlich weiß, übernehmen viele diakonische Aufgaben in ihrem speziellen Lebensbereich. Der Vergleich mit der Arbeit der Volkssolidarität wurde in einem besonderen Fall nicht gescheut. Viele Jugendliche haben sich für diakonische Berufe entschieden und stellen heute einen großen Anteil der Auszubildenden in den kirchlichen Ausbildungsstätten. Als Impuls für diese Entscheidung wird immer die Änderung der subjektiven Einstellung zum Leben angegeben, die durch die Hingabe des ganzen Lebens an Christus erfolgt ist.

Immer wieder wird betont, daß damit auch ein neues Verhältnis zu den weltlichen Gütern gewonnen wird. Oft wird das auf die Einstellung zur Arbeit bezogen und auf den Umgang mit dem eigenen Geld. Fast ausnahmslos wird der »Zehnte« gegeben, oft sogar neben der obligatorischen Kirchensteuer. Wo die Bewegung fest in die Gemeinde integriert ist, gibt es daher für die Gemeinden keine Geldschwierigkeiten. In einzelnen Fällen wurde berichtet, daß freiwillige – vorübergehend hauptamtliche – Mitarbeiter aus eigenen Mitteln bezahlt wurden. Viele Gruppen stellen »überschüssige« Geldmittel auch für Hilfsaktionen der Kirchen zur Verfügung. In einer einzigen Ephorie, in der die Jugendarbeit von der charismatischen Bewegung durchdrungen ist, erreichte das Jugenddankopfer in einem Jahr (1977) 38 000,– M.

Maßstäbe für ein christusgemäßes Leben werden teilweise in konkreten Ordnungen festgehalten. So gibt es in Bräunsdorf eine Lebens-, Dienst- und Ständeordnung (vgl. o. S. 85). Allerdings ist dieses Leben in festen Ordnungen selbst im Christusdienst nicht unumstritten. Der Zeugnischarakter des von Christus geprägten Lebens werde durch die Ordnungen behindert, weil dadurch die Gemeinde als abgesonderte Gruppe erscheine. Dies bedeutet allerdings nicht, daß nicht bestimmte Verbindlichkeiten durchaus ein typisches Kennzeichen der Gruppen sind (vgl. o. S. 43f.). Gerade für den Zeugen haben sie besondere Bedeutung.

In einigen Gruppen werden Tabak und Alkohol grundsätzlich abgelehnt. Dadurch erhält man um so mehr die Möglichkeit, Suchtgefährdeten zu helfen, eine Aufgabe, die sehr ernst gesehen und offenbar auch mit einigem Erfolg wahrgenommen wird.

2.7.3. Evangelisation

Das missionarische Wirken der Gruppen beschränkt sich nicht auf das eigene Glaubens- und Lebenszeugnis. Vor allem die Rüstzeiten weisen mitunter evangelistische Elemente auf. So wechseln beispielsweise bei den Kirchenwochen in Niesky-See Anbetungs-, Gebets- und Segnungsstunden, evangelistische Veranstaltungen und Gottesdienste einander ab, wobei grundsätzlich alle Veranstaltungen für alle Interessierte offen sind. Auch bei den Jugendtreffen in Großhartmannsdorf haben einige Programmteile eine evangelistische Tendenz. Die Anziehungskraft solcher Treffen auf Jugendliche im ganzen Raum der DDR hängt damit zusammen.

Daneben gibt es besondere evangelistische Einsätze. Als eine spezifische Form ist die Mannschaftsevangelisation zu nennen. Ihre Wurzeln hat sie einerseits in der pietistischen Konzentration auf die ausdrückliche Bekehrung des einzelnen Menschen, andererseits in der Gruppenbewegung mit Eingliederung des einzelnen in die Gemeinschaft. Die Durchführung einer solchen Evangelisation beginnt mit der Vorbereitung der Mannschaft. Sie wird so ausgewählt, daß möglichst unterschiedliche Personen zusammen wirken: Frauen und Männer, Ältere und Jüngere, Verheiratete und Ledige, sowie verschiedene Berufsgruppen. Durch seelsorgerliche Aussprachen, Stille Zeit, Gebet und Abendmahl werden zunächst die eigenen Probleme bereinigt und eine in Christus stabilisierte Ausgangsposition geschaffen. Dann einigt man sich über das Ziel, das darin besteht, eine Gruppe »mündiger Christen« zu bilden, die als Kerngruppe in der betreffenden Gemeinde anzusprechen ist. Daher ist es wichtig, daß auch der Pfarrer der zu evangelisierenden Gemeinde mit diesem Ziel übereinstimmt und bei der Durchführung und Nacharbeit der Evangelisation beteiligt ist. Schließlich wird eine kleine Führungsgruppe gebildet, Aufgaben werden verteilt, und die äußere Situation der Gemeinde wird erkundet. Die Thematik wird von dem Ziel bestimmt: einzelne in eine Gruppe von Nachfolgern Christi zu berufen. Während der Evangelisation ist der ganze Tagesablauf genau festgelegt: Der Vormittag gilt der eigenen geistlichen Vorbereitung, der Nachmittag wird häufig für Bibel- und Kinderstunden genutzt, und der Abend ist einer höchstens 75 Minuten langen Evangelisation gewidmet. Oft werden im Anschluß seelsorgerliche Gespräche geführt. Für die Nacharbeit ist das Einüben der verbindlichen Nachfolge in einer Gruppe notwendig. Dafür wird eine sogenannte »geistliche Vaterschaft« als erforderlich angesehen, das heißt, jedem einzelnen in der Gruppe wird ein anderer, in der Christusnachfolge erfahrener Christ zugeordnet, der auf mehrere Jahre sich ausdrücklich für das neue Mitglied der Gruppe verantwortlich weiß.

Neben dieser spezifischen Form der Mannschaftsevangelisation gibt es die Einzelevangelisation mit einer Mannschaft. Beispielhaft sei hier die Methode Theo *Lehmanns* beschrieben. Er ist hauptamtlich angestellt als Evangelist in der sächsischen Kirche. Auf Anforderung wird er in Gemeinden im Raum der DDR tätig. Er besucht lange vorher die betreffenden Gemeinden und bildet dort eine Mannschaft auf Allianzebene. Es werden Gruppen gebildet für einzelne Dienste, wie Werbung, Ordnung, Finanzen usw. Die Organisation der Mannschaft beschränkt sich vor allem auf äußere Dinge, aber es gibt auch eine Gruppe, die für nachträgliche seelsorgerliche Gespräche zuständig ist. Für die Gestaltung der Abende besorgt Theo Lehmann selbst Musiker oder eine Band, die etwa die Hälfte der Veranstaltungszeit ausgestalten. Der Schwerpunkt liegt auf der Verkündigung, die als zupackend, humorvoll und persönlich ansprechend beschrieben wird. Die Mannschaft versammelt sich vor der Veranstaltung zu gemeinsamer Abendmahlsfeier, und sie übernimmt die jeweilige Nacharbeit. Auch hier geht es darum, die Erweckten in Stille-Zeit-Kreise aufzunehmen und sie seelsorgerlich zu begleiten. Das aber wird der Mannschaft am Ort selbst überlassen.

Eberhard *Laue* führt Evangelisationsrüstzeiten mit gleichzeitigem evangelistischem Einsatz durch. Die Teilnehmer einer solchen Rüste bereiten sich ähnlich auf den jeweiligen Abend vor, lernen aber gleichzeitig einige methodische Dinge für die eigene evangelistische Arbeit.

Daneben gibt es aber auch Einzelevangelisten, wie man es aus der volksmissionarischen Arbeit gewöhnt ist, die von einem Zentrum (Schniewindhaus: Peter *Fischer*) ausgesendet werden.

Im Unterschied zur einseitigen Bekehrungs-Evangelisation wird zumeist – wie in der Mannschaftsevangelisation beschrieben – auf die Eingliederung des Erweckten geachtet, seine verbindliche Teilnahme an den Zusammenkünften einer geistlich erneuerten Gruppe und die Vertiefung des christusgemäßen Lebens in der Mannschaftsgruppe.

2.7.4. Sammlung und Sendung

Die beschriebenen Evangelisationsmodelle zeigen bereits den Zusammenhang von Sammlung und Sendung. Der Missionierungswille hat nicht nur ein Ziel in Richtung auf den Außenstehenden, sondern ebensosehr die Richtung nach innen: die Befestigung der eigenen Glaubensgemeinschaft. Daher richtet sich das Interesse auch nicht so sehr auf die einmalige Bekehrung des Angesprochenen, sondern mehr auf seine Eingliederung in die Gemeinschaft. Es geht nicht um die Zustimmung zu einem Bekenntnis, sondern um das Ergreifen und Praktizieren einer Wahrheit.

Missionarisches Wirken wird immer im Zusammenhang mit dem eigenen Glaubensvollzug gesehen. Der Kirche wird daher gelegentlich zum Vorwurf gemacht, sie belehre und missioniere zwar ständig, vernachlässige darüber aber den geistlichen Vollzug, die innere Sammlung, das christusgemäße Leben in der Gemeinde. Der Vollzug des geistlichen Lebens in der Gruppe wird nicht nur als beispielgebend, sondern auch als (indirekt) missionierend wirksam angesehen. Die Erlösungskräfte Gottes gehen immer durch den Kanal Mensch; das bedingt einerseits die Notwendigkeit, dem Wirken des Heiligen Geistes im eigenen Leben Gestalt zu geben, andererseits die Aufgabe, diese Wirkung auf andere weiterzugeben. Beides ist nicht voneinander zu trennen.

In der sächsischen Volksmission gilt die Devise: »Jeder ein Missionar!« Dieser Ruf scheint vor allem bei Jugendlichen auf fruchtbaren Boden zu fallen, während andere Gruppen stärker auf die Sammlung und Stärkung der eigenen Kräfte in der engeren Gemeinschaft ausgerichtet sind.

Gerade im Zusammenhang mit dem Aufbruch charismatischer Phänomene wird davon gesprochen, daß es Zeiten der Erweckung und Zeiten der Sammlung gebe, die einander ablösen. Pfarrer *Hering* in Potsdam beschreibt es so:

»Der charismatische Aufbruch in der Jugend geschah völlig unerwartet und traf uns zumeist ganz unvorbereitet. Wenn sich heute etwas Ähnliches ereignen würde, könnte vielleicht manches anders laufen. Aber die Zeit des geistlichen Aufbruchs, der überquellenden Versammlungen und großen Zahlen ist vorbei. Jetzt gilt es zu sammeln, was geblieben ist, zu lernen und zu vertiefen.«

Dieser Trend von der Sendung zur Sammlung ist allgemein zu beobachten. Es überwiegen die Gruppen, die ganz auf Sammlung konzentriert sind. Aus der Leitung des Christusdienstes Thüringen war sogar zu hören, man bedauere ein wenig, daß die Erneuerungsbewegung in jüngster Zeit »in den kirchlichen Schaukasten gestellt« werde. Sosehr man die Überwindung von Ignoranz und Intoleranz seitens der kirchlichen Institution begrüßt, so unangemessen empfindet man doch die Rolle einer missionarischen Avantgarde innerhalb der Kirche.

2.8. »Maranatha« – Endzeit und Weltzeit

2.8.1. Zeichen der Endzeit

Es fällt auf, wie verbreitet und ausgeprägt in vielen Gruppen und bei einzelnen die Überzeugung ist: »Wir leben in der Endzeit, der Herr kommt bald.« Diese Überzeugung gewinnt man durch die heilsgeschichtlich-apokalyptische Interpretation heutiger Ereignisse: Politisch sieht man z. B. in den Vorgängen im Nahen Osten, kosmisch in den zahlreichen Erdbeben, in der ökologischen Problematik, im weltweiten Hunger und kirchlich u. a. in der charismatischen Bewegung selbst Zeichen für das nahe Ende der Welt und die Wiederkunft Christi. Auch Vorstellungen wie die vom Tausendjährigen Reich spielen bei manchen eine Rolle. In den Gebeten hat die Bitte um das Offenbarwerden der Kinder Gottes, für das man offensichtlich Ansätze in der gegenwärtigen Erneuerung sieht, und vor allem die Bitte »Maranatha – Komm, Herr Jesus« einen festen Platz.

2.8.2. Was sagt die Bibel?

Die Orientierung an biblischen Aussagen und deren spezifische Interpretation wird in diesem Bereich besonders deutlich. Das gilt vor allem für die persönliche Hoffnung des einzelnen (Auferstehung, Entrückung, Leiblichkeit, ewiges

Leben). Mit der persönlichen Hoffnung ist die Enderwartung für die Gemeinde und die Welt eng verbunden. Auch hier orientiert man sich unmittelbar an den Aussagen der Bibel über die Endzeit und das Kommen Jesu. Dabei fällt die Verbindung vom wörtlichen Verstehen der Aussagen über die Endgeschichte (Kommen auf den Wolken des Himmels, Gericht, Verhältnis der Endzeitgemeinde zur Welt) und der allegorischen Ausdeutung apokalyptischer Texte (Offenbarung, Daniel, Hesekiel) auf gegenwärtige Ereignisse und Zustände auf. Diese Betrachtung der Weltgeschichte verbindet sich mit einem z. T. ausgeprägten Dualismus zwischen Welt- und Heilsgeschichte und bestimmt weitgehend auch das Verhältnis zum Staat und zum gesellschaftlichen Engagement (s. u. S. 94).

2.8.3. Im Zentrum: Israel

Das heilsgeschichtliche Hauptinteresse gilt der Entwicklung um Jerusalem und Israel. Die Zusammenführung des äußeren Israel sei endzeitlich zu deuten. Im Nahen Osten fällt die Völkerentscheidung. Das Interesse an Israel geht von einer ungebrochenen Kontinuität vom Volk des alten Bundes über die Juden in der Zerstreuung bis zum heutigen Israel aus. Zwischen Volk und Staat Israel wird nur selten differenziert. Die politischen Tagesereignisse werden aufmerksam verfolgt, wobei Friedenslösungen auf der gegenwärtigen Grundlage z. T. nur geringe Bedeutung abgewonnen wird. Starkes Interesse besteht auch an der christlichen Judenmission und der religiösen Entwicklung in Israel: Nehmen sie den Glauben an? In einer Öffnung Israels für das Evangelium würde sich die Nähe der Wiederkunft Christi zeigen, die (z. B. Röm 11,11–15) eng mit der Annahme Israels zusammengesehen wird. So ist Israel und seine Geschichte ein ständiges Gebetsanliegen: Thematische Gebetsreihen widmen sich der gesamten Heilsgeschichte des Volkes Gottes. In einem Gebetsformular zu den Bitten des Vaterunsers gelten Israel zwei Drittel des Textes zur zweiten Bitte. Ein Gebetsbrief mahnt: »Gesegnet wird, wer das Volk des Bundes segnet. Tue es!«

2.8.4. Welt und Staat

Die Welt läuft nach Gottes Plan auf ihr Ende zu; sie ist im Kern widergöttlich und nicht zu retten. Deshalb ist keine Fortschrittsideologie im Recht. Man selbst sei durch die Übergabe an Christus der Weltkatastrophe entkommen. Von dieser Grundposition aus bringen viele dem Engagement für eine bessere Welt nur wenig Verständnis und Sympathie entgegen. Andere billigen es denen zu, die »dahin geführt« werden, sehen aber keine spezifische Aufgabe der Kirche im Eintreten für Frieden und Gerechtigkeit. Das Leben des einzelnen in der Nachfolge Christi müsse aber auch ein persönlich verantwortliches Leben angesichts der Weltprobleme einbeziehen. Das Zeugnis für Christus und ein Leben mit ihm schließt soziale Solidarität ein. So kann eine Gruppe für sich auch den Leitsatz formulieren: »Wir stellen uns bewußt in die Welt.«

Als normale »weltliche« Phänomene werden im allgemeinen Sozialismus und Marxismus gewertet. Sie stehen »unter Gottes Zulassung« und bilden den Rahmen für unser Leben und Zeugnis. Nur vereinzelt wird der Sozialismus ausdrücklich bejaht. Auch eine Herausforderung, die zu sachlich-kritischer Auseinandersetzung nötigt, wird im Marxismus nur selten gesehen. Als ganzheitliche Weltanschauung, die vom Atheismus geprägt ist, wird er häufig abgelehnt.

Auch der Staat ist eindeutig vorletztes Phänomen. Die klassischen biblischen Grundpositionen (Röm 13, Mt 22,21; Jer 29,7) stehen klar in Geltung. Bisweilen wird dem Staat ausdrücklich eine Rolle in der göttlichen Erhaltungsordnung konzediert. So wird stets betont, daß man ein loyales Verhältnis zu den örtlichen Staatsorganen habe, daß man sich (gegenseitig) respektiere, daß man zusammenarbeite, wo es möglich ist, und daß man keinen Anlaß habe, Probleme zu dramatisieren. Staat und Regierung sind in die Fürbitte ständig einbezogen. Im ganzen wird diesen Fragen aber wenig grundsätzliche Aufmerksamkeit gewidmet. Jesus habe ja auch keine Vorträge über das Römerreich gehalten. So wird dieses Thema auf Rüstzeiten und in Kreisen selten ausdrücklich behandelt. In der persönlichen Seelsorge werden aber die Fragen aufgenommen, die sich dem einzelnen stellen; denn gerade in der Jugend wird die charismatische Bewegung häufig deutlich als Alternative zur oberflächlichen oder auch engagierten Mitarbeit in gesellschaftlichen Organisationen gesehen. So ist man bestrebt, in der Seelsorge und im gelegentlichen Gespräch in der Gemeinschaft den einzelnen zuzurüsten für ein Leben der Nachfolge im Beruf, im gesellschaftlichen Alltag und angesichts der Weltprobleme.

3. Verhältnis zur Kirche

Angesichts der spezifischen Ausprägung von Frömmigkeit und Theologie gewinnt die Frage nach dem Verhältnis zwischen der charismatischen Bewegung und der Kirche ihre besonderen Konturen und ihre besondere Brisanz. Es zeigt sich, daß dieses Verhältnis bislang auf keiner Seite theologisch bedacht zu sein scheint. Vielmehr wird auf beiden Seiten deutlich pragmatisch vorgegangen, nicht zuletzt aufgrund des Fehlens ausreichender Informationen. Derselbe Vorbehalt gilt auch für diesen Teil des vorliegenden Berichtes. Die dafür verfügbaren Angaben und Einschätzungen sind in ihrer Mehrzahl stark subjektiv gefärbt und einseitig empfunden. Infolgedessen kann hier nur ansatzweise Näheres über das Verhältnis zwischen der charismatischen Bewegung und der Kirche mitgeteilt werden, und dies zumeist aus dem Blickwinkel von Vertretern eben der charismatischen Bewegung.

3.1. Formen des Verhältnisses zwischen der charismatischen Bewegung und der Kirche

Ein betontes Anliegen der Mehrzahl der in der charismatischen Bewegung Engagierten ist ihr unbedingter Wille, mit ihrem Glauben und Leben völlig in der Kirche zu stehen und ihr zu dienen. Dieses Wollen ist jedoch nicht in jedem Falle realisierbar, da die verschiedenen, das Verhältnis zwischen der charismatischen Bewegung und der Kirche bestimmenden Faktoren (lokale, persönliche und theologische Prämissen) einander nicht immer bedingen, sondern oft gegeneinander zu laufen scheinen. Das Erscheinungsbild dieses Verhältnisses ist insofern nicht einheitlich, sondern spannungsvoll und kann zuweilen direkt gegensätzliche Züge tragen. Es können deshalb auch hier nur gewisse Grundmodelle des gegenseitigen Verhaltens erfaßt werden, das in Wirklichkeit vielfältige Zwischenstufen aufweist.

3.1.1. Integration in die Kirche

a) Wo Pfarrer die Träger der charismatisch geprägten Arbeit in den Gemeinden sind, ist die Integration in die Gemeinde häufig kein Problem. Sie ist fraglos auch dort gegeben, wo direkt insitutionalisierte Formen kirchlicher Arbeit gefunden worden sind: Das Schniewindhaus in Salzelmen ist eine Einrichtung der Evangelischen Kirche der Kirchenprovinz Sachsen; der Volksmissionskreis Sachsen ist an die Innere Mission angeschlossen und gehört wie die Missionarischen Dienste Südharz zur Arbeitsgemeinschaft Missionarische Dienste.

Darüber hinaus aber wird allgemein, auch angesichts von Spannungen, der Integrationswille betont, wird unterstrichen, man wisse sich als eine Erneuerungsbewegung *innerhalb* der Kirche, aus der man sich auch durch Schwierigkeiten nicht herausdrängen lassen wolle. Die Kirche sei von Gott gegeben, sie dürfe nicht geteilt werden. Verschiedentlich wird das bekenntnisgemäße Fundament im Luthertum unterstrichen.

b) Dem entsprechen die Feststellungen hinsichtlich des Auftrages, den man in der Kirche zu erfüllen sucht. So wird etwa betont, man sei bereit, die Arbeit in der Gemeinde mitzutragen, man verstehe sich als ein Zweig der Gemeindearbeit neben anderen. Der Pfarrer könne ja nicht alles allein tun. Meist aber wird der Auftrag, vor den man sich gestellt sieht, sehr viel deutlicher bezeichnet und damit zugleich ein wesentliches Stück eigenen Selbstverständnisses beschrieben. Man versteht sich als Dienstgruppe, als aktiver Kern der Gemeinde. Die Selbstbezeichnung »Erneuerungsbewegung« gibt die Richtung an, dafür möchte man Zelle sein und Sauerteig, damit die Kirche neu aktiviert und geheilt werde. Gerade um dieses Anliegens willen fühlt sich eine beträchtliche Zahl von Pfarrern und Jugendmitarbeitern der Bewegung verbunden.

Beweiskräftiges Zeugnis für dieses Wollen und die Bereitschaft, der Kirche zu dienen, ist die teilweise hohe Zahl von Jugendlichen aus den Kreisen der charismatischen Bewegung, die in eine kirchliche Ausbildung eintreten.

Bemerkenswert ist auf der anderen Seite die Anerkennung durch die Kirche aus dem Eindruck heraus, die Kreise der Bewegung seien Missionsstationen da, wo das kirchliche Leben schon nahezu erloschen war.

c) Der Wille zur Integration zeigt sich auch in der Bereitschaft zur Mitarbeit in den gegenwärtigen kirchlichen Leitungsgremien. Glieder der Bewegung arbeiten in Gemeindekirchenräten mit, einzelne sind Mitglieder von Synoden und Kirchenleitungen. Und auch hier kann darauf hingewiesen werden, daß die Intentionen dazu auf beiden Seiten bestehen. Ein Bischof hat ausdrücklich um die Mitarbeit in Synode und Kirchenleitung gebeten.

d) Das Verhältnis zu den Amtsbrüdern wird häufig als offen und brüderlich geschildert, getragen von dem Wollen, sich gegenseitig zu verstehen und zu tragen. Hingewiesen wird gern auf positive Äußerungen von Bischöfen und anderen kirchenleitenden Persönlichkeiten.

e) Schließlich wird auch gelegentlich betont, daß die Kirche sehr wohl zuweilen Grund zu Kritik an und Warnung vor Erscheinungen innerhalb der charismatischen Bewegung habe. Man sehe selber Übersteigerungen sowie die Gefahr der Separation und versuche, ihnen zu begegnen.

3.1.2. Gegenseitiges Ertragen

Daß das Verhältnis zwischen Kirche und charismatischer Bewegung nichtsdestoweniger spannungsvoll ist und bleibt, zeigt sich mancherorts, wo gleichsam nur unter Ausklammerung der brisanten Fragestellungen ein Modus gegenseitigen Respektierens aufrechterhalten werden kann bzw. durch faktisches Nichtverstehen des anderen ein Zustand des Nebeneinanderherlaufens entstanden ist.

a) Das betrifft den Status der verschiedenen Kreise innerhalb der Gemeinden. Hier ist eine gegenseitige Achtung zuweilen offenbar schon das Maximum des Erreichbaren, wenn nicht gar – vor allem seitens der Kirche – die bloße Duldung, und auch dies lediglich aus Einsicht, keine durchgreifenden Mittel gegen den »Kreis« in der Hand zu haben. Die Herausbildung von Sondergruppen ist vor allem in der Jugendarbeit häufig. Abhängig scheint das Verhältnis in jedem Falle von der persönlichen Einstellung des jeweiligen Pfarrers.

b) Das betrifft zum anderen die Ebene der Begegnung der von der Bewegung erfaßten Pfarrer mit ihren Amtsbrüdern. Auch dieses Verhältnis wird gelegentlich beschrieben als gegenseitiges Respektieren (bei Ausblenden der umstrittenen Bereiche), als gegenseitige Achtung trotz nicht zu übersehender Spannungen in den Konventen oder gegenseitigen Nichtverstehens, wenn entsprechende Fragenbereiche angesprochen werden. Dabei wird jedoch seitens der Vertreter der charismatischen Bewegung immer wieder die eigene Gesprächsbereitschaft unterstrichen, wie überhaupt häufig festgestellt wird, daß ein langsamer Abbau der Vorbehalte bei den Pfarrern der Umgebung erfolgt.

3.1.3. Polarisation

Der zuweilen sehr zugespitzt vorgetragene ekklesiologische und geistliche Anspruch in der Bewegung führt mitunter jedoch fast bis an den Rand der Separation. Die Gefahr ist vor allem dort gegeben, wo die Verantwortlichen in den Gemeinden kein Verständnis für die Bewegung aufzubringen vermögen. Das kann bereits beim Nebeneinander von verschiedenen Kreisen in einer Gemeinde beginnen, setzt sich fort in eigenen »geistlichen Konventen« von Leitern charismatischer Gruppen und erfährt seine letzte, zunächst noch theoretische Vollendung in der Herausbildung eines eigenen Selbstbewußtseins (als *»ekklektoi«*) gegenüber der Kirche bei gleichzeitiger radikaler Ablehnung durch die Kirche.

a) Die Haltung vieler Pfarrer zur charismatischen Bewegung wird von deren Vertretern teilweise als apathisch abwehrend, ablehnend, belächelnd, zynisch, ohne Verständnis, bestimmt von Ignoranz, neidisch empfunden. Dem entspricht seitens einiger Gruppen der Bewegung das Bewußtsein, außerhalb der Gemeinde zu stehen oder gar mit ihrem Kreis direkt ein Alternativmodell zur Kirche darzustellen: Allein »der Kreis«, und zwar neben der Kirche, biete noch die Chance eines Überlebens als Christ. Umgekehrt wird von Gliedern der Gemeinde, auch von Pfarrern, Studenten der Theologie u. a., die nicht zur charismatischen Bewegung gehören, vorgebracht, sie fühlten sich als Christen zweiten Grades eingestuft, sähen sich als erst noch zu Bekehrende seelsorgerlich bedrängt oder in ihrem Einsatz direkt unter Druck gesetzt.

b) Zu wirklichen Polarisationen ist es in der Jugendarbeit gekommen, ohne Beschränkung auf eine Landeskirche. Da in der Bewegung unter der Jugend die eigentlichen charismatischen Elemente besonders deutlich hervortraten und auch in die Öffentlichkeit getragen wurden, kam es sehr schnell einerseits zu Differenzen innerhalb der Jugendarbeit, andererseits zu Spannungen zwischen den von der Bewegung erfaßten Jugendlichen und den Gemeindepfarrern. Die neuen Erfahrungen wurden entschieden geltend gemacht, oft gepaart mit harter Kritik an den bisherigen Formen der kirchlichen Arbeit, teilweise auch regelrecht geistlich und charismatisch radikalisiert. Wenn demgegenüber die Pfarrer eine ähnliche Intoleranz zeigen, die Bewegung allzu kritisch abqualifizieren, gegen alles, »was nach Pietismus aussieht«, Frontstellung beziehen oder (in den Augen von Vertretern der Bewegung) überhaupt »einen anderen Geist« haben, ist der offene Konflikt unvermeidbar.

c) Die Gefahr einer Polarisierung ist schließlich mit dem Verhältnis der charismatischen Bewegung zur »modernen Theologie« gegeben. Einige Beobachtungen weisen jedenfalls in diese Richtung. Einige begnügen sich damit, die Ablehnung einfach festzustellen und auf die »Früchte der ›modernen‹ Theologie« zu verweisen, ihren offensichtlichen Mißerfolg. Andere – insbesondere Theologiestudenten – sind über diese Probleme in ausgesprochene Konfliktsituationen geraten. Die Kritik richtet sich gegen das Theologiestudium allgemein, das zuwenig glaubensbezogen, zuwenig vom Heiligen Geist getragen und zu einseitig wissenschaftlich ausgerichtet sei und deshalb nicht dem Evangelium dienen könne. Die Kritik richtet sich besonders gegen die historisch-kritische Exegese, die kein Hören mehr auf die Bibel als auf das Wort Gottes zulasse. Dozenten wie Studenten fehle es am Heiligen Geist, an Wiedergeburt und neuem Leben. Gerade in den theologischen Ausbildungsstätten scheinen aufgrund der dort besonders dichten Strukturen auch die Sachfragen von Theologie und Frömmigkeit bisweilen besonders hart gegeneinander zu stehen.

3.2. Sonderökumene?

Einen besonderen Akzent erhält das Verhältnis von charismatischer Bewegung und Kirche durch einen speziellen Blick auf die konfessionelle Komponente der Bewegung. Das ökumenische Wollen zeichnet besonders eindrucksvoll die Basis des »geistlichen Mitarbeiterkreises« in Leipzig:

»Wir wissen, daß niemand CHRISTUS *ganz* meinen kann, der nicht auch zugleich SEINE Kirche meint.

Darum öffnen wir uns weit dem ökumenischen Anliegen, treten in fortwährender Fürbitte für die *Einheit* der Kirche ein und suchen Klarheit über unseren Stand bzw. unsere Einordnung in die GESAMTKIRCHE JESU CHRISTI ...

Darüber hinaus wollen wir, sowohl in unseren Heimatorten als auch bei unseren Treffen, ganz praktisch *Einheit leben* mit den verantwortlichen Hirten der Gemeinden und bewußt den ökumenischen Kontakt zu den Brüdern anderer Konfessionen suchen ...« (vgl. dazu o. S. 81).

Solchem Wollen entspricht auf der einen Seite die bewußte Stellung innerhalb der verfaßten Kirche, auf der anderen Seite eine deutliche Bereitschaft, Glieder anderer Kirchen und Gemeinschaften in den Gruppen willkommen zu heißen und sie in die Bewegung zu integrieren, ohne die konfessionelle Frage extra zu thematisieren, nicht zuletzt aber ein bewußtes Engagement für die Annäherung der Kirchen. Dabei kann der Glaube an die Einheit seinen praktischen Ausdruck im gemeinsamen bruderschaftlichen Leben und auch in der gemeinsamen Abendmahlsfeier (Interkommunion und Interzelebration) finden.

3.2.1. Transkonfessionalität

Abgesehen von den Kreisen, die unter anderen Gesichtspunkten verhältnismäßig homogen zusammengesetzt sind (beschränkt auf eine Ortsgemeinde, eine Ausbildungsstätte, einen Kreis von Pfarrern o. ä.), ist die Transkonfessionalität der Arbeit in der charismatischen Bewegung eigentlich die Regel. Sowohl übergemeindliche Kreise wie Rüstzeiten der Jugend und Evangelisationswochen führen Vertreter aller Gliedkirchen des Bundes der evangelischen Kirchen in der DDR, der evangelischen Freikirchen wie auch anderer Kirchen und Gemeinschaften zusammen. Genannt werden: Glieder der Landeskirchlichen Gemeinschaft, Methodisten, Baptisten, Katholiken, der Katholisch-Apostolischen Gemeinden sowie der Gemeinschaft der Siebenten-Tags-Adventisten, vereinzelt werden auch Glieder der Brüdergemeine und der Pfingstgemeinden Elim erwähnt. Wie wenig sich die Bewegung konfessionell festlegen läßt, im Gegenteil im Verfolgen des eigenen spezifischen Ansatzes Gemeinschaft und Förderung von den verschiedensten Seiten annimmt, zeigen die vielfältigen ökumenischen Kontakte. So wird z. B. aus Niesky-See von ausländischen Christen berichtet, die mit derselben Selbstverständlichkeit integriert werden wie die Glieder anderer Kirchen und Gemeinschaften des eigenen Raumes, aber den allgemeinen räumlichen und geistlichen Horizont der Bewegung erheblich vergrößern helfen.

Das Schniewindhaus Salzelmen pflegt ganz bewußt Kontakte mit ökumenischen Gruppen, auch aus Übersee.

Seit mehreren Jahren findet einmal im Sommer eine mehrtägige evangelisch-katholische Tagung von Pfarrern und Leitern von Gebets- und Bibelkreisen, die offen sind für Erfahrungen der charismatischen Erneuerung, statt.

Es wird darauf hingewiesen, daß die konfessionelle Frage in den kleinen Kreisen ebenso wie bei größeren Rüstzeiten nahezu ohne Belang bleibt. Es wird zwar – und das stimmt zur grundsätzlichen kirchenbejahenden Ausgangsstellung – Wert darauf gelegt, niemanden aus seiner Kirche herauszuholen, und auch die Zugehörigkeit zur eigenen Kirche und Konfession gelegentlich betont, jedoch nicht mit Berufung auf konfessionelle Eigenwege, sondern mehr im Sinne des Wahrnehmens vorgegebener Bewährungsräume sowohl für die eigene Berufung wie für den Auftrag, an der Auferbauung des Leibes Christi durch den Heiligen Geist teilzunehmen über alle kirchlich gesetzten Grenzen hinweg.

3.2.2. Schwerpunkt Katholisch-Apostolische Gemeinden

Aus verschiedenen Orten wird von einer Mitarbeit von Gliedern der Katholisch-Apostolischen Gemeinden in den Kreisen, auf Rüstzeiten usw. berichtet. Auffallend ist dies insofern, als diese Gemeinden verhältnismäßig kleine Gruppen darstellen, zahlenmäßig kaum Bedeutung besitzen und zumeist am Rande der evangelischen Gemeinden ziemlich zurückgezogen ihres Glaubens leben. Andererseits kann ihre Anwesenheit in der charismatischen Bewegung insofern wenig überraschen, als die Katholisch-Apostolischen Gemeinden selber einer charismatischen Erweckungsbewegung entstammen (erste Hälfte des 19. Jh. in England), in der die Geistesgaben, besonders die Prophetie, eine besondere Bedeutung besaßen. Bei dem Versuch, eine endzeitliche Gemeinde über alle Grenzen von Kirchen und Denominationen hinweg zu sammeln, haben sie ein reiches liturgisches Leben entfaltet. Auch beim Aufbrechen der »klassischen« Pfingstbewegung in Europa am Anfang des Jahrhunderts wurden Beziehungen sichtbar.

Wie stark diese spezifische Tradition offenbar auch zur gegenwärtigen charismatischen Bewegung hinführt bzw. in sie hineinwirkt, zeigen verschiedene Beispiele: Ein Schwerpunkt liegt auf dem liturgischen Gebiet. Gelegentlich wird z. B. von Hausabendmahlsfeiern nach einem katholisch-apostolischen Formular berichtet. Auch auf dem Wege über spezielle Literatur (Edel-Verlag, u. a. Werke von und über *H. Thiersch*), die vielfach gelesen wird, werden die Anliegen jener Bewegung neu herausgestellt. Von daher lassen sich z. B. Einflüsse im Kirchen- und Amtsverständnis der charismatischen Bewegung erkennen (vgl. o. S. 84).

3.2.3. Konfliktfeld Gemeinschaft der Siebenten-Tags-Adventisten

Ziemliche Probleme wirft die Beteiligung von Gliedern der Gemeinschaft der Siebenten-Tags-Adventisten, über die verschiedentlich berichtet wird, auf, und zwar für diese selbst innerhalb ihrer Gemeinschaft. Obwohl offenbar stets nur einzelne oder kleine Gruppen vorhanden sind, stellen sie dennoch innerhalb der Gemeinschaft einen nicht zu unterschätzenden Faktor dar. Genannt werden von der Gemeinschaft selber eine Gruppe im Raum Karl-Marx-Stadt, wo offenbar auch hier das Zentrum liegt, und ein kleiner Kreis in Thüringen, Einflüsse, die von Berlin ausgehen. Offenbar ist eine ganze Reihe Prediger einbezogen.

Auch wenn die Adventisten seitens der evangelischen Kirche zu den Religiösen Sondergemeinschaften gerechnet werden, bestehen verhältnismäßig verbreitet Kontakte. Die Gemeinschaft selber bezeichnet sich gern als eine evangelische Freikirche. Die Schwierigkeiten liegen, wo sie auftreten, auch nicht in den konfessionellen Gegensätzen, sondern in Vorbehalten, die seitens der Leitung der Gemeinschaft bzw. einzelner Gemeinden vorgebracht werden:

Die Lehre trete gegenüber der religiösen Erfahrung in den Hintergrund; der Kreis, in dem solche Erfahrungen gemacht werden, schiebe sich vor die eigene Gemeinde (Teilnahme an Veranstaltungen!); Einzelgesichtspunkte würden wichtig, die nach adventistischer Lehre keinen solchen Schwerpunkt besitzen können, z. B. die Beichte mit Lossprechung; es entstehe ein Reformeifer, der andere aus der eigenen Gemeinde abzuwerben droht, als gäbe es z. B. nur dort wirkliche Seelsorge; der behauptete Wille zur Erneuerung der Kirche errege den Verdacht, daß es dabei um eine übergeordnete Gemeinde aus allen Kirchen und Gemeinschaften geht. Die konfessionelle Bindung scheine nur noch formell aufrechterhalten zu werden bei gleichzeitigem Streben nach Sammlung der echten Christen aus allen Kirchen und Konfessionen.

Zentrale Anweisungen der Gemeinschaft für das Verhalten gegenüber der charismatischen Bewegung gibt es offenbar nicht. Es wird betont, daß die Verantwortung für eventuelle Maßnahmen in jedem Falle bei der Einzelgemeinde liegt. In einer Reihe von Fällen ist es bereits zu Konflikten gekommen bis zum Gemeindeausschluß, wovon auch einige Prediger betroffen sind.

3.3. Charismatische Gruppen und Gnadauer Gemeinschaftswerk

In Berichten über das Verhältnis der charismatischen Bewegung zur Gemeinschaftsbewegung begegnet neben der Schilderung guter Zusammenarbeit und der Teilnahme von Gliedern der Landeskirchlichen Gemeinschaft an Aktivitäten der charismatischen Bewegung auch die Klage über eine entschiedene Gegnerschaft der Gemeinschaft. Hier scheint eine deutliche Differenzierung notwendig.

Es kennzeichnet offenbar nur die eine Seite, wenn des öfteren u. a. die Teilnahme von Gliedern der Landeskirchlichen Gemeinschaft an Gebetskreisen und dergleichen erwähnt wird. Ebenso scheint es unter örtlichen Gesichtspunkten gesehen werden zu müssen, wenn darüber hinaus von einem persönlich guten, brüderlichen Verhältnis zum Prediger der Gemeinschaft berichtet und darauf hingewiesen wird, daß teilweise, je nach Situation, die (größeren) Versammlungsräume der Gemeinschaft für bestimmte Veranstaltungen benutzt werden. Denn quer durch die Reihen der Gemeinschaft geht offenbar ein tiefes Mißtrauen gegen die charismatische Bewegung, gefördert durch eine Vielzahl von Faktoren, die das gegenseitige Verhältnis von vornherein in ein bestimmtes Licht rücken.

Es wird darauf hingewiesen, daß beide Bewegungen in ihrem Ansatz zu viele Gemeinsamkeiten aufweisen, um nicht sogleich Reibungszonen entstehen zu lassen, ferner darauf, daß – bis auf geringe Ausnahmen – die geographischen Schwerpunkte der charismatischen Bewegung unverkennbar in den Gebieten liegen, die seit alters zu »klassischen« Erweckungsgebieten zählen, wo insofern auch die Gemeinschaft ihre besonderen Schwerpunkte hat. Die Gemeinschaft hat häufig das Gefühl, hier würden ihre Glieder missioniert, was gleichzeitig als Kritik an ihrer eigenen Glaubenspraxis aufgefaßt werden kann. Von besonderer Bedeutung aber sind gewisse geschichtliche Erfahrungen: Die sogenannte »Berliner Erklärung« vor allem von Vertretern des Gnadauer Gemeinschaftsverbandes (1909) gegen die klassische Pfingstbewegung (worin u. a. festgestellt wurde, diese Bewegung sei »nicht von oben, sondern von unten«, von »Dämonen« gewirkt und habe »viele Erscheinungen mit dem Spiritismus gemein« u. ä., und darum vor ihr gewarnt wurde) bildet auch heute noch häufig die Argumentationsbasis der Gemeinschaft gegenüber der charismatischen Bewegung.

Besondere Probleme für das Verhältnis von charismatischer Bewegung und Gemeinschaft hat das »Wort des Gnadauer Vorstands zu geistlichen Erscheinungen unserer Zeit« (Juni 1976) aufgeworfen, das in Form eines seelsorgerlichen Wortes an die Mitarbeiter der Gemeinschaft gerichtet wurde. In diesem Wort werden u. a. in *verschiedenen Punkten* »unbiblische Geistlehren« zurückgewiesen:

- Solche unbiblische Lehre liege z. B. vor, wenn – »der Heilige Geist von der Person Jesu gelöst und der Gläubige eine (zweite) Hingabe an den Geist vollziehen soll«;
- »statt der Schriftauslegung Weissagungen, Botschaften und Visionen das Gemeindeleben bestimmten«;
- »das Vorhandensein und die Ausbreitung von bestimmten Geistesgaben zum Ausweis einer lebendigen Gemeinde gemacht werden«;
- »Glieder solcher Gruppen meinen, auf einer höheren Glaubensstufe als andere zu stehen, und sich deshalb in besonderen Kreisen von der übrigen Gemeinde absondern«;
- »sich ein Geist offenbart, der nüchternes Denken verdunkelt und die Gewissen durch gesetzliches Wesen vergewaltigt«;
- »die Kreuzestheologie des Neuen Testaments und der reformatorischen Väter in eine Theologie der Herrlichkeit umgefälscht wird«.

Seit 1976 fanden eine Reihe von Gesprächen zwischen Vertretern der charismatischen Gruppen und Zentren in der DDR einerseits und Vertretern des Gnadauer Gemeinschaftswerkes andererseits statt. Dabei wurde in Anlehnung an jenes »Wort« eine Reihe von Fragenbereichen behandelt und z. T. auch eine gegenseitige Verständigung erzielt (u. a.: Inwieweit sind die geistlichen Aufbrüche in unserer Zeit in einer Linie mit den geistlichen Aufbrüchen am Anfang des Jahrhunderts zu sehen? – Was heißt »Empfang des Heiligen Geistes«? – Charismen – Missionarische Aufgaben und Möglichkeiten – Einmaligkeit und Einzigartigkeit des biblischen Kanons als Grundlage für Glaube, Kirche und Bekenntnis).

Diese Gespräche wurden inzwischen am 15. Januar 1981 in Leipzig mit einem gemeinsamen Dokument »Heiliger Geist und Gaben. Ergebnisbericht theologischer Gespräche« abgeschlossen.

Anmerkungen

1 Neue transkonfessionelle Bewegungen. Dokumente aus der evangelikalen, der aktionszentrierten und der charismatischen Bewegung (Ökumenische Dokumentation III), Frankfurt/M. 1976, S. 10.

2 Vgl. *C. M. Haufe,* Geistliche Bewegungen in der DDR, in: Der Mitarbeiter. Informationsheft für Mitarbeiter und Mitarbeiterinnen der Diakonie, H. 6, Berlin 1978, S. 97 bis 106.

3 Aus: Versuch eines Selbstverständnisses, 1977.

4 Nach einem Bericht von *C. M. Haufe* (s. o. Anm. 2), S. 104.

5 Ebd., S. 101.

6 *P. Toaspern,* Heiliger Geist und Charismen, 1977, S. 2.

7 Ebd., S. 3.

8 Kirche und Charisma, in: Ökumenische Texte und Studien, hrsg. v. *R. F. Edel,* Marburg 1966, S. 179.

9 *P. Toaspern,* Heiliger Geist und Charismen, 1977, S. 9.

10 Siehe ebd., S. 9.

11 Ebd., S. 8.

12 Ebd., S. 5.

13 *R. F. Edel,* Auf dem Weg zur Vollendung der Kirche Jesu Christi, Marburg 1971, S. 118.

II. Teil

Theologische Reflexion über charismatische Erneuerung und Kirche

1. Das Phänomen der charismatischen Bewegung

1.1. Die charismatische Bewegung als Reaktion auf gesellschaftliche, theologische und kirchliche Erscheinungen unserer Zeit

Unterhalb der Schwelle einer echten Auseinandersetzung mit den Problemfeldern unserer Zeit reagiert die charismatische Bewegung auf die Situation, in der sich die Menschen heute befinden oder zu befinden meinen. Wenn jedoch die Behauptung aufgestellt wird, die Bewegung *reagiere* auf bestimmte Defizite und Phänomene im Gesamtbereich des modernen Lebens und Denkens, so wird damit nicht behauptet, daß in den Gruppen ein Prozeß der theoretischen Aufarbeitung dieser Dinge im Gange sei. Vieles deutet sogar darauf hin, daß eine konkrete Auseinandersetzung mit gesellschaftswissenschaftlichen, theologischen, kirchenpolitischen oder gar wissenschaftstheoretischen Fragen vermieden oder verdrängt wird. Trotzdem »reagiert« die Bewegung auf wichtige Erscheinungen und Probleme unserer Zeit, oft ohne sich dessen bewußt zu werden oder sogar, indem sie es ausdrücklich bestreitet. Gelegentlich kommt sie vielleicht nur einem verbreiteten Bedürfnis entgegen, erfüllt unwillkürlich geheime Wünsche, artikuliert Befürchtungen und Hoffnungen, die andere undeutlich teilen, oder erinnert an Vergessenes oder Verdrängtes.

Es wäre allerdings falsch, würde man solche Anknüpfungspunkte als die konstitutiven Elemente der Bewegung verstehen wollen. Sie erklären nur, weshalb die Bewegung ein Reservoir von potentiellen Anhängern vorfindet unter Menschen unserer Zeit und Gesellschaft. Aber mit dieser möglichen Anknüpfung erschöpft sich nicht die Beziehung des einzelnen zur charismatischen Bewegung: Die Bewegung bietet einen Raum und eine Gemeinschaft an, in der erfahrene Defizite aufgefüllt, unbewußte Hoffnungen bestärkt und neue Erfahrungen gemacht werden.

Die Ansatzpunkte für das Reagieren der Bewegung sind sehr vielfältig. Im folgenden sollen einige genannt werden, ohne auf Vollständigkeit zu achten. Aber es muß auch betont werden, daß die anzusprechenden Phänomene und Defizite nicht eine Charakteristik unserer gesellschaftlichen, kirchlichen, theologischen oder weltanschaulichen Situation abgeben. Was von manchen als Manko oder Verlust erlebt und empfunden wird, könnte für eine Mehrheit die Überwindung falscher und der Gewinn neuer Standpunkte und Lebensformen bedeuten. Zudem besteht bei den meisten Menschen eine Differenz zwischen dem, was sie offen bekennen und propagieren, und dem, was sie heimlich wünschen und hoffen oder ganz unbewußt vermissen und daher anstreben. Diese Differenz muß man sich bewußt machen, um das »Reagieren« der charismatischen Bewegung richtig einschätzen zu können.

1.1.1. Der weltanschauliche und soziale Bereich

Mit der zunehmenden Erkenntnis von Gesetzmäßigkeiten in Natur und Gesellschaft werden Zufälligkeiten seltener. Vieles ist planbar und kalkulierbar geworden, was unsere Vorfahren als Risiko und Unsicherheit erlebt haben. Damit ist objektiv das Gefühl der Sicherheit gewachsen. Subjektiv kann sich jedoch das Gefühl des Verlustes an Vielfalt und Spontaneität einstellen. Wo alles auf Gesetzmäßigkeiten zurückgeführt wird, die von Menschen und Organisationen gehandhabt werden, scheint das Einmalige und Besondere an Bedeutung zu verlieren.

Die charismatische Bewegung hält demgegenüber an den für überholt geglaubten Erfahrungen des Wunderbaren und Unerklärbaren fest. Die charismatischen Wirkungen des Heiligen Geistes werden als Relativierung oder gar Durchbrechung von Rationalität und Gesetzmäßigkeit erlebt und gedeutet. Kommunikation ohne Sprachregeln und Grammatik, Heilung ohne Medizin, Zukunftswissen ohne Naturwissenschaft – das sind Phänomene, die auf Grund solcher individuellen Disposition gerade aus ihrer rationalen Unerklärbarkeit ihre Evidenz schöpfen.

Die weltpolitische Situation gibt immer wieder Anlaß zu Besorgnis, auch wenn manche Fortschritte in Richtung Entspannung und Verständigung zu verzeichnen sind. Die Gefahr eines Atomkrieges ist nicht gebannt, Abrüstungsgespräche bleiben immer wieder stecken, das Elend der »Dritten Welt« nimmt noch ständig zu, die Zerstörung der menschlichen Umwelt wird immer mehr Menschen bewußt. Dazu gibt es eine Menge öffentlicher Stellungnahmen, Vorschläge und Appelle. Viele engagieren sich, ergreifen Partei und beteiligen sich an entsprechenden gesellschaftlichen Aktivitäten. Andere teilen zwar die Besorgnis, hören die Worte, ohne ihnen jedoch Vertrauen schenken zu können oder zweifeln überhaupt an der Wirkung von Worten und Gesprächen. Für diese Haltung steht im kirchlichen Bereich die Formel von der »Inflation der Worte«.

Die charismatische Bewegung setzt die eschatologische Hoffnung auf einen neuen Himmel und eine neue Erde dagegen. Mit Berufung auf die christlich-jüdische Apokalyptik gibt sie die »Welt« der Vergänglichkeit preis und versetzt ihre Mitglieder in einen abgeschirmten Raum, wo die negativen Eindrücke des Zeitgeschehens ihre Bedeutung – oder wenigstens ihr Gewicht verlieren. Dahinter verbirgt sich im übrigen auch eine Form von Kulturpessimismus, wie er in westeuropäischen Ländern gelegentlich artikuliert wird. Er wird von der charismatischen Bewegung in den apokalyptischen Vorstellungen einerseits geteilt, andererseits mit Hilfe der eschatologischen Naherwartung transzendiert und damit überwunden und schließlich durch das Gegenmodell einer geistlichen Lebensführung, die sich dem Zeitgeist versagt, zurückgewiesen.

Die wissenschaftliche Weltanschauung ist durch eine Fülle neuer Erkenntnisse auf allen Gebieten angereichert und damit komplexer geworden. Es gehört ständige Bemühung um die Aufnahme solcher neuen Erkenntnisse und die Vervollkommnung des Wissens dazu, den Anforderungen durch das wissenschaftlich-technische Bewußtsein gerecht zu werden. Obwohl das Interesse vieler Menschen am geistigen Fortschritt unverkennbar ist und die entsprechenden Angebote durch die Gesellschaft groß sind, fühlen sich manche Menschen dadurch einseitig rational überfordert, während ihre »emotionale Intelligenz« zuwenig beansprucht wird.

Indem sie die persönliche Erfahrung besonders betont, wertet die charismatische Frömmigkeit den *subjektiven Erlebnisraum* des Menschen auf und macht ihn einer weltbildhaften Orientierung dienstbar. Angelerntes Wissen erweist sich in diesem Zusammenhang für das existentielle Urteil häufig als unzureichend und wird im Stadium der »Gewißheit durch Erfahrung« bereitwillig abgestoßen. Durch die Bevorzugung ganz bestimmter Erfahrungen wird ein Teil der Wirklichkeit ausgeblendet und damit ein Ausschnitt des Ganzen als das Wesentliche herausgestellt. Diese Verkürzung des Beobachtungsfeldes erleichtert die Einordnung der Phänomene und schafft einen überschaubaren Erlebnisbereich.

Damit nimmt auch die *subjektive Beurteilungskompetenz* zu. Wo versucht wird, die Wirklichkeit in ihren vielen Verknüpfungen und Beziehungen zu sehen, geraten Wertkategorien und ethische Maßstäbe leicht in den Bereich des Zufälligen und Beliebigen. Die Sicherheit eines einmal erlernten und tradierten Urteilsmechanismus ist vielen Menschen verlorengegangen. Sie sind abhängig geworden von den Experten und meinungsbildenden Institutionen und sind in persönlichen Grenzsituationen häufig ganz hilflos und labil. Wo dagegen die Gewißheit einer religiösen Grunderfahrung das unverständliche Expertenwissen relativiert, wird die Kompetenz des eigenen Urteils stabilisiert. Das stärkt auch das Selbstbewußtsein der Betreffenden. Soziale Strukturen, die zwar gesellschaftlich gewachsen sind, aber durch lange Tradition auch einen normativen Charakter bekommen haben, sind in den letzten Jahrzehnten einem inhaltlichen und strukturellen Wandel unterworfen gewesen. Familie, Volk, Nation – aber auch Gemeinde und Kirche – haben einen funktionellen, inhaltlichen und emotionalen Bedeutungswandel erfahren. Daneben sind auch neue soziale Gebilde – wie sozialistische Brigaden und Kollektive – mit hohem gesellschaftlichem Stellenwert getreten. Damit sind zwar einerseits die gesellschaftlichen Identifikationsmöglichkeiten des einzelnen gewachsen; andererseits fühlen sich manche in ihren persönlichen und emotionalen Bindungen verunsichert. Sie suchen nach einer Identität, die sowohl dem gesellschaftlichen Wandel entzogen ist als auch emotionale Aspekte einschließt. In der religiösen Gruppe finden sie weltanschauliche Konformität und eine durch ethische Prinzipien der Relativität entzogene Lebensführung. Die Verbindlichkeit der gemeinsamen Überzeugungen und Erfahrungen schafft auch eine soziale Verantwortlichkeit untereinander, die sich nicht in der Gebets- und Glaubensgemeinschaft erschöpft. Die religiöse Kleingruppe ersetzt vielen den schmerzlich empfundenen Verlust traditioneller Gruppenbildung. Sie wird Heimat für viele, die sich im Denken und Leben unserer modernen Umwelt nicht heimisch machen können.

Im Bereich der gesellschaftlichen Organisation gelten Rationalität und Funktionalität als unaufgebbare Grundwerte. Die sogenannte Nostalgiewelle zeigt jedoch, daß viele Menschen Sehnsucht haben nach funktional überflüssigen Verzierungen und Schnörkeln, nach Lebensformen und Konventionen, die durch den Fortschritt der wissenschaftlich-technischen Revolution als überholt gelten. Das beweist, daß ein Potential von unerfüllten *emotionalen Wünschen und Sehnsüchten* vorhanden ist, das durch rationales Denken und funktionale Ordnungen nicht abgedeckt werden kann. Die charismatische Bewegung kommt solchen Bedürfnissen entgegen: Hier wird biblische Geschichte emotional erinnert, werden Gebete in barocker Sprache formuliert und gottesdienstliche Feiern opulent ausgestaltet. Geschichtlicher Abstand wird nicht mehr empfunden: Das für den Menschen Wesentliche ist sich immer gleich.

1.1.2. Der theologisch-religiöse Bereich

Seit langem steht die wissenschaftliche Theologie besonders bei christlichen Gruppen pietistischer Prägung im Kreuzfeuer der Kritik, die bisweilen zu Verdammungs- und Verwerfungsurteilen führen konnte.

Besonders davon betroffen ist die historisch-kritische Methode, die sich ungeachtet konfessioneller Unterschiede heute in der wissenschaftlichen Theologie durchgesetzt hat. Sie birgt in sich die Gefahr, die als unaufgebbare Offenbarungsquelle geglaubten Texte pietätlos zu sezieren, ohne auf den *nervus rerum* zu stoßen, aus dem sie ihre Glauben erweckende Kraft bekommen. Der historisch-kritische Exeget erweckt den Eindruck, als könne man die Bibel von einem neutralen Standpunkt aus, in Distanz zu einer glaubenden Gemeinde, sinnvoll interpretieren. Manchen theologischen Laien scheint es daher fraglich zu sein, ob die wissenschaftlichen Erkenntnisse der Theologie überhaupt für den Glauben relevant sind. Offenbar nähren sie mehr den Skeptizismus als das gläubige Vertrauen in Gottes Wort.

Solche Kritik an der Theologie wird in der charismatischen Bewegung zwar nicht verhohlen, aber auch nicht argumentativ betrieben. Man praktiziert im Gegenzug eine andere, völlig unkritische Methode im Umgang mit der Bibel. Indem man sich vom Text anreden läßt, nur seine jeweilige Betroffenheit reflektiert und die reformatorische Lehre von der *claritas scripturae* ganz naiv voraussetzt, wird die Bibel auch dem Laien wieder durchsichtig und vor allem als Lebensanweisung konkret anwendbar.

Damit verbunden ist eine Abkehr von den methodischen Prinzipien einer theologischen Hermeneutik. Der »garstige Graben« (Lessing) zwischen Geschichts- und Vernunftswahrheiten, der seit der Aufklärung theologisches Dauerthema war, wird mit Berufung auf die Wirkungen des Heiligen Geistes eingeebnet. Wo der Geist in alle Wahrheit leitet, gewinnt die Einsicht des ungeschulten, aber existentiell betroffenen Bibellesers erheblich an Gewicht. Nicht die Fülle der theologischen Argumente ist ausschlaggebend, sondern die Erfahrung, die der Christ ganz persönlich mit dem Text macht. Da der Geist keiner Veränderung unterliegt, ist der historische Abstand zwischen mir und dem Text belanglos. Wo der Historismus alle traditionellen Verbindungslinien problematisiert hat, wird diese ungebrochene Kontinuität als echte Glaubenshilfe und stabilisierender Faktor empfunden.

Damit ist auch das Phänomen einer gewissen *Theoriefeindlichkeit* in den Gruppen angesprochen. Das kommt einem von vielen empfundenen Theorieüberdruß entgegen, der quer durch alle Schichten zu beobachten ist. Das kann auch im Gegenüber von akademisch gebildetem Pfarrer und gläubigen Gemeindegliedern zu Entfremdungserscheinungen führen. Eine handfeste Apologetik kommt den Erwartungen vieler Christen vermutlich mehr entgegen als eine differenzierte geistige Auseinandersetzung mit gesellschaftlichen und wissenschaftlichen Fragestellungen unserer Zeit.

Die Theologie des Wortes Gottes, durch die die Predigt zum bevorzugten Medium der Gotteserkenntnis wurde, kommt bei Laien und Theologen zunehmend in den Geruch der Verbalisierung der »Zeugenschaft«. Viele Christen empfinden die Ausdrucksmöglichkeiten des gesprochenen oder geschriebenen Wortes als unzureichend. Die charismatischen Erfahrungen sind nicht nur eine Ergänzung für mangelnde Realität bloßer Worte; sie sind zugleich die Bestätigung der verbalen Zusagen des Evangeliums. So erfüllen sie auch ein von der Theologie häufig abgewiesenes, aber sehr verbreitetes menschliches *Bedürfnis nach sinnfälligen Beweisen* für den sonst nur in Worten zu bekennenden Glauben.

Daß ein besonderes religiöses Bedürfnis nicht mit theologischem Interesse einhergehen muß, zeigt sich im Verhältnis von charismatischer Bewegung und Heiligem Geist. Obwohl der Heilige Geist »angebetet« und »erfahren« wird, gibt es im Grunde keine »Lehre vom Heiligen Geist«. Hier wird ein theoretisches Defizit der Theologie durch existentielle Erfahrungen ersetzt.

Die christliche Sozialethik wendet sich in den letzten Jahrzehnten zunehmend der gesellschaftlichen Gesamtentwicklung zu. Man entdecke ganz neu das gesellschaftliche Veränderungspotential des christlichen Glaubens. In einer »Theologie der Revolution« scheint jedoch manchen Christen die geistliche Dimension des Christentums in gesellschaftliche Veränderungsrezepte aufgelöst zu sein. Die politische Wirklichkeit revolutionärer Umgestaltung scheint mit den individualethischen Forderungen der Bergpredigt oder der paulinischen Paränese nicht vereinbar zu sein. Der Augenschein spricht oft dagegen, daß strukturelle Veränderungen die Situation des Menschen verbessern. Der in der charismatischen Bewegung geübte Prozeß einer persönlichen Katharsis entspricht einer verbreiteten Tendenz zur *Weltflüchtigkeit*. Er ist nur von der eigenen Entscheidung, nicht von politischen Konstellationen abhängig und hat zudem eine lange innerchristliche Tradition.

1.1.3. Der kirchliche Bereich

Die kirchliche Situation in der DDR ist gekennzeichnet durch eine zunehmende Minorisierung der Gemeinde. In relativ kurzer Zeit ist die christliche Volkskirche zu einer Diasporakirche in einer völlig säkularen Gesellschaft geworden. Von manchen wurde diese Entwicklung beklagt oder resigniert hingenommen, von anderen als Chance einer Neubesinnung begrüßt.

Diese uneinheitlichen Reaktionen spiegeln sich auch in den strukturellen Konzeptionen der einzelnen Landeskirchen und kirchlichen Zusammenschlüssen. Für viele ist der kirchliche Aufbau nicht mehr durchschaubar. Einige erwarten mehr von der geistlichen Autorität von Personen; andere setzen auf breite Meinungsbildung durch Synoden. Die mangelnde Eindeutigkeit und Einheitlichkeit kirchlicher Organisationsstrukturen kann gerade engagierte Christen »kirchenmüde« machen oder zu Spannungen zwischen Gemeindechristen und Kirchenleitungen führen. Die tragischen Selbsttötungen zweier Pfarrer aus dem Raum der evangelischen Kirchen in der DDR haben auf ein Kommunikationsdefizit zwischen der Ebene der Leitung der Kirche und der praktischen Gemeindearbeit aufmerksam gemacht, das vermutlich stärker in emotionalen und »geistlichen« Bereichen zu suchen ist als in organisatorischen Strukturen.

In den charismatischen Gruppen spielen organisatorische Fragen keine wesentliche Rolle. Das Modell eines »charismatischen Gemeindeaufbaus« ist mehr ein aus paulinischer Ekklesiologie gespeistes Postulat als ein struktureller Entwurf.

Aber gerade dies scheint seine Attraktivität auszumachen: Das Modell wird pneumatologisch begründet und weist jeden Zusammenhang mit Erkenntnissen der Soziologie zurück. Jede Parallelität mit weltlichen Sammlungsformen wird abgewiesen. Die Legitimität des Leiters ist durch geistliche Erfahrungen abgedeckt, weder durch Mehrheitsbeschlüsse noch durch gesellschaftliche Anerkennung. Durch die ständige Begegnung in der Gruppe wird die Autorität eines Bischofs oder Gemeindepfarrers nicht bestritten; aber im Zweifelsfall bleibt sie hinter der durch charismatische »Beweise« bestätigten Autorität des geistlichen Führers zurück.

Die Zunahme an geistlicher Autorität kommt auch jedem Glied der Gruppe zugute. Fühlt sich der Gemeindechrist im Umfeld atheistischer Überzeugungen häufig von den kirchlichen und theologischen Autoritäten im Stich gelassen, so weiß sich das Mitglied einer charismatischen Gruppe als ein auserwählter und bestätigter Botschafter Gottes: hinter sich eine feste Gemeinschaft Gleichgesinnter, vor sich eine erlösungsbedürftige Welt. Während der durchschnittliche Christ oft Minderwertigkeitsgefühle bekommt, wenn er sein Christsein nach außen verteidigen muß, besitzt das Gruppenmitglied eine Art Elitebewußtsein und nötigt damit auch Andersdenkenden einen gewissen Respekt ab.

Die im evangelischen Raum gelegentlich vermißte lehramtliche Autorität ersetzt die Bewegung durch die bereits erwähnte Gradlinigkeit eines biblizistischen Fundamentalismus. In Seelsorge und Beichte erfährt jeder seine ganz konkrete Wegweisung. Jede Entscheidung läßt sich letztendlich auf die eine Entscheidung: für oder gegen Christus, reduzieren, was im Bereich von Kirche und Gesellschaft meist zu einer quietistischen Haltung führt.

Im Bereich des ökumenischen Engagements der Kirchen sind die Erwartungen mancher Christen enttäuscht worden. Sie empfinden zum Beispiel schmerzlich die Diskrepanz zwischen Fortschritten in theologischen Lehrgesprächen und der ungebrochenen Fortdauer praktischer Kirchentrennung. Die Bevorzugung geistlicher Erfahrungen vor theologischen Reflexionen und die gemeinsame geistliche Praxis ohne vorherige Abstimmung der Bekenntnisse in den charismatischen Gruppen kann in diesem Zusammenhang von einigen als ökumenischer Fortschritt verstanden werden. – Andere stoßen sich wieder an dem gesellschaftlichen Engagement des Ökumenischen Rates und vermissen mehr und mehr die »geistliche« Dimension in der Ökumene. Auch ihnen könnte die charismatische Bewegung als alternatives Modell interkonfessioneller Zusammenarbeit mit dem Schwergewicht auf der Gottesdienst- und Gebetsgemeinschaft erscheinen. Die eschatologische Naherwartung verstärkt und bestätigt eine konservative Grundeinstellung in den gesellschaftlichen Fragen.

1.2. Die charismatische Bewegung im Kontext vergleichbarer Bewegungen

Die charismatische Bewegung steht in diesem Reagieren auf defizitäre Erfahrungen und unbefriedigende Erscheinungen nicht allein. Abgesehen davon, daß auch gesellschaftliche Organisationen, wissenschaftliche Institute und kirchliche Arbeitszweige auf unterschiedliche Weise mit diesen Problemen beschäftigt sind, gibt es eine Reihe mehr oder minder spontaner religiöser Bewegungen, die auf diesem Feld wirksam werden. Je nach dem Stand der eigenen Informiertheit wird die charismatische Bewegung von Beobachtern und Kritikern mit einzelnen Erscheinungen und Ausprägungen dieser religiösen Bewegung identifiziert. Dabei werden jedoch nur einzelne Wesenszüge der charismatischen Bewegung erfaßt und für maßgeblich gehalten.

Für eine differenzierte Beurteilung ist es notwendig, die Beziehungen zu und die Abweichungen von anderen religiösen Gruppen und Bewegungen zu präzisieren. Wir beschränken uns dabei auf drei größere Gruppen, die unabhängig von der charismatischen Bewegung ihr eigenes Gepräge haben: die religiöse Erweckung unter der Jugend, insbesondere die *Jesus-People*, die *Evangelikalen* und die *Pfingstbewegung*.

1.2.1. Jesus-People und Jugendreligionen

Die charismatische Erweckungswelle, die Anfang der siebziger Jahre durch die kirchliche Jugend ging, stand deutlich unter dem Eindruck der *Jesus-People-Bewegung*. Als Vorläufer der Jesus-People werden die »Hippies« angesehen, eine zuerst in den USA auftretende spontane Bewegung von Jugendlichen, die sich unter dem deprimierenden Eindruck des Vietnamkrieges dem american way of life entziehen wollten.

1967 entstand bei einem Treffen solcher Jugendlicher in Long Beach unter dem Einfluß von Baptistenpredigern und Pfingstgemeinden die Jesus-People-

Bewegung. Es ging ihnen um die Erfahrung des lebenden Jesus, nicht um den Christus des Dogmas. Die ursprüngliche kirchliche Heimat der Jesus-People hat ihnen auch ihre spezifische Ausprägung verliehen: Aus der baptistischen Tradition übernahmen sie ihr familiäres Zusammengehörigkeitsgefühl und das Selbstbewußtsein, Gemeinde sein zu können, ohne an kirchliche Organisationsformen gebunden zu sein; aus den Pfingstkirchen kam dazu das enthusiastische Element, vor allem die Zungenrede und die Geisttaufe.

Die religiöse Bewegung unter Jugendlichen Anfang der siebziger Jahre in der DDR weist viele Verwandtschaften mit der Jesus-People-Bewegung auf und war zweifellos von ihr beeinflußt. Sie wurde aber nicht zu einer selbständigen Bewegung, sondern fand – von selbst oder bewußt gesteuert – Heimat in den volksmissionarischen Kreisen und in der kirchlichen Jugendarbeit. Das kam ihrem Selbstverständnis als »movement« entgegen. Auf der anderen Seite wurden durch sie in den volksmissionarischen Gruppen und Jugendkreisen geistliche Elemente wirksam, die diese verschiedenen Gruppen erst zu einer »charismatischen Bewegung« werden ließen.

Anders stellt sich die Situation angesichts der neuen synkretistischen Sekten dar, die in der DDR weniger bekannt, aber neuerdings durch spektakuläre Ereignisse ins öffentliche Bewußtsein gerückt worden sind. Bei den sogenannten »Jugendreligionen« handelt es sich um straffe Organisationen, bei denen spirituelle Elemente christlicher und asiatischer Herkunft mit politischen und ökonomischen Interessen seltsam vermischt sind. Zu ihnen gehören auch die *Children of God*, die aus der Jesus-People-Bewegung hervorgegangen sind, daher auch häufig mit diesen verwechselt werden, heute jedoch fest organisiert sind und einen autoritären Führer haben, dessen Briefen Offenbarungsqualität zugesprochen wird. Der autoritäre Führungsstil ist für diese Sekten bezeichnend. Über die Zahl der Anhänger gehen die Ansichten weit auseinander. Einzelne Sekten verweisen auf eine millionenstarke Anhängerschaft im Weltmaßstab, andere geben sich elitär und bleiben bewußt im Halbdunkel mystischer Verborgenheit.

Die »internationale Dimension« *(Mildenberger)* dieser neuen Jugendreligionen ist ein Hinweis darauf, daß die Ratlosigkeit und Sinnsuche junger Menschen von den etablierten Religionen und kirchlichen Konfessionen nur unzureichend wahrgenommen und beantwortet wird. Die synkretistischen Jugendsekten decken auf verschiedene – und meist zweifelhafte – Weise bestimmte Defizite ab, die junge Menschen in Kirche und Gesellschaft, Familie, Arbeit und Schule empfinden. Diese kommen in den gesellschaftlichen Systemen unterschiedlich zum Ausdruck. Aber auch da, wo sie – wie in der sozialistischen Gesellschaft – nicht zu sozialen Spannungen führen, bleibt oft ein unbefriedigtes Bedürfnis nach Vergewisserung, emotionaler Zuwendung und subjektiver Stabilisierung, das gar nicht gesellschaftsspezifisch ist.

In der DDR werden sich daher Ersatzinstitutionen – analog den Jugendreligionen – nicht etablieren können, die diese Bedürfnislage junger Menschen kommerziell ausnutzen. Damit erledigen sich allerdings die Probleme nicht, vor denen heute viele stehen, die sich mit der Jugend beschäftigen. Wer mit Jugend umgeht und sie gewinnen will, wird deren nicht gesellschaftlich bedingte innere Schwierigkeiten ernst nehmen und darauf eingehen. Die charismatische Bewegung, die einerseits ihrem Selbstverständnis nach von den Jugendreligionen deutlich unterschieden werden muß, hat andererseits ein Sensorium für die Bedürfnislage junger Menschen entwickelt, was ihre Anziehungskraft für manche Jugendliche erklären mag.

1.2.2. Fundamentalisten und Evangelikale

Ein verbreitetes, aber naheliegendes Mißverständnis besteht darin, daß die charismatische Bewegung mit anderen pietistischen Bewegungen in eins gesehen wird und ihre Anhänger als »Evangelikale« bezeichnet werden.

Die Bezeichnung »evangelikal« wird im deutschen Sprachraum meist nur als Fremdbezeichnung gebraucht. Es handelt sich bei den Evangelikalen nicht um eine eindeutige Gruppe, sondern um eine internationale Sammlungsbewegung evangelischer Christen, die bestimmte theologische und geistliche Anliegen verbindet, wie das in jüngster Zeit etwa auf dem Kongreß für Weltevangelisation in Lausanne 1974 zutage getreten ist. Die evangelikale Bewegung reicht in ihren Wurzeln bis in den Pietismus des 18. und in die Erweckungsbewegung des 19. Jahrhunderts zurück.[1] In Deutschland fand sie ihre besondere Ausprägung vor allem in der neopietistischen Gemeinschaftsbewegung am Ende des vorigen Jahrhunderts. In unserem Bereich werden darum etwa der Gnadauer Gemeinschaftsverband, die Evangelische Allianz oder die Evangelistenkonferenz zur evangelikalen Bewegung gerechnet.

Die Gemeinschaftsbewegung ist gegen Ende des vorigen Jahrhunderts durch Einflüsse methodistischer Kreise mit angelsächsisch geprägter Frömmigkeit auf die bestehenden pietistischen Gruppen in Deutschland entstanden. Für ihre Frömmigkeit ist die subjektive Heilserfahrung charakteristisch. Nicht mehr die spontane Bekehrung steht im Vordergrund, sondern die willensmäßige Wende des eigenen Lebens, wodurch eine persönliche Gemeinschaft mit Christus möglich wird.

Durch eine Änderung des ganzen Lebensstils soll eine Heiligung des individuellen Lebens erreicht werden. Das verleiht der Frömmigkeit gelegentlich einen gesetzlichen Zug, ein distanziertes Verhältnis zu den weltlichen Dingen, so daß auch scheinbar belanglose Entscheidungen mit großem Ernst getroffen werden. Fundamental ist die Hochschätzung der Bibel »als unfehlbare Norm und einzige Quelle des persönlichen Glaubens«[2]. Eine wichtige Rolle spielt darum das Bibelstudium, wobei textkritische Methoden meist abgelehnt werden und ein biblizistischer Auslegungsstil gepflegt wird.

Im gleichen geographischen und kirchlichen Raum, in dem die Evangelikalen zu Hause sind, hat nun die charismatische Bewegung den größten Teil ihrer Anhängerschaft gefunden. Es gibt in evangelikalen Kreisen einen besonderen Anknüpfungspunkt für die charismatische Bewegung: die gemeinsame Wurzel im Pietismus. Während aber die evangelikalen Gruppierungen nur die methodistische Transformation des Pietismus auf dem Umweg über Amerika verarbeitet haben, stehen die charismatischen Gruppen auch der zweiten Metamorphose des Pietismus durch die Pfingstbewegung unseres Jahrhunderts positiv und aufgeschlossen gegenüber.

Daher unterscheidet sich charismatische Frömmigkeit von evangelikaler nicht so sehr durch Gegensätze als vielmehr durch Zusätze und Akzentverschiebungen. Zur Christonomie evangelikaler Prägung tritt bei den charismatischen Gruppen die Erfahrung der Geistesgaben hinzu. Das gibt der Glaubenshaltung eine neue Spontaneität. Im Umgang mit der Bibel verbindet beide der biblizistische Auslegungsstil. Gegenüber der strengen Bibelbezogenheit bei den Evangelikalen fällt bei den charismatischen Gruppen ihre Wertschätzung auch freier geistlicher Weisungen (Prophetie) auf. Andererseits gibt es in der charismatischen Bewegung einen Zug zum Fundamentalismus, der sich – stärker noch als in evangelikalen Kreisen – der Rationalität und dem metaphysischen Zweifel des modernen Weltbildes verschließt.

Die *Gebetspraxis* ist in beiden Bewegungen stark ausgeprägt. Die Differenz besteht darin, daß in der charismatischen Bewegung das persönliche Heiligungsgebet gegenüber der Anbetung Gottes zurücktritt. Das Gebet gewinnt damit wieder eine kultische Form und wird verstärkt Ausdruck eines gemeinschaflichen Tuns. Dem entspricht auch die Priorität der Gruppe oder des Kreises und des geistlichen Erfahrungsaustausches vor dem eigenen Bekehrungserlebnis und seiner Bezeugung. Der Stellenwert einer pietistischen Bekehrung tritt hinter dem Empfang des Geistes und seiner Gaben zurück. Während eine Bekehrung bei aller Individualität generalisierbare Züge aufweist, die der Verkündigung zugänglich gemacht werden können, entzieht sich die Geisterfahrung häufig der Lehrbarkeit und verbleibt daher als Mitteilung im Kreis der »Eingeweihten«, was wiederum den Hang zur Arkandisziplin zur Folge hat.

Die Spannungen zwischen evangelikalen und charismatischen Gruppen ergeben sich häufig aus der geographischen Nähe insofern, als die charismatischen Gruppen in einzelnen Gegenden eine »Konkurrenz« zu evangelikalen bedeuten. Sehr häufig sind die Mitglieder charismatischer Gruppen evangelikal vorgeprägt; sie entstammen also dem Gemeindereservoir der Evangelikalen. Der fundamentale Unterschied zwischen Evangelikalen und Charismatikern ist allerdings mit ihrer unterschiedlichen Stellung zur Pfingstbewegung gegeben. Die radikal ablehnende Haltung der Gemeinschaft gegenüber den Pfingstlern wird von den charismatischen Gruppen nicht geteilt. Im Gegenteil: Im Urteil evangelikaler Kreise sind diese selbst »pfingstlerisch«. Die historischen Entscheidungen gegen die Pfingstbewegung (z. B. in der sogenannten »Berliner Erklärung«) bestimmten darum nicht nur das Verhältnis der Evangelikalen zur Pfingstbewegung, sondern belasten gerade auch das Verhältnis zur charismatischen Bewegung.

1.2.3. Pfingstbewegung und -kirchen

Gerade auf dem Hintergrund des Verhältnisses zur evangelikalen Bewegung ist es wichtig, die Beziehungen der charismatischen Bewegung zur Pfingstbewegung etwas genauer zu bestimmen.

Die Pfingstkirchen entstanden um die Jahrhundertwende in den USA im Einflußbereich methodistischer und baptistischer Heiligungsbewegung. Ausgehend von einer bescheidenen Negergemeinde in Los Angeles, wurde die Pfingstbewegung in der Folgezeit eine Kirche der Armen in Afrika, Lateinamerika und Indonesien, deren Mitgliederzahl auf 10 bis 35 Millionen geschätzt wird.[3]

Für die Frömmigkeit der Pfingstler ist der Begriff der »Geisttaufe« kennzeichnend. Sie ist als religiöses »Krisiserlebnis« zu beschreiben,[4] das sich von der Bekehrung unterscheidet und von charismatischen Erscheinungen begleitet wird, wobei die Zungenrede eine bevorzugte Stelle einnimmt. Daher lehren die meisten Pfingstler einen zweistufigen Heilsweg, dessen Stationen »Bekehrung« und Geistestaufe sind. Einige Pfingstkirchen lehren auch einen dreistufigen Heilsweg: Bekehrung (oder Wiedergeburt), Heiligung und Geistestaufe; andere vertreten eine modalistische Trinitätslehre und taufen nur auf den Namen Jesu.

Ohne daß hier die pfingstlerische Frömmigkeit und Theologie im einzelnen beschrieben werden kann, die in sich durchaus nicht einheitlich, sondern außerordentlich pluralisch ist,[5] wird man sagen können, daß die Bezeichnung der charismatischen Bewegung als *neopfingstlerische* Bewegung nicht nur auf Mißverständnissen beruht. Es gibt zahlreiche Berührungen von der Einschätzung der Charismen, der Betonung des Geistempfangs, der Tendenz zum Perfektionismus über die Gebetspraxis und den Umgang mit der Bibel bis hin zu Fragen der Dämonologie und der Vorliebe für apokalyptische Eschatologie.

Die Beurteilung der Aufnahme pfingstlerischer Elemente in der charismatischen Bewegung in unserem Land muß freilich differenziert vorgenommen werden: Eine anfängliche Offenheit ist allmählich einer stärkeren Zurückhaltung gewichen. Zu einer wirklichen Auseinandersetzung mit der Pfingstbewegung und ihrer Frömmigkeit ist es leider nicht gekommen, so daß unkritische Rezeption pfingstlerischer Impulse und Abgrenzungen gegenüber der pfingstlerischen Frömmigkeit oft unvermittelt nebeneinander stehen. Deutlich ist die Zurückhaltung vor allem gegenüber dem Terminus »Geistestaufe« und die vorwiegend restriktive Praxis der Charismen, insbesondere im Volksmissionskreis Sachsen. Daß mit solcher verständlichen Zurückhaltung auch die Spontaneität pfingstlerischer Frömmigkeit und ihr freudiger Enthusiasmus weithin verlorengehen, gehört nicht unbedingt zu den positiv zu wertenden Folgen dieses Rezeptionsvorgangs.

Im ganzen weist die Aufnahme pfingstlerischer Frömmigkeitsmerkmale durch die charismatische Bewegung auch auf ein verändertes Verhältnis der Großkirchen zur Pfingstbewegung hin, das seinen Ausdruck etwa in der Aufnahme einiger Pfingstkirchen in den Ökumenischen Rat der Kirchen oder in den Gesprächen zwischen Pfingstbewegung und katholischer Kirche gefunden hat. Das zweifellos notwendige Gespräch mit dieser wichtigen Gruppierung der Weltchristenheit könnte gerade angesichts der Spannungen zu den Evangelikalen eine wichtige Funktion haben.

2. Theologische Reflexion der Grundanliegen

Die charismatische Bewegung hat bisher keine ausgeprägte eigenständige Theologie entwickelt. Das liegt in der Konsequenz ihrer wesentlich praktischen Orientierung: Es geht um die Realisierung des Heilsbezuges des Menschen. Nicht eine Lehre, sondern eine Erfahrung, eine Praxis soll vermittelt werden. Dem hat sich die theologische Reflexion dieser Bewegung zu stellen. Es geht nicht in erster Linie um die Auseinandersetzung mit einer bestimmten Lehre, sondern um die theologische Reflexion einer bestimmten Praxis, die freilich theologische Implikationen hat, wie der Untersuchungsbericht gezeigt hat.

2.1. Interne Plausibilität – Analyse der Frömmigkeitsstruktur

Ein auffälliges Merkmal der charismatischen Bewegung ist die *innere Geschlossenheit* ihrer Frömmigkeitspraxis. Die Bewegung bietet denen, die sich auf ihren Weg einlassen, eine plausible und überzeugungskräftige Gestalt christlicher Existenz. Dies hängt vor allem damit zusammen, daß die Grundanliegen der Bewegung in einer deutlich strukturierten praxis pietatis ihren Niederschlag finden. Der einzelne Glaubende wird in ein *klares Bezugssystem* für seine geistliche Lebenspraxis eingewiesen. Das folgende Schema verdeutlicht die wichtigsten Relationen:

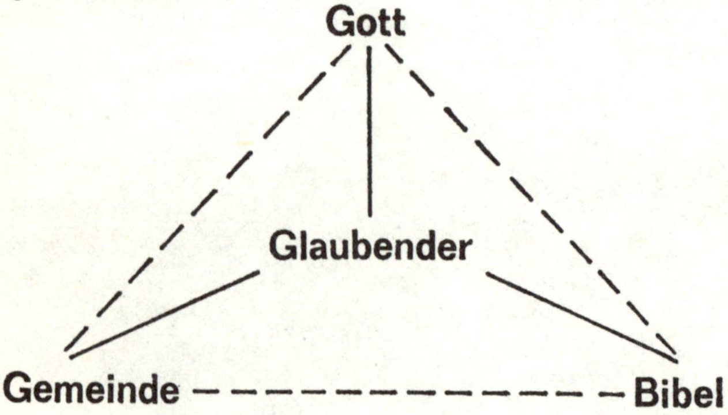

Alle Äußerungen der Frömmigkeit können auf drei grundlegende Beziehungen zurückgeführt werden: die Beziehungen des Glaubenden zu Gott, zur Gemeinde und zur Bibel. Damit ist freilich an sich noch kein unterscheidendes Kennzeichen charismatischer Frömmigkeit gegeben. Gott, Gemeinde und Bibel sind fundamentale Bezugspunkte jeder christlichen Existenz. Ihr Stellenwert im Bezugssystem charismatischer Frömmigkeit wird erst deutlich, wenn die Art und Weise, in der sie den Glaubensvollzug prägen, mit in den Blick genommen wird. Charakteristisch dafür sind drei Aspekte, die in jeder der genannten Beziehungen zum Tragen kommen und dieser Glaubenspraxis ihre besondere Ausprägung geben:

Unmittelbarkeit,
Verbindlichkeit,
Gewißheit.

– Der Aspekt der *Unmittelbarkeit* hebt den lebendigen und wechselseitigen Charakter der Glaubensbeziehungen hervor (vgl. die inneren Relationen im obigen Schema). Das Verhältnis zu Gott, aber auch zu Schrift und Gemeinde, ist durch unmittelbare Nähe gekennzeichnet. Damit kommt ein dynamisches Element in den Glaubensvollzug. Zugleich wird das Verständnis der grundlegenden Glaubensbeziehungen charakteristisch eingegrenzt: wichtig wird das, was unmittelbar, konkret erfahrbar ist. So betont die Bewegung in der Relation zu Gott die Gegenwart Gottes in den Geisterfahrungen, in der Relation zur Gemeinde die konkrete geistliche Gemeinschaft und in der Relation zur Schrift das wörtliche Verständnis des biblischen Textes.

– Der Aspekt der *Verbindlichkeit* hebt den orientierenden Charakter der Glaubensbeziehungen hervor. Beispielhaft deutlich wird solche verbindliche Orientierung in den geistlichen Weisungen, die als prophetische (Gottesbezug), seelsorgerliche (Gemeindebezug) oder biblische (Schriftbezug) Weisungen in der Bewegung besondere Autorität genießen. Ihren normativen Charakter gewinnen die Glaubensbeziehungen vor allem durch ihre wechselseitige Verknüpfung (vgl. die äußeren Relationen im obigen Schema). So hängt die Verbindlichkeit geistlicher Führung mit ihrer charismatischen Legitimation (Relation: Gott – Gemeinde) zusammen, die Autorität der Bibel mit ihrem Verständnis als inspiriertem Gotteswort (Relation: Gott – Bibel).

– Der Aspekt der *Gewißheit* hebt den stabilisierenden Charakter der Glaubensbeziehungen hervor. Die einzelnen Glaubensbeziehungen bestätigen einander. Was im Gottesbezug erfahren wird, erfährt im Gemeindebezug Orientierung und wird im Schriftbezug geprüft und vergewissert. Der Aspekt der Gewißheit läßt die innere Geschlossenheit des Bezugssystems deutlich werden.

Das dargestellte Bezugssystem charismatischer Frömmigkeit kann als ein geschlossenes System verstanden werden, das für den Glaubenden einen plausiblen Begründungszusammenhang herstellt. Aber gerade die hohe Plausibilität, die diese Glaubenspraxis innerhalb der Bewegung hat, wird nach außen – im Blick auf Kirche und Welt – zum Problem. Die Kehrseite der inneren Geschlossenheit ist ihre Abgeschlossenheit nach außen.[6] Auffällig ist, daß der Weltbezug des Glaubens offensichtlich kein konstitutiver Bestandteil des Bezugssystems charismatischer Frömmigkeit ist. Die »Welt« wird – soziologisch gesprochen – stärker als »Antibezugsgruppe« verstanden, von der sich die Gemeinde abgrenzt und unterscheidet.

Die *Plausibilitätsstruktur* der charismatischen Bewegung bringt nachdrücklich ein Problem zum Ausdruck, das keineswegs auf den Bereich der Bewegung beschränkt ist. Die Kirche insgesamt hat im Gefolge des Säkularisierungs- und Minorisierungsprozesses den Status einer kognitiven Minderheit bekommen. Ihre Erkenntnisse, Überzeugungen, Verhaltensweisen werden mehrheitlich nicht mehr geteilt. Sie gerät damit in Gefahr, die typischen Verhaltensmuster einer Minorität zu übernehmen, für die innere Geschlossenheit, Einhaltung verbindlicher Normen, Wahrung der Identität durch Abgrenzung nach außen oft charakteristisch sind. In der charismatischen Bewegung verschärft sich dieser Trend erheblich. Sie wird damit auch in der Kirche selbst zu einer Art kognitiver Minderheit. Da sie aber mit ihrer Frömmigkeit und Theologie nur Grundanliegen der ganzen Kirche in spezifischer Weise aufnimmt, zeigt sie, daß unsere Kirchen im ganzen vor einer keineswegs nur latenten Gefahr stehen.

Eine solche soziologische Argumentation darf freilich noch nicht mit theologischer Wertung verwechselt werden. Die Überzeugungen, Normen und Verhaltensweisen einer Minderheit werden ja noch nicht dadurch ins Unrecht gesetzt, daß sich diese Minderheit darin von einer Mehrheit abgrenzt. Theologisch relevant wird die soziologische Analyse erst dann, wenn sie durch eine theologische Kritik der Frömmigkeit erhärtet werden kann. Dieser Aufgabe wenden wir uns mit dem folgenden Abschnitt zu.

2.2. Heil und Erfahrung – Probleme charismatischer Frömmigkeit

Eine theologische Kritik kann im Rahmen dieser Studie nur in Ansätzen verwirklicht werden. Im folgenden Abschnitt konzentrieren wir uns auf die Herausarbeitung grundlegender Probleme, wie sie durch den Umgang mit Erfahrungen, das Phänomen geistlicher Führung und den Stellenwert der Gemeinschaft innerhalb der Bewegung aufgeworfen werden.

2.2.1. Umgang mit Erfahrungen

Ruf nach Erfahrung

»Längst bevor der Geist Gegenstand der Lehre war, war er für die Gemeinde erfahrene Tatsache.« Was Eduard *Schweizer* damit für die neutestamentliche Gemeinde aussagt,[7] nimmt die charismatische Bewegung auch für sich in Anspruch: Am Anfang steht die Erfahrung, der Geist als erfahrene Tatsache. Die Erfahrung geht der Lehrbildung voran. Das gibt den Erfahrungen in der Bewegung ein solches Gewicht, zumal man sich darin mit der neutestamentlichen Gemeinde verbunden weiß.

Die Hochschätzung der Erfahrung verbindet die charismatische Bewegung mit anderen Tendenzen und Bewegungen in Theologie, Kirche und Gesellschaft. Obwohl der Begriff der Erfahrung ziemlich schillernd ist, lassen sich doch bestimmte *Intentionen* erkennen, die für den Ruf nach Erfahrung typisch sind:

- Erfahrung soll die menschlichen Wahrnehmungsmöglichkeiten erweitern, Lebens- und Wirklichkeitsferne überwinden helfen.
- Der Ruf nach Erfahrung richtet sich gegen ein nur reflektierendes Umgehen mit der Wirklichkeit. So definiert *K. Riesenhuber* Erfahrung als »die erkennende Hinnahme von Wirklichkeit in Unmittelbarkeit, also ohne Schlußverfahren«.[8] Erfahrung besitzt einen »praereflexiven Charakter«, »dank dem sie für ihren Vollzug und ihren Bestand auf Reflexion nicht angewiesen ist«.[9]
- Da durch Erfahrung die Fülle, die Komplexität der Wirklichkeit zurückgewonnen werden soll, begegnet sie als Vielfalt von Eindrücken und Wahrnehmungen. Alltägliche, experimentelle, existentielle und religiöse Erfahrungen konkurrieren um die angemessene Erfassung der Wirklichkeit.

Eindeutigkeit der Erfahrung?

In der charismatischen Bewegung werden die Intentionen des Rufes nach Erfahrung zugleich aufgenommen und charakteristisch eingegrenzt. Mit den geistlichen Erfahrungen in der Bewegung verbindet sich die Erwartung des Gewinns verlorener Wirklichkeitsdimensionen, die Erweiterung der Wahrnehmungsmöglichkeiten, ein neuer, unmittelbarer Zugang zur Wirklichkeit. Aber es geht dabei nicht um irgendeine Erfahrung, sondern um Erfahrung Gottes, Erfahrung des Heiligen Geistes. Es geht nicht um die Erfahrung der Wirklichkeit im allgemeinen, sondern um die Erfahrung der Wirklichkeit Gottes. Erfahrung wird dabei streng als Widerfahrnis gedeutet. Der Akteur ist Gott, nicht der Mensch. Wie zentral dieses Verständnis ist, wird daran deutlich, daß nicht nur die charismatischen Erfahrungen, sondern auch die Grunderfahrung und die Existenz der Bewegung als solche in dieser Weise gedeutet werden. Jede Analyse, die andere Beweger und Beweggründe als das unverrechenbare Wirken Gottes zutage fördert, wird beargwöhnt, das Eigentliche der Bewegung zu verfehlen.

Mit diesem zugespitzten Verständnis bringt die charismatische Bewegung den Erfahrungsbegriff zu einer Eindeutigkeit, die zugleich das Problem dieses Erfahrungsverständnisses darstellt. Eindeutigkeit haben die Erfahrungen nur im geschlossenen System charismatischer Frömmigkeit. Nach außen bleiben sie mehrdeutig, stehen neben anderen Erfahrungen und sind unterschiedlichen Interpretationen ausgesetzt. Die behauptete Eindeutigkeit erweist sich als starkes Hindernis für eine fruchtbare Rezeption charismatischer Erfahrungen. So helfen sie gerade nicht, die Lebens- und Wirklichkeitsferne des Glaubens zu überwinden. Sie geraten eher selbst in den Verdacht, wirklichkeitsfremd zu sein.

Verzicht auf kritische Auseinandersetzung

Der Verdacht der Wirklichkeitsferne wird bestärkt durch die Haltung der Bewegung zur heutigen Welterkenntnis. Diese Haltung kann als Verweigerung verstanden werden. Verweigerung bedeutet dabei nicht einfach Verneinung, sondern Verzicht auf einen Weg, in dem man eher eine Verhinderung als eine Vertiefung der Gotteserkenntnis sieht. Nach einem alten Wort trennt uns der erste Schluck aus dem Becher der Erkenntnis von Gott, aber auf dem Grunde des Bechers wartet Gott auf den, der ihn sucht. Die Vertreter der charismatischen Bewegung gleichen Leuten, die, da sie die Trennung von Gott voraussehen, den Becher gar nicht erst trinken wollen. Und sie fühlen sich in dieser Haltung bestärkt, weil sie einen anderen, unmittelbaren Zug zu Gott meinen gefunden zu haben. Aber ist der Becher der Erkenntnis nicht unser Geschick, nachdem vom Baum der Erkenntnis gegessen worden ist?

Der Weigerung, die eigene Erfahrung der kritischen Auseinandersetzung auszusetzen, kann dabei eine gewisse Berechtigung nicht abgesprochen werden. In ihr liegt ein Element des Protestes gegenüber der Selbstverständlichkeit, mit der das moderne Welt- und Wirklichkeitsverständnis als normativ vorausgesetzt wird und auch seinen Niederschlag in Theologie und kirchlicher Praxis gefunden hat. In dieser Intention verbindet sich das Anliegen der Bewegung durchaus mit anderen Tendenzen einer zunehmend kritischen Auseinandersetzung mit dem nachaufklärerischen Erbe.[10]

Problematisch aber wird solche Verweigerung, wenn die Bestreitung der Normativität heutiger Welterkenntnis in die Behauptung der Irrelevanz der

Vernunft für den Glauben überhaupt umschlägt. Die Krise wird signalisiert, aber nicht bewältigt, oder doch nur für den eigenen Erfahrungsbereich. Die Bewegung entzieht sich damit dem Streit um die Wirklichkeit in einem doppelten Sinn:

- Sie entzieht ihre Erfahrung der Infragestellung durch andere, indem sie die Anfragen von seiten heutiger Welterkenntnis grundsätzlich als irrelevant abweist.
- Sie blendet damit zugleich andere Erfahrungen aus (z. B. säkulare Erfahrungen, andersartige christliche Erfahrungen, etwa gegenläufige Erfahrungen der Gottesverlassenheit). Indem sie sich allein auf die eigene Erfahrung zurückzieht, ist für sie der Streit um die Wirklichkeit schon im voraus entschieden.

Wird die Eindeutigkeit der Gotteserfahrung um diesen Preis (Verweigerung und Abblendung) gewonnen, so erliegt die Bewegung einem unkritischen Positivismus, der die Faktizität der eigenen Erfahrungen behauptet, ohne zu einer kritischen Auseinandersetzung mit heutiger Weltcrkennnis zu verhelfen. Soll die positive Intention alternativer Erfahrungen wirksam werden, bedarf es gerade der entschlossenen Umkehr zur Kommunikation. Wenn die Gemeinde zur Rechenschaft über ihre Hoffnung vor jedermann aufgerufen ist (1 Petr. 3,15), dann verlangt dies doch sowohl den innergemeindlichen Klärungsprozeß wie die Bereitschaft, die eigene Erfahrung und Erkenntnis in die Auseinandersetzungen der Zeit einzubringen. Die Weigerung aber, den Becher zu trinken, verweigert sich der Solidarität mit denen, die suchen, meidet das Risiko durch vorschnelles Identifizieren, bringt den Glaubenden in die Rolle des beatus possidens und überläßt die Welt ihrem Schicksal.

Biblische Identifikationen

Das kritische Verhältnis zur heutigen Welterkenntnis bedeutet jedoch für die Bewegung nicht, daß auf eine theologische Reflexion der Erfahrungen generell verzichtet wird. Nachdrücklich wird die Aufgabe der Prüfung der Erfahrungen betont. Eindeutigkeit gewinnen die Erfahrungen positiv erst dadurch, daß sie in eine Beziehung zum biblischen Zeugnis gesetzt werden.

Heutige Erfahrungen z. B. mit Glossolalie oder Krankheitsheilungen rücken die vergleichbaren Erfahrungen der urchristlichen Gemeinden ins Blickfeld und bestätigen sie aus der eigenen Erfahrung. Umgekehrt bestätigen und vergewissern die biblischen Erfahrungen kraft der vorausgesetzten Inspiration der Schrift die heutigen Erfahrungen. Die heutigen Erfahrungen werden als Gotteserfahrungen verifiziert, indem sie mit biblischen Erfahrungen identifiziert werden. Tiefster Grund solcher Identifikationen ist dabei als identisch vorausgesetztes Wirken des Heiligen Geistes, das den Erfahrungen zugleich ihre kaum hinterfragbare Autorität gibt.

Die Identifizierung der heutigen Erfahrungen mit den biblischen wirft aber erhebliche Probleme auf, die mit dem für die Bewegung typischen *Schriftverständnis* zusammenhängen:

– Der Ausgang bei den eigenen Erfahrungen führt mit dem Zirkel gegenseitiger Vergewisserungen dazu, daß die heutige Erfahrung das Einlaßtor für das Verständnis des biblischen Zeugnisses wird. Nur was von daher in den Blick kommt, wird relevant, anderes ausgeblendet. So gibt es ausgesprochene Vorzugstexte (z. B. 1Kor 12–14), während andere Texte, die sich z. B. kritisch mit dem Phänomen geistlicher Erfahrungen auseinandersetzen (z. B. 2Kor 12), kaum in den Blick kommen. Deutlich ist eine Tendenz zum selektiven Gebrauch der Schrift.

– Das Ineinssetzen von damaligen und heutigen Erfahrungen setzt einen sehr unmittelbaren Umgang mit der Bibel voraus, bei dem der »garstige Graben« zwischen damals und jetzt überwunden scheint. Damit wird der geschichtliche Ort der biblischen Zeugen wie der unsrige in radikaler Weise vergleichgültigt. Wenn die historisch-kritische Bibelauslegung gerade die geschichtliche Differenz scharf herausarbeitet und dabei gelegentlich den »garstigen Graben« durchaus verbreitert hat, so ist die Suche nach einem unmittelbaren Zugang zum biblischen Zeugnis nicht nur gut verständlich, sondern auch nötig. Wichtig dazu ist aber eine Besinnung auf die Möglichkeiten und Grenzen wissenschaftlicher Bibelauslegung und nicht eine Leugnung der geschichtlichen Bedingtheit, die ein Rückfall in ein vorkritisches Stadium der Glaubenserkenntnis wäre. Eine Glaubensheilung hat z. B. im Kontext des antiken Weltbildes einen anderen Stellenwert als heute. Und nur, wenn diese Differenz beachtet und bewußt reflektiert wird, kann es zu einem theologisch verantwortlichen Gebrauch dieser Gabe heute kommen.

– Der entscheidende Einwand richtet sich aber dagegen, daß mit einer Identifizierung von heutigen und biblischen Erfahrungen schon die nötige theologische Reflexion geleistet sei. Soll der Umgang mit Erfahrungen theologisch verantwortet werden, so genügt es nicht, einfach Erfahrungen einander zuzuordnen. Heutiges Zungenreden ist noch nicht dadurch ins Recht gesetzt, daß auch in einigen urchristlichen Gemeinden in Zungen geredet wurde. Nötig ist vielmehr die Klärung heutiger Erfahrungen am Gesamtzeugnis der Schrift. Das bedeutet einerseits, die Erfahrungen auf den sie tragenden Grund hin zu hinterfragen.[11] Besonders deutlich wird dies bei Paulus, wenn an die Stelle der Berufung auf die hohen geistlichen Erfahrungen (einschließlich seiner Bekehrung) das Sichverlassen auf die Gnade tritt (2Kor 12). Das bedeutet andererseits, von daher gerade die Fülle möglicher Glaubenserfahrungen in den Blick zu bekommen.[12] Das schließt freilich die exklusive Inanspruchnahme des Heiligen Geistes für bestimmte Erfahrungen aus. Das mit Recht als identisch vorausgesetzte Wirken des Heiligen Geistes weist gerade auf dem Hintergrund der Einheit und Verschiedenheit des biblischen Geistzeugnisses in die Vielfalt möglicher Gnadenerfahrung ein.

2.2.2. Geistliche Führung

Führen und geführt werden

Mit dem Phänomen der geistlichen Führung gibt die charismatische Bewegung ihre Antwort auf die Frage nach einem christlichen Lebensstil. Im Vordergrund stehen dabei eindeutig die traditionellen Akte christlicher Spiritualität. Gebet, Bibellesen, persönliches Zeugnis, charismatische Erfahrungen gehören ebenso dazu wie Beichte und Exorzismus. Auch das soziale Handeln hat hier seinen Ort, aber mehr am Rande, dort liegt jedenfalls nicht das Gewicht.

Aber nicht die einzelnen spirituellen Akte, sondern ihre Einbindung in die umfassendere Konzeption der geistlichen Führung machen das Besondere der Spiritualität aus.

Geistliche Führung bedeutet dabei zugleich:

- ein geistliches Leben führen,
- vom Heiligen Geist geführt werden, sich seiner Führung anvertrauen,
- einen anderen Menschen geistlich führen,
- von einem anderen Menschen geistlich geführt werden, sich seiner Führung anvertrauen.

Der im Bewußtsein dieser Frömmigkeit dominierende Aspekt ist dabei die Führung durch den Heiligen Geist: das ganze Leben sehr konkret und direkt dem Wirken des Geistes auszuliefern. Aber das schließt die geistliche Führung durch andere und die verbindlich geordnete persönliche Lebensführung gerade nicht aus, sondern ein. Der eigentliche Angelpunkt der Bewegung, alles dem Wirken des Geistes zu unterstellen, gerät dabei in Kontrast zu verbindlicher Regelung, methodischer Anleitung und seelsorgerlicher Führung. Damit sind erhebliche Auswirkungen für das Verständnis des Menschen und die seelsorgerliche Aufgabe der Gemeinde angesprochen.

Verfügbarkeit des Menschen

Wird geistliche Führung zuerst und zentral als Führung durch den Heiligen Geist verstanden, so wird damit die radikale Verwiesenheit des Menschen auf

Gott zum Ausdruck gebracht. Leben vollzieht sich im Modus der Erwartung. Der Mensch wird dabei ganz und gar als der Empfangende verstanden, als das nach Gott hin offene Gefäß, als das für Gott verfügbare Wesen.

Mit der Offenheit wird ein wesentliches anthropologisches Merkmal zum Tragen gebracht, allerdings mit bedenklichen *Konsequenzen:*

– Der Mensch ist nicht von sich aus offen. Er ist Sünder, seine Offenheit zu Gott ist durch Sünde und Böses verstellt. Entsprechend der praktischen Ausrichtung der Frömmigkeit bemüht man sich deshalb intensiv, die Hindernisse aus dem Weg zu räumen, den Menschen zu entleeren. Darum wird das Aufspüren von Sünde, auch der verborgenen, und das Aufdecken von belastenden Bindungen, z. B. im Bereich des Okkulten, überaus wichtig, darum gewinnen Beichte und Lösung von solchen Bindungen eine zentrale Bedeutung.

– Wird der Mensch aber in dieser Weise offen und bereit für das Wirken Gottes, so bedeutet dies bezeichnenderweise nicht, daß jetzt im Namen des unverfügbaren Wirkens des Geistes jede Formung und Normierung in Frage gestellt wird. Der Glaubensweg ist vielmehr deutlich vorgezeichnet. Das offene Gefäß wird sehr konkret gefüllt, das geistliche Leben verbindlich geregelt. Was ein Christ ist und wie er zu leben hat, wird in der evangelistischen Predigt oder im seelsorgerlichen Gespräch eindeutig benannt.

Gegenüber dieser Sicht des Menschen und der damit verbundenen geistlichen Praxis müssen deutliche *Einwände* erhoben werden:

1. Der beeindruckende Wille zur Konkretheit führt zu problematischen Blickverengungen. Deutlich ist z. B. der Hang zu einer kasuistischen Sicht des Bösen: Die Sünde wird vorwiegend in einzelnen individuellen Verfehlungen gesucht, das Böse in einzelnen okkulten Belastungen aufweisbar. Sie erscheinen damit sowohl prinzipiell als auch konkret überwindbar. Darum liegt in diesem Ernstnehmen von Sünde und Bösem auch eine gefährliche Verharmlosung des Problems. Die Abblendung des Weltbezuges des Glaubens verstellt den Blick dafür, wo heute etwa im sozialen Unrecht oder in den wirtschaftlichen, technischen oder politischen Sachzwängen Sünde und Böses bedrückende Realität werden.

2. Mit der Praxis geistlicher Führung verbindet sich ein gefährlicher Anspruch auf die Durchschaubarkeit und Erkennbarkeit des Menschen. Man weiß in der Bewegung sehr genau Bescheid über den Menschen und das, was zu seinem Heil nötig ist. »Wir müssen« – mit Paulus – »alle offenbar werden vor dem Richterstuhl Christi« (2Kor 5,10); vor dem Richterstuhl *Christi* gewiß, aber doch nicht vor dem Richterstuhl der Menschen und auch nicht dem der christlichen Brüder. Gott hütet – im Guten wie im Bösen – das Geheimnis des Menschen, bis er selbst es ans Licht bringt. Der eschatologische Vorbehalt bewahrt dem Menschen seine Würde und seine Freiheit.

3. Mit der Betonung der Offenheit, der Verfügbarkeit des Menschen für Gott widerspricht die Bewegung entschieden einem Menschenbild, das ihn als Schöpfer seiner selbst versteht. Der Mensch ist im Blick auf sein Heil der eigenen Verfügbarkeit entzogen. Diese richtige Erkenntnis wird aber dort in ihr Gegenteil verkehrt, wo der Mensch faktisch zum Gegenstand der Verfügbarkeit von anderen Menschen wird, sei es auch in der besten Absicht, ihn geistlich führen zu wollen. Wird der Modus der Erwartung nicht durchgehalten und verliert das Evangelium seinen Angebotscharakter, so gerät geistliche Führung ernsthaft in Gefahr, zur Verführung zu werden.

Seelsorgerliche Autorität

Aufgabe der Seelsorge, wie sie in der Bewegung geübt wird, ist es, den Menschen zu einem Leben mit Christus zu führen. Der Seelsorger ist geistlicher Führer, der zu einer persönlichen Christusbeziehung verhilft. Dabei ist es beeindruckend und für die Kirche zugleich beschämend, wie bewußt und engagiert hier die seelsorgerliche Aufgabe wahrgenommen wird, nicht nur von den Gemeindeleitern, sondern auch innerhalb der Gruppen. Die Suche z. B. junger Menschen nach Autorität und verbindlicher Weisung findet ein hörbares Echo. Zugleich wirft die Verbindung der seelsorgerlichen Aufgabe mit dem Konzept der geistlichen Führung wiederum erhebliche Fragen auf.

Konkretisiert sich Führung durch den Geist in der Führung durch geistliche Führer, so werden damit seelsorgerliche Weisungen sehr direkt theologisch legitimiert. Wenn dabei der Seelsorger als bloßes »Instrument« in den Händen Gottes verstanden wird, das menschliche Mitwirken gleichsam ausgeschaltet erscheint, so wird das wahre Problem nur verdeckt. Alles, was der Seelsorger sagt und tut, bleibt gebunden an die Bedingungen seiner Existenz. Gott kann sich dazu bekennen, aber der Seelsorger kann auch irren. Wird diese tiefe Vermittlung allen seelsorgerlichen Handelns nicht bewußt gemacht, so kann Seelsorge zu einer gefährlichen Ausübung geistlicher Macht werden.

Von daher gewinnt die Frage, wer eigentlich die Führer führt, eine große Bedeutung. Das Problem wird innerhalb der Bewegung durchaus gesehen und darum betont, daß der Seelsorger selbst der Seelsorge und des Austausches unter den Brüdern bedarf. Es ist eindrucksvoll, wie solche Verantwortung füreinander innerhalb der Bewegung wahrgenommen wird. Problematisch aber bleibt, daß solcher Austausch auf den Kreis der Gleichgesinnten beschränkt bleibt. Denn damit ist die Frage, wohin, zu welchem Ziel geführt werden soll, immer schon im voraus entschieden. Andere Zielsetzungen, die in der Seelsorge die Notwendigkeit der Selbstfindung und -entfaltung betonen, werden ausgeblendet oder auch bewußt abgelehnt. Das aber fördert die Tendenz, den Menschen auf ein vorgefertigtes Bild festzulegen und den Partner in der Seelsorge mit unreflektierter Selbstverständlichkeit in den selbstgefundenen Glaubensweg einzuweisen. Demgegenüber könnte eine – durchaus nicht unkritische – Öffnung für andere Seelsorgekonzeptionen in Theologie und Kirche dazu helfen, zu erkennen, daß der eigene Weg *ein* Weg und nicht *der* Weg ist. Selbstfindung und Christusbindung müssen nicht als Alternativen begriffen werden, sie können vielmehr aufeinander bezogen werden, wenn anders »zu Christus führen« ja nichts anderes bedeuten kann, als zu wahrem Menschsein vor Gott zu helfen.

2.2.3. Stellenwert der Gemeinschaft

In der Betonung der Bedeutung der Gemeinschaft für das Christsein trifft sich die Bewegung mit den verschiedensten Tendenzen in der gegenwärtigen Kirche. Man ist auf der Suche nach »tragenden Gemeinschaften«. Die Gruppe spielt für die Gestaltung und Verwirklichung christlicher Existenz eine große Rolle. Die Sozialität des Menschen findet im Ruf nach Gemeinschaft ihre Entsprechung.

Überwindung des Heilsindividualismus?

Der Stellenwert der Gemeinschaft in der Bewegung kann gut mit dem Zinzendorfschen »Ich konstatiere kein Christentum ohne Gemeinschaft« umschrieben werden. Der Vollzug geistlichen Lebens ist in fundamentaler Weise auf Gemeinschaft bezogen. Ohne Gemeinschaft »verhungert« der einzelne. Dies wird deutlich empfunden, wenn bei Evangelisationen einzelne erweckt werden, aber keine Gruppe finden, in der sie weitergeführt werden. Geistliches Wachstum ist an die Gruppe gebunden. Der einzelne wird durch seine Zugehörigkeit zur Gruppe stabilisiert und orientiert. Auf diesem Hintergrund begegnet man in der Bewegung einer deutlichen Kritik am Heilsindividualismus: »Man kann Christus nicht ohne den Bruder haben.« Charakteristisch für die Bewegung sei nicht die *Ich*-, sondern die *Wir*-Erfahrung. Heribert *Mühlen* hat in diesem Zusammenhang von einer Umkehr zur »sozialen Gotteserfahrung« gesprochen.[13] Aber wird in der Bewegung wirklich der Heilsindividualismus überwunden? Bleibt nicht das persönliche Heil bei aller Betonung der Gemeinschaft der eigentliche Bezugspunkt? Und heben nicht die individuelle Heilserfahrung und die speziellen Geisterfahrungen den einzelnen über die Gruppe hinaus?

Und noch mehr wird man fragen müssen, ob der Heilsindividualismus wirklich überwunden wird, wenn man als soziale Gotteserfahrung tatsächlich die Erfahrung des Heils im Zusammenleben der Menschen versteht. Nicht das Heil der Welt, sondern die Heilserfahrung des einzelnen, die eingebettet ist in die christliche Gemeinschaft, bestimmt den Charakter der Sozialität. Soziale Gotteserfahrung realisiert sich als ekklesiale Gotteserfahrung. Sozialität wird auf Ekklesialität beschränkt.

Gemeinschaft realisiert sich im Blickfeld der Heiligung der Gerechten. Was Gemeinschaft im Horizont der Rechtfertigung des Gottlosen, in der Durchbrechung aller Eingrenzungen von Gott her bedeutet, kommt damit aber noch gar nicht in den Blick.

Ökumenische Weite – Exklusivität der Gruppen

Die Betonung der Gemeinschaft bleibt nicht auf die Gruppe vor Ort, die als familia Dei verstanden wird, allein bezogen. Gemeinschaft bedeutet in der Bewegung auch das Bewußtsein der Zugehörigkeit zum Leib Christi, die Bejahung der Kirche und ökumenisches Wollen. Beeindruckend ist das intensive Gebet um die Einheit der Kirche, die konfessionelle Öffnung, die Knüpfung von Kontakten und der Austausch mit Christen in anderen Ländern. Die Gruppen stellen zweifellos ein ökumenisches Potential dar, das Hoffnung wecken kann.

Dabei fällt jedoch auf, daß in den ökumenischen Anliegen wohl Ländergrenzen oder konfessionelle Grenzen überwunden werden, es aber doch bei einer Ökumene der Gleichgesinnten bleibt. Ein weiteres Problem muß darin gesehen werden, daß die ökumenische Weite in faktischer Diskrepanz und Exklusivität der Gruppen steht. Die Einheit der Kirche als Gegenstand des Glaubens und Hoffens tritt hier in Konflikt mit der Einheit der Kirche vor Ort, die häufig nur mühsam aufrechterhalten werden kann.

Größtmöglicher Offenheit in und zwischen den Gruppen steht eine Abschließung nach außen gegenüber. Eine fruchtbare Kommunikation, die etwa die verschiedenen Frömmigkeitsprägungen als Charismen versteht, die miteinander die Kirche aufbauen, gelingt kaum. Die Geschlossenheit ist für alle, die nicht zur Bewegung gehören, ein permanenter Anstoß. Die bewahrte Arkandisziplin fördert den Verdacht, in den Gruppen allein seien die wahren Christen.

Daß sich in der Geschlossenheit der Gruppe zunächst etwas durchaus für jede Gruppe Typisches zeigt, sollte im Blick bleiben. Gerade um der Offenheit *in* der Gruppe willen schließt sich eine Gruppe nach *außen* ab. Auch Arkandisziplin kann etwas durchaus Gebotenes sein. Wenn – wie bei Dietrich Bonhoeffer – das Arkanum sowohl ein Ausdruck für das Bewahren des Christlichen in der Gemeinde ist als auch das Unvermögen widerspiegelt, das befreiende Wort Gottes sozusagen, daß sich die Welt darunter verändert, so kann die bewahrte Arkandisziplin gerade zum Kennzeichen einer wartenden Gemeinde werden. Die entscheidende Frage wird dann freilich sein, ob es um ein Arkanum der Wissenden oder eines der Suchenden geht, die Arkandisziplin einer besitzenden oder wartenden Gemeinde, einer Gemeinde, die zum Selbstzweck wird oder die ihren Auftrag in der Welt erkannt hat.

2.2.4. Heilsverständnis und Weltbezug

Zusammenfassend soll die Problematik charismatischer Frömmigkeit herausgestellt werden, indem die Konsequenzen für das Heilsverständnis und den Weltbezug der Frömmigkeit bewußt gemacht werden.

Drei Konsequenzen für das *Verständnis des Heils* innerhalb der Bewegung sollen hervorgehoben werden:

– Das Heil ist erfahrbar. Die grundlegende Umkehr im Leben eines Menschen ist beschreibbar. Das Heil inkarniert sich in der biographisch aufweisbaren Lebenswende. Gott wird faßbar. Das kommt dem materialistischen Grundzug heutiger Weltauffassung erstaunlich nahe und erklärt die Faszination, die von solcher Frömmigkeit ausgeht. Das Heil erscheint nicht als dogmatischer Lehrsatz, sondern als erfahrbare Tatsache.

– Das Heil wird feststellbar. Wer Heil erfahren hat, kann von dort auf Gott und sein Heilswirken zurückschließen. Wer den Geist hat, meint zu wissen, wie und wo der Geist wirkt. Die Materialisierung der Heilszuwendung in den Erfahrungen schlägt um in die Objektivierung der Erfahrungen in den Heilvorstellungen. Man weiß sehr genau zu reden von Gott und dem Bösen, dem Menschen und der Welt, der Erlösung und den letzten Dingen. Auch hier dominiert ein direktes Identifizieren, indem biblische Aussagen mit heutigen Tatbeständen in Beziehung gesetzt werden.

– Das Heil wird herstellbar. Wer selbst in einer grundlegenden Umkehrerfahrung die Orientierung für sein Christsein gewonnen hat, verbindet christliche Existenz eben mit solcher Grunderfahrung und kann auch andere dazu führen. Das Wissen um den Heilsweg ermöglicht die gezielte Führung des Menschen. Der Heilsbezug des Menschen wird im Prozeß geistlicher Führung herstellbar.

Ohne noch einmal im einzelnen Recht und Grenze dieses Verständnisses zu erörtern, soll hier nur auf die grundlegende Problematik verwiesen werden. Das Heilsverständnis ist Ausdruck einer bestimmten geistlichen Praxis. Zwischen dieser – von der Gemeinde zu verantwortenden – Praxis und dem von Gott her ergehenden Heil wird nicht zureichend unterschieden. Der eschatologische Vorbehalt, daß wir im Glauben und nicht im Schauen leben, gerät darüber in Vergessenheit. Die charismatische Bewegung ist permanent in der Gefahr, Letztes nicht mehr offenzuhalten, sondern im Bereich des Vorletzten verwirklichen zu wollen.

Die Unterscheidung von Letztem und Vorletztem ist nun besonders relevant für das Verständnis des *Weltbezuges* des Glaubens. In der charismatischen Bewegung fällt zunächst auf, daß der Weltbezug kaum positiv thematisiert wird. Selbstverständlich kommt auch hier die Welt als Adressat des evangelistischen Wirkens und als Ort sozialer Bewährung des Christseins in den Blick. Aber gerade dies spielt für das Heilsverständnis und die Gestaltung der Glaubenspraxis eine merkwürdig geringe Rolle. Die Welterfahrung hat keine erkennbare Rückwirkung auf die kritische Reflexion der Glaubenserfahrung. Das hängt damit zusammen, daß »Welt« doch stärker als Antibezugsgruppe erscheint. Auf ein dreifaches sei hingewiesen:

- Die eigene Heilserfahrung steht im Kontrast zur Welterfahrung. Im Bewußtsein, sich auf das Eigentliche zu konzentrieren, kann der Weltbezug als uneigentlich vernachlässigt oder auch deutlich ausgeblendet werden. Es überwiegt die Tendenz zur Abgrenzung.
- Die Sicht der Welt ist von einem dualistischen Denken geprägt: Die Welt »ist im Kern widergöttlich und nicht zu retten«.[14] Die apokalyptischen Aussagen der Schrift werden zu Urteilen über die heute vorfindliche Welt. Die Schöpfungsaussagen werden in diesem Zusammenhang kaum reflektiert. Die Eschatologie reduziert sich im Blick auf die Welt auf apokalyptische Unheilsprophetie. Die gleiche dualistische Tendenz zeigt sich auch in der Sicht des Menschlichen. Das Menschliche, Natürliche wird als das verstanden, was anfällig für das Böse ist und deshalb in der geistlichen Existenz überwunden werden muß.
- Der Verzicht auf eine Auseinandersetzung mit heutiger Welterkenntnis und -erfahrung führt in der Praxis dazu, daß man unbewußt bestimmte Trends gegenwärtiger Welterfahrung im religiösen Bereich widerspiegelt. Das Streben nach aufweisbaren Erfahrungen oder gesicherter Glaubenserkenntnis zeigt dies ebenso wie die sehr gezielte Menschenführung. Die weitverbreitete Überzeugung von der Machbarkeit aller Dinge wird dabei nicht kritisch überwunden, sondern nur auf den geistlichen Bereich übertragen.

Die Konzentration auf die Erneuerung des einzelnen und der Gemeinde führt zu einer problematischen Horizontverengung der Heilserwartung. Der gesteigerten persönlichen Heilserwartung korrespondiert ein Defizit an Heilshoffnung für die Welt. Die Welt gerät dabei allzu leicht unter das Verdikt letzter Urteile. Was christliches Leben in der Welt als dem Bereich des Vorletzten bedeutet, bleibt ausgespart. Der Dualismus verhindert die nötige Auseinandersetzung, so daß die wirklichen Herausforderungen heutigen Lebens kaum in den Blick kommen. Die Plausibilität charismatischer Frömmigkeit wird mit einem problematischen Verlust an Weltoffenheit erkauft.

2.3. Unmittelbarkeit, Gewißheit, Verbindlichkeit – Herausforderungen für heutiges Christsein

Die theologische Auseinandersetzung mit der charismatischen Bewegung darf sich nicht damit begnügen, kritische Rückfragen an die Bewegung zu stellen, sie muß sich auch den Herausforderungen stellen, die mit dieser Frömmigkeitspraxis an die Kirche ergehen. Dies soll im folgenden geschehen, indem die drei Aspekte, die wir oben als charakteristische Kennzeichen der Frömmigkeit herausgestellt haben,[15] aufgenommen werden. Dabei kann es freilich nicht um eine unkritische Rezeption gehen. Wenn Elemente charismatischer Frömmigkeit als Herausforderungen für heutiges Christsein fruchtbar gemacht werden sollen, müssen die Einseitigkeiten und Verengungen, die sie innerhalb der Bewegung erfahren, bewußt überwunden werden. Unmittelbarkeit, Gewißheit und Verbindlichkeit müssen im Kontext heutiger Erfahrungen und Erkenntnisse zur Sprache gebracht werden.

2.3.1. Vermittelte Unmittelbarkeit in der Erfahrung Gottes

Es gehört zu den Kennzeichen unserer Zeit, daß mit der Rede von Gott auch die Erfahrung Gottes ihre Selbstverständlichkeit verloren hat. Es ist im Gegenteil fast selbstverständlich geworden, bei der Wahrnehmung der Wirklichkeit die Frage der Erfahrbarkeit Gottes auszublenden. In der charismatischen Bewegung begegnen wir im Kontrast dazu einer Frömmigkeit, die nicht nur die Erfahrbarkeit Gottes prinzipiell voraussetzt, sondern auch konkret mit bestimmten Erfahrungen die Erwartung verbindet, Gott ganz eindeutig und unmittelbar zu begegnen. Solche Bezeugung unmittelbarer Gottesbegegnung kann als heilsame Beunruhigung gegenüber einer durchgängigen Tendenz verstanden werden, die sich mit den Selbstverständlichkeiten heutiger Welterfahrung einfach zufriedengibt. Sie fordert dazu heraus, die unerledigten Fragen nach der Möglichkeit der Erfahrung Gottes in der Welt neu zu stellen. Auch wenn die Antwort, die die charismatische Bewegung in ihrer Praxis gibt, problematisch ist (unkritische Vorstellung eines unmittelbaren Eingreifens Gottes, fehlende Verbindung zwischen Gottes- und Welterfahrung), darf die darin enthaltene Anfrage nicht überhört werden.

Unmittelbarkeit in der Gotteserfahrung?

Jeder ursprünglichen Erfahrung eignet ein Moment von Unmittelbarkeit, von unmittelbarer Betroffenheit durch eine begegnende Wirklichkeit. Das gilt für existentielle Erfahrungen in gleicher Weise wie für religiöse Erfahrungen. Zu allen Zeiten haben sich Christen in dieser Weise von der Wirklichkeit Gottes unmittelbar betroffen gewußt. Von der kontemplativen Gotteserfahrung der Mystiker bis zur Gotteserfahrung in der Begegnung mit dem leidenden, geschändeten Mitmenschen hat solche Betroffenheit in der Geschichte der Christenheit unterschiedlichste Gestalt angenommen.

Die Gegenwart und Nähe Gottes wird als personale Betroffenheit erfahrbar. Ihre Evidenz gewinnt solche Erfahrung im persönlichen Erleben. Das bedeutet zugleich, unmittelbare Gotteserfahrung kann bezeugt werden; von ihr kann aber nicht in einer objektivierenden Weise gesprochen werden, wie es in der charismatischen Bewegung geschieht, wenn mit bestimmten Erfahrungen eine besondere Unmittelbarkeit zu Gott verbunden wird. Jede Behauptung unmittelbarer Gotteserfahrung steht in der Gefahr, Gott verfügbar machen zu wollen und damit eine Grenze zu überschreiten, die von der biblischen Tradition deutlich markiert wird. Unmittelbarkeit zu Gott kann niemals als eine vom Menschen aus herstellbare Beziehung zu Gott, sondern nur als freie, unverfügbare Zuwendung Gottes in und unter den Bedingungen menschlicher Erfahrungen verstanden werden. Jede Erfahrung, auch jede scheinbar unmittelbare Gotteserfahrung, bleibt vom Menschen aus vermittelte Erfahrung, Erfahrung unter den Bedingungen weltlicher, menschlicher Wirklichkeit. Sie bleibt damit der Zweideutigkeit und der kritischen Prüfung ausgesetzt. Der Aspekt der Vermitteltheit aller Erfahrung warnt davor, den Zusammenhang zwischen geistlichen und anderen Erfahrungen zu zerreißen und die eigene Erfahrung als unmittelbare Gotteserfahrung absolut zu setzen. Gerade auf dem Hintergrund der Vermitteltheit aller Erfahrungen aber bekommt die Betonung der Unmittelbarkeit ihre Bedeutung. Der Aspekt der Vermittlung hebt ja die Evidenz der persönlichen Gotteserfahrung nicht auf. Die Bezeugung personaler Betroffenheit durch die Wirklichkeit Gottes kann – recht verstanden – gerade dafür öffnen, durch alle Vermittlungen hindurch die Zuwendung Gottes zu erwarten. Unmittelbarkeit und Vermittlung müssen in diesem Sinne nicht als sich ausschließende Alternativen verstanden werden. Sie können im Blick auf die Erfahrung Gottes gerade aufeinander bezogen werden. Um dies auszudrücken, nehmen wir einen Begriff von *Edward Schillebeeckx* auf und sprechen von der »vermittelten Unmittelbarkeit« in der Erfahrung Gottes.[16]

Gott und die Welt erfahren

Wird die Frage nach der Möglichkeit der Erfahrung Gottes in der Welt im Sinne der vermittelten Unmittelbarkeit aller Gotteserfahrung beantwortet, so kann damit sowohl die Engführung charismatischer Gotteserfahrung aufgebrochen wie auch eine *Beziehung zwischen Gottes- und Welterfahrung* hergestellt werden:

– In der charismatischen Bewegung wird Gotteserfahrung auf bestimmte Erfahrungen (z. B. zentrale Umkehrerfahrung, Gebetserfahrungen, besondere charismatische Erfahrungen) eingegrenzt. Diese Engführung hängt damit zusammen, daß die Vermitteltheit auch dieser Erfahrungen entweder nicht gesehen wird oder doch als überwindbar erscheint. Gerade die Unterscheidung der Geister, wie sie in der Bewegung praktiziert wird, hat die Funktion, alles Menschliche, Seelische auszuscheiden, um zu einer gewissermaßen reinen, unmittelbaren Gotteserfahrung durchzustoßen. Darin muß jedoch zutiefst eine Verkennung des Heilshandelns Gottes gesehen werden, der sich gerade unter den Bedingungen menschlicher Wirklichkeit erfahrbar gemacht hat (Inkarnation). Die Vermitteltheit aller Gotteserfahrung ernst nehmen heißt, die Menschwerdung Gottes ernst nehmen. Im Abweisen der Vermitteltheit der geistlichen Erfahrungen kann darum die Tendenz zu einer doketischen Christologie gesehen werden, die ihrerseits zu einer doketischen Pneumatologie führt, die nicht mehr ernst nimmt, daß wir den »Schatz« des Evangeliums in »irdenen Gefäßen« haben. Demgegenüber wird die inkarnatorische Begründung der Gotteserfahrung zur Herausfordeung, sich für die Erfahrung Gottes in der Fülle der begegnenden Wirklichkeit zu öffnen. Der Zuwendung Gottes zur Welt – in der vermittelten Unmittelbarkeit der Inkarnation – korrespondiert die Erfahrbarkeit Gottes in und unter den Bedingungen weltlicher Wirklichkeit.

– Die vorbehaltlose Öffnung für die Gotteserfahrung in der Fülle der antreffenden Wirklichkeit birgt freilich die Gefahr, Gotteserfahrung mit Selbst- und Welterfahrung unkritisch in eins zu setzen oder zu verwechseln. Darum bedarf es eines Kriteriums, daß die Erkenntnis Gottes in allen Erfahrungen leitet. Dieses Kriterium ist – mit der reformatorischen Tradition – die Botschaft des von Gott her an die Welt ergehenden Heils (Wort Gottes). Es hat selbst den Charakter vermittelter Unmittelbarkeit (Gotteswort in Menschenmund), die Anwendung dieses Kriteriums ist deshalb prophetischer Akt. Alle Erfahrungen sind daran zu messen, ob in ihnen die Heilsbotschaft zum Tragen kommt. Mehr noch: Alle Erfahrungen werden in das Licht der Heilsbotschaft gerückt. Erfahrung Gottes wird zur Erfahrung mit dieser Botschaft. In der Heilserfahrung verbinden und scheiden sich Gottes- und Welterfahrung. Erfahrung der Heilswirklichkeit bedeutet, die Welt und den Menschen vor Gott zu begreifen, sie im Licht der rettenden Nähe Gottes zu sehen. Die Frage nach der Antreffbarkeit Gottes in der Welt wird so zur Frage nach der Antreffbarkeit von Mensch und Welt vor Gott. Gott wird gerade darin in der Welt antreffbar, daß die Welt und der Mensch vor Gott antreffbar werden.

– Werden Gottes- und Welterfahrung so aufeinander bezogen und damit vor allem der Aspekt der Vermittlung (Inkarnation, Wort Gottes) betont, so bleibt die Frage, was der Aspekt der Unmittelbarkeit für das Verständnis von Gottes- und Welterfahrung austrägt. Unmittelbarkeit hatten wir anthropologisch als personale Betroffenheit durch eine begegnende Wirklichkeit, theologisch als freie, unverfügbare Zuwendung Gottes verstanden. Unmittelbarkeit bezeichnet in diesem doppelten Sinn sowohl die Dynamis wie die Krise aller Gotteserfahrung und damit zugleich aller Welt- und Selbsterfahrung:

Neben die überwältigende Erfahrung der Nähe Gottes tritt, nehmen wir die Freiheit Gottes (*ubi et quando visum est deo,* Joh 3,8) ernst, die Betroffenheit durch seine Abwesenheit. Damit verbietet sich jedes selbstverständliche und leichtfertige Reden vom anwesenden Gott. Die für die Neuzeit fundamentale Erfahrung der Abwesenheit und Verborgenheit Gottes ergibt sich zutiefst aus dem Wesen der Gottesbegegnung als einer unmittelbaren, d. h. unverfügbaren Erfahrung.

Der Aspekt der Unmittelbarkeit radikalisiert zugleich das Problem der Welt- und Selbsterfahrung. Mensch und Welt werden, auch und gerade dann, wenn sie vor Gott begriffen werden, ja nicht einfach als heile Welt, als heiles Menschsein erfahrbar. Unmittelbar erfahrbar wird vielmehr die Sinnkrise menschlichen Lebens, die Zerstörung menschlicher Gemeinschaft oder die Gefährdung der Zukunft der Welt. Mensch und Welt werden im Licht der Heilsbotschaft ja nicht verklärt, sondern in ihrer wahren Wirklichkeit offenbar. Gotteserfahrung wird unter dem Aspekt der Unmittelbarkeit zur Betroffenheit über das Elend in der Welt.

Geht mit der Betonung der Krise der Gotteserfahrung nicht der Heilsbezug und damit die Dynamis der rettenden Nähe Gottes verloren? Nein, sie führt vielmehr in das Zentrum der Heilsbotschaft selbst. Sie läßt Kreuz und Auferstehung Christi als die wahre Krise und zugleich die wahre Dynamis aller Gotteserfahrung erkennen. Bedeutet Öffnung für die Erfahrung Gottes, Welt und Mensch vor Gott im Licht der Heilsbotschaft zu sehen, so bedeutet dies, sie im Licht von Kreuz und Auferstehung Christi zu sehen. Gottesnähe wird angesichts der Gottesferne, Heil angesichts der Heillosigkeit erfahrbar. Die grundlegende Erfahrung aber, mit der der Mensch dieser Botschaft entspricht, ist der Glaube, das Vertrauen auf die verheißene Nähe Gottes angesichts einer widersprechenden Wirklichkeit. Grundlegend ist diese Erfahrung, weil sie sowohl das Ende, die unüberschreitbare Grenze aller Erfahrung bezeichnet – Gotteserfahrung gibt es nur im Modus der Erwartung, nicht des Habens –, als auch den Anfang, die Ermutigung darstellt, mit der Botschaft vom Heil inmitten der Welt Erfahrung zu machen.

Unmittelbarkeit und Vermittlung in der praxis pietatis

Wie müssen die Erfahrungen beschaffen sein, in die der Glaube einweist? Deutlich ist, daß es keinen Vorrang bestimmter Erfahrungen geben kann. Auch eine Unterscheidung von Erfahrungen nach den Drei Artikeln führt leicht in die Irre. Die Gefahr der charismatischen Bewegung liegt ja auch darin, daß sie die Geisterfahrung isoliert. Bekomme ich es aber mit der rettenden Nähe Gottes, mit seiner Anwesenheit, d. h. mit dem Heiligen Geist, zu tun, so hat dies ja zugleich Konsequenzen für mein Weltverständnis und Weltverhältnis. Erfahrungen, in die der Glaube einweist, sind als Erfahrungen Gottes in seiner trinitarischen Fülle Erfahrungen mit der uns begegnenden Wirklichkeit in ihrer Fülle. Wir greifen zwei Bereiche heraus: *Beten und Tun.*

– Das *Gebet* bringt den Charakter der Unmittelbarkeit zu Gott im Sinne einer ausdrücklichen Öffnung für die Erfahrung Gottes besonders deutlich zum Ausdruck. Im Gebet öffnet sich der Mensch, indem er die Heilszusagen Gottes erinnert, der Begegnung mit Gott. Der hohe Stellenwert, den das Gebet in der charismatischen Bewegung hat, ist gerade von der Betonung der unmittelbaren Gotteserfahrung her gut verständlich. Indem das Gebet den Gottesbezug unserer Existenz thematisiert, rückt es zugleich die ganze Existenz des Menschen vor Gott. Das Leben wird in Sinnverfehlung und Sinnerfüllung, in Erfolgen und Niederlagen vor Gott an- und aussprechbar. Darum hat im Gebet neben dem Loben des anwesenden Gottes die Klage über seine Verborgenheit in der Welt, neben dem Dank für gelungenes Leben die Bitte und der Hilfeschrei für den geschundenen Mitmenschen ihren Ort. Gebet wird damit zu einer Lebenshaltung, in der der Mensch, der sich von Gott angesprochen weiß, zugleich ansprechbar und sensibel wird für die ihm begegnende Wirklichkeit und seine Betroffenheit vor Gott zur Sprache bringt. Wenn heute mit Recht von der Notwendigkeit einer spirituellen Erneuerung gesprochen wird, dann wird diese Erneuerung daran zu messen sein, ob sie mit der gesteigerten Gotteserwartung auch eine gesteigerte Erwartung im Blick auf den Menschen und die Welt zu verbinden vermag. Wir brauchen »Hinreisen« (D. Sölle) in das Land religiöser Erfahrungen, die »Rückreisen« in den Alltag unseres Lebens mit seinen Herausforderungen möglich machen.

– Das *Tun* des Menschen bringt im Unterschied zum Gebet die radikale Vermittlung aller Gotteserfahrung zum Ausdruck. Der Mensch ist in seinem Tun ganz und gar auf die Bedingungen menschlicher Existenz verwiesen. Er ist von Gott in die Verantwortung für die Welt entlassen. Er bleibt für sein Tun im Guten wie im Bösen voll verantwortlich und hat darum seine Aufgaben nach bestem Vermögen und mit Verstand zu erledigen. Dennoch bekommt es der Mensch gerade darin auch in sehr viel unmittelbarerer Weise mit Gott zu tun. Wie Jesus im Gleichnis von Mt 25,31–46 deutlich macht, kann gerade das Tun zum Ort der Gottesbegegnung werden. Daß diese Gotteserfahrung nicht einfach aufweisbar ist, darauf weist die Inkognitogestalt des im Mitmenschen begegnenden Christus hin. Sie gibt aber dem Tun eine Richtung, die im weitesten Sinn als Orientierung am Geschick des anderen Menschen verstanden werden kann oder, wie *Dietrich Bonhoeffer* kurz sagt, »im Tun des Gerechten unter den Menschen« besteht. Durch solches Tun wird weder die heile Welt noch der heile Mensch hergestellt, der Mensch bleibt in seinem Tun angewiesen auf die befreiende Zuwendung Gottes. Gerade dadurch aber wird er frei, der Resignation zu widerstehen, und bereit, in den frustrierenden Erfahrungen angesichts der heutigen Weltprobleme die Verantwortung nicht aus den Händen zu legen. Nur so bleibt er zugleich offen, in der Betroffenheit durch das Leid in der Welt, in der aktiven und helfenden Anwendung zum Mitmenschen Gott selbst zu begegnen.

2.3.2. Gewißheit ohne Sicherheit

In der Suche nach Gewißheit verbinden sich häufig zwei Bestrebungen: die Suche nach dem, was dem Leben Grund und Halt gibt, und das Verlangen nach Stabilität und Sicherung der menschlichen Existenz. Beides hängt miteinander zusammen, beides zu unterscheiden war besonders das Anliegen der reformatorischen Theologie. Diese Unterscheidung bleibt wichtig nicht nur auf dem Hintergrund des Verständnisses von Heilsgewißheit, wie es in der charismatischen Bewegung begegnet, sondern gerade auch auf dem Hintergrund des Strebens nach Sicherheit, wie es in unserem Leben gegenwärtig ist.

Sicherheit als epochales Problem

Von dem Streben nach materieller und sozialer Sicherheit über die Sicherheitsprobleme der hochkomplizierten modernen Technik (z. B. bei Kernkraftwerken) bis zur Sicherheitspolitik der Staaten erweist sich Sicherheit als ein fundamentaler Lebenswert. Gerade aber weil wir diesen Wert bejahen, dürfen wir uns den Problemen nicht verschließen, die damit verbunden sind. Die beliebige

Vermehrung der Waffen und ihre ständige technische Verbesserung schaffen weltweit nicht größere Sicherheit, sondern lassen mit steigender Bedrohung auch die Unsicherheit wachsen. Wenn menschliche Lebensverwirklichung vor allem bestimmt wird durch das, was wir in materiellem oder geistigem Sinne »haben«, wenn die Qualität unseres Lebens abhängig wird von der Quantität unserer Besitzstände, wenn an die Stelle des natürlichen Gebrauchs unserer Sinne der »Sinn des Habens« (Karl Marx) tritt, dann gewinnt die persönliche Lebenssicherung ein Gewicht, das im Blick auf die anderen (z. B. die jungen Nationalstaaten in der Dritten Welt) und auf die Zukunft überhaupt irrational wird und als Bedrohung verstanden werden muß. Und wenn die Kirchen bei allem gewollten Verzicht auf Macht und Privilegien dennoch im wohlverstandenen Interesse kirchlicher Arbeit um die »Wahrung ihres Besitzstandes« bemüht sind, dann ist gerade auch den Kirchen das Verlangen nach Sicherheit keineswegs fremd. Eine Kirche, eine Gemeinde, der es primär um das eigene Überleben, um die Stabilität und Sicherung ihrer Arbeit geht, ist vielleicht noch keine Bedrohung, aber sie bleibt in jedem Fall den anderen das Zeugnis einer »anderen Sicherheit« schuldig.

Streben nach Sicherheit ist, das muß mit Nachdruck gesagt werden, eine Notwendigkeit des modernen, hochkompliziert gewordenen sozialen, ökonomischen und politischen Lebens. Dennoch kann sich menschliches Sicherheitsstreben durch Übersteigerung gegen sich selbst richten und damit seinen Sinn verfehlen. Für Christen liegt darin ein Hinweis, daß Sicherheit nicht letztes Ziel sein kann. Im politischen Raum ist deutlich, daß die herkömmlichen Mittel nationaler Sicherheitspolitik durch Maßnahmen der Vertrauensbildung ergänzt werden müssen, damit aus der Sicherheit eines einzelnen gemeinsame Sicherheit für alle wird. Wir brauchen Maßnahmen, mehr noch: ein Verhalten, das Sicherheit durch Vertrauen zu gewinnen sucht. Dabei ist freilich Vertrauen mehr als ein Mittel zum Zweck. In der Perspektive unseres Glaubens ist Vertrauen Grundlage unserer Existenz und darum zugleich auch der kritische Maßstab, an dem sich unser eigenes Sicherheitsverlangen messen lassen muß.

Gewißheit des Glaubens

Wenn die Reformatoren Gewißheit *(certitudo)* und Sicherheit *(securitas)* scharf unterschieden und die Gewißheit dem Glauben zugeordnet haben, dann haben sie damit zugleich darauf hingewiesen, daß auch die Gewißheit des Glaubens immer in Gefahr ist, zur Sicherheit zu werden. Besonders deutlich wird dies im Blick auf die Glaubensgewißheit, wie sie in der charismatischen Bewegung in einer für andere Christen geradezu beneidenswerten Weise begegnet.

– Was von innen heraus – innerhalb der charismatischen Bewegung – als Gewißheit verstanden wird, tritt nach außen als Sicherheit in Erscheinung. Es wirkt hier ein ähnlicher Mechanismus, wie wir ihn oben für die generelle Sicherheitsproblematik herausgestellt haben. Die Glaubensgewißheit der Bewegung wird von außenstehenden Christen geradezu als Bedrohung erfahren. Sie werden verunsichert, fühlen sich als Christen zweiter Klasse eingestuft etc. Auch wenn dies nicht gewollt ist, sind diese Auswirkungen durchaus nicht selten.

Die entscheidende Frage ist darum, wie die Glaubensgewißheit, die durch die charismatische Bewegung zu Recht so nachdrücklich ins Blickfeld des heutigen Christseins gerückt wird, vor ihrer Tendenz bewahrt werden kann, zur fragwürdigen Absicherung des Glaubens zu werden. Wir versuchen damit zugleich deutlich zu machen, was Gewißheit als Angebot des Glaubens bedeutet. Ein Dreifaches sei herausgestellt:

– Gewißheit gründet sich nicht auf beweiskräftige Erfahrungen oder Tatsachen, überhaupt nicht auf ein zweifelsfrei fixierbares und beweisbares Fundament. Gewißheit hat ihren Grund im Vertrauen auf Gottes Verheißung. Gewißheit ist Zuversicht (Hebr 11,1), Vertrauen, daß Gott nicht lügt *(deus verax)*. Sie unterscheidet sich gerade darin von der Sicherheit, für die Vertrauen gut, aber Kontrolle besser ist.

– Wenn Jesus sagt, »wer sein Leben erhalten (d. h. sichern) will, der wird es verlieren, wer aber sein Leben verliert um meinetwillen, der wird's finden« (Mt 16,25), dann verbindet er mit Nachfolge, mit Glauben sehr deutlich den Verzicht auf Sicherheit. Glaube wird in der Hingabe des Lebens zur Preisgabe für Lebenssicherung. In der charismatischen Bewegung wird das Verständnis der Nachfolge als Lebenshingabe nicht nur nachdrücklich betont, sondern auch in einer entsprechenden Lebenspraxis zu verwirklichen gesucht. Aber gerade diese Praxis macht es schwer, von der Bewegung zu lernen. Denn die praktizierte Lebenshingabe wird so eng mit bestimmten Methoden der Hingabe, der Entleerung des Lebens (von der Sünde) und der Erfüllung (mit dem Geist), verbunden und bleibt so deutlich auf die Gemeinschaft der Gleichgesinnten angewiesen, daß sie von außen eher als Versuch von geistlicher Lebenssicherung verstanden wird denn als einladende Gewißheit, die auf Sicherheit verzichten kann.

– Gewißheit unterscheidet sich von Sicherheit darin, daß sie von anderen nicht als Bedrohung erlebt werden kann. Gewißheit hat einladenden Charakter. Sie lädt dazu ein, sich auf die Sinnorientierung des Lebens, die der Glaube anbietet, einzulassen und zu verlassen. Wenn Paulus sagt, »*ich* bin gewiß, daß ... *uns*« nichts »scheiden kann von der *Liebe Gottes*, die in Christus Jesus ist, unserem Herrn« (Röm 8,38ff.), dann verbindet er die persönliche Gewißheit (»ich«) mit der Gewißheit der Gemeinde (»uns«), die freilich keine exklusive, die andern ausschließende Sicherheit ist, sondern von dem Grund und Ziel der in Christus der Welt zugewandten »Liebe Gottes« her gerade einladende, sinngebende Gewißheit auch für andere werden kann.

Rechtverstandene Gewißheit bewahrt Menschen davor, in ihrem Sicherheitsbedürfnis grenzenlos zu werden. Indem sie darauf verzichtet, das Leben im letzten sichern zu wollen, entwickelt sie zugleich ein Bewußtsein der dem Menschen gesetzten Grenzen. Gewißheit bleibt darum verletzbar (Anfechtung). Sie läßt sich leicht aus dem Tritt bringen durch die Widerstände des alltäglichen Lebens, durch die Bestreitung Gottes, durch das Elend in der Welt. Wer sich auf Gewißheit einläßt, steht dauernd in Gefahr, rückfällig zu werden und nach Sicherung seiner Gewißheit Ausschau zu halten. Gerade der Glaubende ist dauernd versucht, nach Beweisen für das Dasein Gottes oder nach Erfahrungen, die seinen Glauben bestätigen, zu verlangen.

In der charismatischen Bewegung haben häufig die charismatischen Erfahrungen die Aufgabe, die Wahrheit der eigenen Überzeugungen unter Beweis zu stellen. Man wird die Bedeutung der Erfahrungen für die Gewißheit des Glaubens keineswegs gering ansehen dürfen, aber sie sind Zeichen, Hinweise, Geländer, sie sind nicht der Grund, auf den Gewißheit sich gründet. Denn die Stunde der Wahrheit für die Gewißheit schlägt ja erst dann, wenn sie auch unter gegenläufigen Erfahrungen durchträgt. Darum kann es auch nicht, wie z. B. in der charismatischen Bewegung, darum gehen, in der Unterscheidung der Geister die Erfahrungen herauszufinden, die mit Sicherheit als Erfahrungen des Heiligen Geistes verstanden werden können. Es geht vielmehr darum, zu unterscheiden zwischen dem, was nach Paulus (1Kor 13,8ff.) vergeht und deshalb letztlich nicht tragfähig ist – nämlich Erfahrungen wie Weissagung oder Zungenrede und auch Erkenntnis –, und dem, was nicht aufhört, was Zukunft hat – nämlich Glaube und Hoffnung und Liebe, von denen Paulus die Liebe die größte nennt.

Wenn die Christenheit im Sinne dieser Grundakte christlicher Existenz nicht auf Sicherheit, sondern auf Sinn, d. h. auf Zukunft, eingestellt ist, dann redet sie damit nicht der Unsicherheit das Wort. Gewißheit ist als Verzicht auf Sicherheit nicht Unsicherheit. »Spiritus sanctus non est scepticus« (Luther). Indem die Christen der Welt das Zeugnis ihrer Gewißheit nicht schuldig bleiben, bezeugen sie ihr die Kraft einer Lebensorientierung, die auch das Verlangen nach Sicherheit zur Ruhe kommen läßt.

2.3.3. Verbindlichkeit im Vollzug gemeinsamer Suchbewegung

Mit »Verbindlichkeit« soll ein dritter Aspekt charismatischer Frömmigkeit aufgenommen werden. »Gottes kräftiger Anspruch auf unser ganzes Leben« (Barmer Theologische Erklärung) verlangt besonders auf dem Hintergrund der heutigen Weltprobleme nach verbindlicher Lebensorientierung, nach verbindlicher Lehre und verbindlichem Leben. Die charismatische Bewegung reagiert mit ihrer Ausrichtung auf die Verbindlichkeit des Christseins auf ein brennendes Problem unserer Tage.

Zwischen Verbindlichkeit und Perfektionismus

Der Ruf nach Verbindlichkeit hat eine ähnliche Tendenz wie das Verlangen nach Sicherheit, ist aber deutlicher auf das Leben einer Gemeinschaft bezogen. Verbindlichkeit ist gewissermaßen die Innenseite der Sicherheit. Wird im Bemühen um Sicherheit eine Gemeinschaft nach außen geschützt, so in der Verbindlichkeit nach innen gesichert, indem das Leben dieser Gemeinschaft verbindlich geregelt wird.

Wir können nicht übersehen, daß einstmalige Verbindlichkeiten heute kaum noch Überzeugungskraft besitzen. Typisch ist vielmehr ein Mangel an allgemeinverbindlichen Normen, die das Leben des einzelnen innerhalb der Gemeinschaft orientieren können. Dieses Problem ist keineswegs auf die Kirchen beschränkt, wird aber in ihnen besonders deutlich erfahren. So ist der Ruf nach verbindlicher Glaubens- und Lebensorientierung gerade auf dem Hintergrund der volkskirchlichen Unverbindlichkeit des Christseins gut verständlich.

Wird Verbindlichkeit jedoch bewußt angestrebt und in einer Gemeinschaft auch durchgesetzt, so kann dies faktisch zu einer sehr problematischen Normierung führen, wie sie etwa in der Gestalt des Perfektionismus begegnet. Der Perfektionismus ist als Streben nach Vollkommenheit ein Erbe des religiösen Rigorismus, aber längst – etwa in der modernen Technik – zu einem Bestandteil unseres Lebens geworden. Gerade diese Prägung durch das Ideal der technischen Perfektion macht seine Anwendung auf den sozialen Bereich so gefährlich. Die *»societas perfecta«* – wohlgemerkt eine Wortschöpfung und Selbstbezeichnung der christlichen Kirche – ist als die perfekt auf ein Ziel hin geordnete Gruppe, Kirche oder Gesellschaft eine bedrückende Vision eines falsch verstandenen Strebens nach Verbindlichkeit. Eine andere Form des Perfektionismus ist der Dogmatismus, der dort begegnet, wo gegenüber anderen Überzeugungen ein Dogma, eine allgemein verbindliche Lehre in einer Gemeinschaft durchgesetzt werden soll. Gerade die Kirchen haben hier ein belastendes Erbe zu verantworten, das sie davor bewahren sollte, allzuschnell nach einer uniformen Lehre zu rufen, die für jedermann zur verbindlichen Norm erhoben wird.

Perfektionismus und Dogmatismus haben als Streben nach Verbindlichkeit einen durchaus verstehbaren Kern, der in der Bemühung um Vervollkommnung, Reifung, Verbesserung des Zusammenlebens einerseits wie in der Überwindung eines unverbindlichen Meinungspluralismus und einer Verunsicherung durch die Infragestellung herkömmlicher Normen andererseits gesehen werden kann. Sie werden aber zur Gefahr dort, wo diese Ziele unter Ausnutzung geistlicher, geistiger oder materieller Macht rücksichtslos durchgesetzt werden.

Die christliche Gemeinde, die nach verbindlicher Orientierung sucht, wird sich dieser Gefahr bewußt werden müssen und den schmalen Weg zwischen Unverbindlichkeit und Perfektionismus zu suchen haben.

Nachfolge und Verbindlichkeit

In der charismatischen Bewegung wird Verbindlichkeit gern in einen Zusammenhang mit Nachfolge gebracht. Die Bewegung möchte diejenigen sammeln, die »mit Ernst Christen sein wollen« (Luther), die eine verbindliche Christusnachfolge anstreben. Nachfolge verbindet sich hier mit der Einweisung in bestimmte Verbindlichkeiten. Damit aber kann sich eine folgenschwere Verwechslung anbahnen: Sekundäre Merkmale, die eine bestimmte Praxis geistlichen Lebens darstellen, werden zu primären Kennzeichen des Christseins. Das Streben nach Verbindlichkeit tendiert dazu, verschiedene Vollkommenheitsstufen der Nachfolge zu unterscheiden.

Jesu Ruf in die Nachfolge und die damit verbundene *Vollkommenheitsforderung* (z. B. Mt 19,21) müssen davon aber unterschieden werden:

– Wenn Jesus in die Nachfolge ruft, dann ruft er nicht zu einer gesteigerten Vollkommenheit. Das quantitative Denken im Rahmen des Gesetzes (»Was fehlt mir noch?«) wird durch ein qualitatives Denken im Horizont des Evangeliums abgelöst: Jesus ruft dazu, sich ganz und ungeteilt – und d. h. vollkommen – Gott zuzuwenden.[17]

– Der Ruf in die Nachfolge ist ein Ruf in die Freiheit. Dieser Ruf setzt die freie Entscheidung voraus, befreit von bisherigen Bindungen (Freiheit vom Gesetz) und ruft in die Freiheit, die im Dienst am Nächsten bewährt wird. Die Freiheit aber kann durch Rückversicherungen (Luk 9,59–62), durch die Wiederaufrichtung des Gesetzes (Galaterbrief), durch kasuistische Verbindlichkeiten verspielt werden.

– Freiheit ist jedoch nicht Beliebigkeit und Unverbindlichkeit. Wenn Paulus etwa die prinzipielle Freiheit betont (»Mir ist alles erlaubt«, 1Kor 10,23), dann führt gerade diese Freiheit in ein Verhalten, das Paulus damit beschreibt, daß »niemand das Seine suchen soll, sondern das, was des anderen ist« (V.24). Und wenn es in der Bergpredigt heißt: »Darum sollt ihr vollkommen sein, gleichwie euer Vater im Himmel vollkommen ist« (Mt 5,48), dann deutet dies auf die ganze und ungeteilte Hinwendung zum Menschen hin, die im Verhalten Gottes (V.45) ihr Maß gewinnt.[18]

Indem Nachfolge so zu ungeteilter Gottes- und Nächstenliebe ruft, ruft sie in eine Verbindlichkeit der Lebensorientierung, die unterschiedliche Realisationen christlichen Lebens ermöglicht und eröffnet, ja geradezu nötig macht. Richtet sich die charismatische Bewegung mit Recht gegen eine weitverbreitete Unverbindlichkeit des Christseins, so wird sie sich selbst fragen lassen müssen, ob sie mit der Aufrichtung verbindlicher Normen nicht in Gefahr ist, die gewonnene Freiheit wieder zu verspielen, ob sie die reformatorische Abweisung des Perfektionismus mit dem *simul iustus et peccator* noch wirklich ernst nimmt. Jede Gestaltwerdung christlicher Existenz muß sich ihrer Vorläufigkeit und ihrer prinzipiellen Überholbarkeit bewußt bleiben. »Wir sind nun Gottes Kinder; und es ist *noch nicht* erschienen, was wir sein werden« (1Joh 3,2) – beides muß festgehalten werden: Der Widerstreit zwischen Sündersein und Gerechtsein, zwischen Mensch- und Christsein wird gerade nicht aufgelöst. Das schließt den Progreß, die Reifung nicht aus, sondern recht verstanden mit ein. Neben das *simul iustus et peccator* tritt das *peccator in re – iustus in spe.*

Pluralität und Parteilichkeit

Führt die Sorge vor falschen Normierungen nicht letztlich aber doch dazu, daß der einzelne Christ ohne verbindliche Orientierung bleibt? Bleibt nicht schließlich doch alles offen und dem Belieben überlassen? Bietet nicht die charismatische Bewegung gerade darin eine Hilfe, daß sie den Erweckten in eine Gruppe einbindet, in der sein geistliches Leben Orientierung findet? Die Bedeutung verbindlicher Gemeinschaft, einer Gemeinschaft, die den einzelnen trägt und begleitet und ihm Orientierung gibt, steht außer Frage. Gerade die Nachfolgegemeinschaft der Jünger als Lebens- und Schicksalsgemeinschaft mit Jesus hat in der Geschichte der Kirche immer wieder Gemeinschaften initiiert, die innerhalb der Kirche oder an ihrem Rande eine intensivere Form gemeinsamen Lebens und Dienstes zu verwirklichen gesucht haben. Hier hat die Gruppe oder die Bewegung in der Kirche ihren Ort, die ein besonderes Anliegen zum Tragen bringt; die Aktionsgruppe für Friedenserziehung wie die Bruderschaft, die ihre besondere Aufgabe im Gebet sieht. Der eschatologische Vorbehalt – daß wir im Glauben, nicht im Schauen leben – ist auch ekklesiologisch zu realisieren. Der Partikularität unserer Wahrheitserkenntnis entspricht die Pluralität unserer Gemeinschaftsformen. Gerade die Absage an die uniforme Kirche und die perfekte Gemeinschaft macht so etwas wie verbindliche Gemeinschaften nötig, Gemeinschaften, in denen besondere Dienste wahrgenommen werden: Gottes- und Weltdienste. Hier hat die Parteilichkeit durchaus ihren Platz wie auch der Streit der Meinungen in der Kirche. Aber auch die einzelne Gemeinschaft in der Kirche steht unter dem eschatologischen Vorbehalt, auch sie bleibt sowohl ein Stück »sündiger Welt« (Bonhoeffer) als auch Träger der Verheißungen Gottes. Parteilichkeit bleibt freilich nur dann eine für die Kirchen fruchtbare Haltung, wenn sie mit entscheidender Bejahung der Pluralität verbunden wird, einer Pluralität, die von unverbindlichem Pluralismus deutlich unterschieden ist, weil sie als die Pluralität derer verstanden werden muß, die miteinander auf der Suche nach verbindlicher Orientierung sind und die sich darum als eine gemeinsame Suchbewegung verstehen.[19]

3. Konkretion: Charisma und Charismen

Die Bewegung läßt sich nicht gern »charismatische Bewegung« nennen. Das hat sein Recht darin, daß in dieser Bezeichnung die spirituellen und theologischen Anliegen der Bewegung nicht voll erfaßt sind. Dennoch tritt die Bewegung für den Außenstehenden gerade als charismatische in Erscheinung. Im Erfahren und Praktizieren von Charismen zeigen sich einige Anliegen, Positionen, Kennzeichen und Gefahren der Bewegung besonders deutlich. Viele sehen gerade in den Charismen das »Anstößige« der Bewegung: das, woran man Anstoß nimmt, und das, wovon man Anstöße erwartet. Deshalb soll in diesem Teil auf Charismaverständnis und Charismenpraxis der Bewegung besonders eingegangen werden.

3.1. Charismaverständnis und charismatische Gemeinde

Im Mittelpunkt der Charismenpraxis der Bewegung stehen eingestanden oder uneingestanden die außergewöhnlichen Charismen wie *Prophetie, Heilungen, Zungenrede.* Dem widerspricht nicht, daß auch andere Charismen Beachtung finden; denn Charismen wie Leitung, Scheidung der Geister, Interpretation der Zungenrede erscheinen oft im Gefolge jener Charismen oder stehen in engem Zusammenhang mit ihnen.

Wo man versucht, das Spektrum zu erweitern und ein offenes, nicht so am Außergewöhnlichen orientiertes Verständnis von Charisma zu gewinnen, geht man in der Regel doch von einem gewissen Kodex schon bekannter Charismen aus, der aus dem Neuen Testament gewonnen ist. Man überlegt dann zum Beispiel, ob dieses oder jenes »ein Charisma« ist und ob das Neue Testament eine vollständige oder eine unvollständige und damit erweiterungsfähige Liste bietet.

Der Geist teilt nach diesem Verständnis offenbar aus einem immer schon vorhandenen, gewiß reichhaltigen und unerschöpflichen, aber doch irgendwie definierbaren und numerisch erfaßbaren Schatz von Gaben aus. Damit aber ergibt sich die Tendenz, das Grundverständnis der Charismen vom Nachdenken über das Wesen der Gnade *(charis)* und über das Wirken des Geistes zu isolieren.

Dieses Charismenverständnis ist ziemlich deutlich in der spezifischen Bibelbezogenheit der Bewegung begründet, zu deren Charakteristika die Detailorientiertheit gehört. Die Treue zum biblischen Zeugnis wird zu einem guten Teil an der Detailübereinstimmung mit der wörtlich verstandenen biblischen Einzelaussage gemessen. So ist es dann auch verständlich, daß das Wiederauftauchen so lange fehlender, aber im Neuen Testament genannter Charismen wie Heilung und Glossolalie als besonders eindrücklicher und sicherer Beweis für die Gegenwart Jesu bei den Seinen verstanden werden kann. Das Gespräch mit der charismatischen Bewegung kann, wenn es kritisch und lernbereit sein soll, nicht bei dieser Detailübereinstimmung einsetzen, sondern muß sich an der inhaltlichen Zusammengehörigkeit von Charisma mit »Gnade« und »Geist« orientieren. Nur so kann ein gangbarer Weg gefunden werden, der die Anregungen der charismatischen Praxis der Bewegung aufnimmt, ohne sie zu kopieren.

3.1.1. Charis, Geist, Charisma – theologische Grundeinsichten

Im Neuen Testament wird an keiner Stelle eine abgerundete und normative Charismenlehre entfaltet. Aufzählungen und Würdigungen von Charismen begegnen uns immer im Blick auf konkrete Gemeinden. Paulus, der mehrfach über Charisma und Charismen spricht, war dazu genötigt, weil er bestimmte Gaben vorfand. Vielleicht machte er die Gemeinden mit manchen auch selber bekannt. In erster Linie aber ordnete er sie, entwickelte Wertungsmaßstäbe und gab vor allem Hilfen zum grundlegenden Verständnis. Diese theologische Argumentation verlangt vorrangig unsere Aufmerksamkeit. Wir werden damit die Normativität des biblisch-apostolischen Zeugnisses gerade anerkennen, werden sie aber nicht mit einer Allgemeingültigkeit urchristlichen Gemeindelebens für alle Zeiten verwechseln.

a) Bei Paulus steht der Terminus *Charisma* in engem Zusammenhang mit Gnade *(charis)* und Geist. Für ihn ist Charisma die vom Geist geschenkte Möglichkeit, erfahrene Gnade in Leben umzusetzen. Ohne solche Umsetzung wird Gnade kaum wirklich erfahren, und erfahrene Gnade bedeutet immer schon neues Leben. Deshalb sind bei Paulus die Begriffe Charis und Charisma weitgehend austauschbar. Das Spezifikum von »Charisma« ist aber nicht das Erfahren der Gnade schlechthin, sondern die individuelle und konkrete Möglichkeit, sie auszuleben, sie im eigenen Leben und im Leben der Gemeinde Gestalt gewinnen zu lassen.

So vielgestaltig und konkret die Gnade Gottes für den Menschen ist, so mannigfach und gezielt ist auch das Wirken des Geistes, wenn er den Menschen die Lebensmöglichkeiten der Gnade zeigt. Damit ist das Wirken des Geistes nicht schematisch oder schablonenhaft, sondern konkret geschichtlich. Gerade in der immer neuen Konkretion und Individuation des Lebens mit Christus erweist sich die Fülle des Geistes und die Universalität der Gnade. So läßt sich der Heilige Geist nicht auf einen bestimmten Katalog von Charismen festlegen, die bei den einzelnen Gemeindegliedern in gewissen Variationen immer wiederkehren müßten. Er besteht auch nicht auf dem Muster einer bestimmten geschichtlichen Situation, nach dem die charismatische Existenz einer Gemeinde zu gestalten wäre. Die Kontinuität im Wirken des Geistes besteht nicht darin, daß er immer wieder dasselbe tut, sondern daß er in immer wieder überraschenden Konkretionen und Individuationen denselben zur Geltung bringt – Christus – und dasselbe im Leben der Christen und Gemeinden Gestalt gewinnen läßt – die Gnade Gottes in Christus.

Auf der anderen Seite läßt sich der Heilige Geist auch nicht auf immer Neues festlegen. Die Zuordnung bestimmter Formen seines Wirkens und bestimmter Lebensmöglichkeiten der Gnade auf bestimmte kirchen- oder heilsgeschichtliche Perioden scheitert genauso an der Freiheit des Geistes. Sie übersieht außerdem, daß der Heilige Geist nicht ein Christusprinzip zu immer neuer geschichtlicher Verwirklichung bringt, sondern sich an Jesus von Nazareth, dem menschgewordenen Sohn Gottes, orientiert.

Für die Einschätzung der Charismenpraxis der Bewegung bedeutet das, daß es nicht so wichtig ist, daß hier Dinge vorkommen, die uns vor allem aus der apostolischen Zeit bekannt sind. Wichtiger ist, daß hier Unerwartetes, Überraschendes geschehen ist, mit dem wir auf die Freiheit und Zuverlässigkeit des Geistes hingewiesen werden. Nachdenkenswerter ist auch, daß hier Lebensmöglichkeiten der Gnade aufgedeckt werden, die heutigem Welt- und Menschenverständnis scheinbar widersprechen. Und am wichtigsten ist, daß wir aufgerufen werden, wacher auf Konkretionen der Gnade zu achten und uns Lebensmöglichkeiten der Gnade zeigen zu lassen.

b) Charisma, auch wenn es Individuation der Gnade bedeutet, läßt doch keine individualistische Deutung oder Handhabung zu. Konkretheit und Pluriformität der Gnadenwirkung stellen die Glieder der Gemeinde gerade nicht auf sich selbst, sondern binden sie um so fester aneinander. Charisma ist »Wirksamkeit der Gnade in der Gemeinde, die sich in der Einzelbegabung repräsentiert«.[20] Dabei hat *jeder* Christ, weil und insofern in ihm der Geist wirkt, seine Möglichkeiten, Gnade in seinem Leben in die Tat umzusetzen, hat also seine Charismen, die es zu entdecken und in das Leben der Gemeinde einzubringen gilt.

Die Einbindung der Charismen in das Leben der Gemeinde bedeutet nicht, daß die Funktion der Charismen innergemeindlich zu bestimmen ist. Das hieße, das geläufige Kriterium »Auferbauung der Gemeinde« zu eng zu verstehen. Charisma ist Konkretion der Gnade für ein christliches Leben in der Welt. Und das Zusammenwirken der Glieder mit ihren je eigenen Gaben und Aufgaben ist nötig, um die Funktionstüchtigkeit des Leibes aufrechtzuerhalten. Die zentrale Funktion der Gemeinde aber ist das Zeugnis von der Gnade Gottes in Jesus Christus für die Welt. Charisma als Lebenskonkretion der Gnade weist also den einzelnen wie die Gemeinde an die Welt. So kann Paulus sogar das missionarische Zeugnis zum unmittelbaren Kriterium für Charisma machen (1 Kor 14,23ff.). Und wenn er in Röm 12 die vielfältigen Möglichkeiten aufzeigt, Gnade in die Tat umzusetzen, so weist er die Christen damit in gleicher Weise an den Bruder in der Gemeinde wie an die Mitmenschen überhaupt. – Wenn der Geist sich mit der erneuernden Macht der Gnade dem Menschen konkret zuwendet, nimmt er ihn als Geschöpf Gottes, knüpft an seine »natürlichen« Möglichkeiten und Begabungen an und nimmt sie in Dienst. Das bedeutet, daß man Fähigkeit bzw. Begabung und Charisma weder scharf voneinander trennen noch einfach gleichsetzen kann. Charisma ist die in den Dienst der Gnade gestellte Begabung. Der Geist wählt aus den Begabungen, die ich habe, aus und zeigt mir, welche für mich selbst, für die Gemeinde und für die Mitmenschen zu Lebensmöglichkeiten der Gnade werden können.

Man kann hier eine Analogie zum säkularen Charismabegriff feststellen: Charisma ist die besondere Fähigkeit, die zum Nutzen der Gesellschaft angewendet wird. Nimmt man diese Analogie ernst, wird man bewußter fragen, wieweit nicht die Charismen, die in der und für die Gemeinde gelebt werden, auch zu Charismen werden müssen, die der Christ und die Gemeinde in die Gesellschaft einzubringen haben.

3.1.2. Erkennen, Leben, Prüfen – Aspekte zur Charismenpraxis

a) Charismen wollen erkannt sein. Sie sind ja keine zusätzlichen Gaben, die zu den natürlichen Begabungen und auch zum Erfahren der Gnade noch hinzugegeben würden und deshalb unverwechselbar und unübersehbar auf sich aufmerksam machten. Das Erkennen der Charismen ist eine wichtige Funktion der Gemeinde. Der Geist bedient sich gern der Mitchristen, um zu zeigen, welche Gaben er in Dienst nehmen möchte.

Solches Zeigen und Erkennen eines individuellen Charismas kann natürlich auch bedeuten, daß der Geist bisher verborgene Begabungen und Fähigkeiten weckt oder zum Vorschein bringt. Es kann aber genausogut bedeuten, daß der

Geist schon längst Vorhandenes und Geübtes für das Erleben und für den Dienst der Gnade fruchtbar macht. Zum Erkennen der Charismen beim einzelnen und in der Gemeinde bedarf es deshalb einer bewußt offenen und unschematischen Einstellung, die bereit ist, dem Geist in seinem konkreten individuellen und geschichtlichen Wirken zu folgen.

Die Freiheit des Geistes bedeutet aber keine Sprunghaftigkeit. Sowohl die Anknüpfung an Begabungen als auch die Beständigkeit der Gnade beinhalten, daß es Charismen zu entdecken gilt als *ständige* Gaben und Aufgaben, ohne damit freilich irgendein geistliches Sicherheits- oder Besitzstandsdenken zu verbinden. Weil Gewißheit des Geistes nicht mit charismatischer Sicherheit zu verwechseln ist, wird sich der einzelne wie die Gemeinde im ganzen immer auch für neue und andere Konkretionen der Gnade offenhalten müssen.

b) Im Neuen Testament werden an verschiedenen Stellen ganze Reihen von Charismen genannt. Welche Hilfe können sie heute für das Erkennen unserer Gaben geben?

Die aus dem Neuen Testament gewonnenen Charismenlisten können gewiß keine normative Bedeutung als offene oder geschlossene Kataloge haben. Die Praktizierung eines bestimmten Standards von Charismen macht eine Gemeinde noch nicht zu einer charismatischen Gemeinde. Und die möglichst vollständige Beachtung und Praktizierung neutestamentlicher Charismen bietet nicht die sichere Gewähr, daß der Heilige Geist wirklich mit der Fülle der erneuernden Macht der Gnade erwartet und empfangen würde.

Die Nennung, ja Aufzählung von Charismen im Neuen Testament trägt Beispielcharakter. Positiv bedeutet das zweierlei: Sie soll zum einen eine Anregung sein, der Kreativität des Geistes nachzuspüren. Deshalb weist sie in so verschiedene Richtungen und faßt so unterschiedliche Dinge unter den gleichen Begriff. Aufschlußreich ist in dieser Hinsicht die animierende Reihe des Paulus in Röm 12, die von scheinbar besonderen und herausgehobenen Gaben fast nahtlos übergeht zu jedermann zugänglichen Möglichkeiten, Gnade im christlichen Leben zu bewähren.

Die Reihen sind zum anderen beispielhaft, weil in ihnen Gaben- und Aufgabenbereiche genannt werden, die für die Gemeinde jeder Zeit wichtig sind. Insofern haben die Charismentypologien (z. B. kerygmatische, diakonische Charismen) ein gewisses Recht. Und das demonstrative Auftauchen bestimmter Charismen muß die Frage provozieren, ob nicht damit die ganze Gemeinde auf Bereiche von Wirkmöglichkeiten der Gnade hingewiesen werden soll, ohne die der Gemeinde Wesentliches fehlt oder die sie bisher vernachlässigt hat.

c) Charismen verlangen ein verantwortliches Leben. Die Verantwortung umfaßt sowohl die Bereitwilligkeit, dem Geist in seiner Wahl zu folgen und sich mit seinem Charisma gern zur Verfügung zu stellen, als auch Besonnenheit und Zurückhaltung in der Einschätzung der eigenen Gaben gegenüber dem Mitchristen. Es ist grundsätzlich davon auszugehen, daß jeder Christ seine Gaben hat und mit ihnen vor Gott in gleicher Gunst steht. Wenn Paulus dennoch bestimmte Wertungen einführt, ist das mehr eine Frage der Gemeindeordnung als des theologischen Prinzips. Die Anlehnung an diese Ordnung muß doch die Möglichkeit offenhalten, heute u. U. andere Prioritäten zu sehen und auch ganz andere als die im Neuen Testament genannten Konkretionen der Gnade als gleichwertig zu respektieren. Wer aus der Praxis bestimmter Charismen heraus Wirkungen der Gnade in irgendeiner Weise kodifizieren will, handelt letztlich ungnädig und geistlos gegenüber dem Mitchristen.

d) Damit ist bereits die Frage des Prüfens von Charismen berührt. Und hier muß sehr sorgfältig gefragt werden, was eigentlich »Prüfen« im Blick auf Charisma heißt. Der Anknüpfungscharakter von Charisma erlaubt es nicht, von bestimmten Vorgängen, Fähigkeiten, Begabungen schon auf charismatisches Geschehen rückzuschließen. Darüber, ob es der Geist Gottes ist, der diese Vorgänge oder Begabungen in Bewegung bringt, gibt es keine letztgültige Sicherheit. Die Freiheit des Geistes ist auch im Blick auf das Prüfen zu respektieren.

Der Geist führt die Sache Christi. Deshalb ist der einzige gangbare Ansatz für eine Kriterienfindung der, den Paulus in seiner Charismendiskussion eingeführt hat: die Liebe zu Gott, zum Mitchristen, zum Mitmenschen. Darin, daß der eigene Glaube gestärkt und in Leben umgesetzt wird, daß die Gemeinde erbaut und zu Zeugnis und Dienst befähigt wird und daß die Welt etwas von der Liebe Gottes erfährt und zu spüren bekommt, darin erweist sich ein Charisma als solches. So ist nicht jede Zungenrede schon charismatisches Geschehen. Aber wo durch vielleicht unscheinbares Tun eines Christen die Liebe Gottes verbreitet wird, da ist der Geist mit seiner Gnadengabe anwesend.

3.1.3. »Charismatische Bewegung« – Fragen zu Verkündigung und Struktur der Gemeinde

a) Gemessen an dem von uns vorgetragenen Charismaverständnis kann man die Bewegung nur mit Vorbehalt »Charismatische Bewegung« nennen. Gewiß geht es ihr durchaus zentral um die Entfaltung charismatischen Lebens in der Gemeinde. Aber daß hier eine Bewegung durch die von ihr beeinflußten Kreise und Gemeinden gegangen ist, den vielfältigen und immer wieder neuen Konkretionen und Individuationen der Gnade bei ihren Gliedern in großer Offenheit gegenüber dem Wirken des Geistes nachzuspüren und damit der dynamischen Bewegung des Geistes zu folgen, hat sich noch nicht gezeigt. Vor allem hat die Grundeinsicht, daß Charisma Bewegung der Gnade zur Welt hin ist, kaum Niederschlag in den »charismatischen Gruppen« gefunden. Da gibt es noch viel charismatisches Leben zu entdecken.

Für die Kirche kann eine solche Einschätzung freilich nur einem Bußruf an sich selbst gleichkommen. Denn wo sind *ihre* charismatischen Erfahrungen? Wo findet in ihr die Gnade neues Leben, so daß die Liebe Gottes verbreitet wird? Freilich, es *gibt* in der Kirche durchaus eine Reihe von Ansätzen, in denen versucht wird, als Mensch von heute wirklich Christ zu sein, es gibt unerwartete Erfahrungen, in denen der Geist Gnade zum Leben bringt. Diese Ansätze müssen, gerade auch wenn sie aus gewohnten Gleisen herausführen, freudiger aufgenommen und williger unterstützt werden. Es geht darum, viel ernsthafter damit zu rechnen, daß der Heilige Geist viele Möglichkeiten hat, die Gnade Gottes im Leben jedes einzelnen lebbar zu machen, daß er viele unterschiedliche Gaben bereithält, Gemeindeleben zu gestalten und Gemeinde funktionstüchtig zu machen, und daß er gerade mit der Vielfalt der Gaben die Gemeinde zum Dienst an der Welt befähigen will. Dem neu nachzudenken und nachzuspüren, kann die sogenannte charismatische Bewegung – als nur *eine* Möglichkeit neben anderen – für die ganze Kirche Anstoß sein.

b) Die charismatische Bewegung weist durch ihre Praxis erneut auf Erkenntnisse hin, die an sich von katholischen wie evangelischen Theologen seit Jahren immer wieder vorgetragen wurden (z. B. *K. Rahner, G. Hasenhüttl, E. Schweizer, E. Käsemann*). Und auch in der ökumenischen Studie der sechziger Jahre über die Struktur missionarischer Gemeinden, die Neuansätze der Gemeindearbeit in unseren Kirchen wesentlich beeinflußt hat, haben sie eine wichtige Rolle gespielt. Der Charismabegriff erscheint hier vor allem im Nachdenken über die Ordnung der Gemeinde, über das Verhältnis von Amt und Charisma, von Charisma und Institution. Die Strukturstudie z. B. forderte, daß die Kirche weg von der Dominanz des einen (Pfarr-) Amtes zu »einer weiteren, beweglicheren und wirksameren Form des Amtes in Gestalt zahlloser Dienste finden« möge (Die Kirche für andere ..., Genf 1967, S. 31). Ziel war, die Gemeinden durch die Entdeckung, Förderung und Einsetzung von Charismen »aussendungstüchtig« zu machen.[21] Das bedeutet, daß gerade die Entfaltung charismatischer Vielfalt zum Strukturprinzip missionarischer Gemeinden werden müßte. Weder in der Strukturstudie selbst noch in den auf ihr beruhenden Neuansätzen der Gemeindearbeit ist der Charismagedanke allerdings wirklich zentral verarbeitet worden. Er ist erst durch die Ausbreitung der charismatischen Bewegung wieder stärker ins Blickfeld getreten. In begrenzter Form ist nämlich in den Gebetskreisen etwas vom Anliegen der Strukturstudie verwirklicht: Sie bilden Gemeinschaften, in denen jeder einzelne gibt und nimmt. Leitung und andere Dienste sind nicht an das Amt gebunden. Im Blick auf Mündigkeit der Glieder, Einbringen der verschiedenen Gaben in das Leben der Gruppe und Wahrnehmung vielfältiger Dienste trägt eine Reihe von Kreisen durchaus Beispielcharakter. Durch die dargestellte Verkürzung des Charismaverständnisses sowie auch durch die Leiter- und Amtsorientiertheit in der ganzen Bewegung werden diese hilfreichen Ansätze freilich zum Teil wieder neutralisiert. Und vor allem: Das charismatische Leben steht bei ihnen der Arkandisziplin viel näher als der Mission. Die missionarische Funktion von Charisma wird kaum gesehen, wie auch die bewußte und aktive Weltbezogenheit des Glaubens und der Frömmigkeit, die eine der Grundsätze der von der Strukturstudie repräsentierten Missionskonzeption ist, in der charismatischen Bewegung gerade nicht mitvollzogen wird.

c) Dennoch kann ein in der Auseinandersetzung mit der Bewegung gewonnenes Charismaverständnis anregen, einige Anliegen des Bemühens um *missionsfähige Gemeindestrukturen* neu zu bedenken:

– Es zeigt sich, daß das Bemühen um charismatisch-missionarische Gemeinden nicht in erster Linie eine organisatorische Angelegenheit ist, also z. B. schon durch entschlossene Ämter- und Diensteverteilung, durch ein breiteres kirchliches Berufsangebot oder durch Heranziehen von Laien zur Mitarbeit Erfolg haben kann. Es wird vielmehr im Kern zu einer Sache der Verkündigung: Der Zuspruch der Gnade Gottes muß zum Inhalt haben, daß der Heilige Geist Gnade individuell-konkret zur Wirkung kommen lassen will. Es gilt, im Hören des Wortes, in seiner Annahme, in seinem gemeinsamen Bedenken, im Gespräch, im Gebet usw. diese Konkretionen aneinander und füreinander zu entdecken. Darauf kann und muß dann alles andere, auch das Organisatorische, aufbauen. Und von hier aus kann auch eine Verbindung zu anderen Erkenntnisweisen, z. B. der Soziologie, geknüpft werden.

– Der Charismabegriff verbindet das eigene Glaubensleben, das Leben in der Gemeinde und das Leben in der und für die Welt. In ihm deutet sich damit eine Konzeption der Frömmigkeit an, in der die christliche Existenz in sich selbst missionarisch wirkt. Was bedeutet das für die Missionskonzeption der christlichen Präsenz in den Lebensvollzügen der Gesellschaft? Können hier Hinwendung zu Gott und Dasein für andere in neuer Weise miteinander verbunden und dennoch unterschieden werden?

– Zur Sendung befähigende Strukturen müssen flexibel sein. Das Ernstnehmen von Charismenentfaltung als Strukturprinzip könnte dieses Anliegen fördern und geistlich vertiefen: Eine charismatische Gemeinde folgt dem Geist zu immer neuen Konkretionen der Gnade. Das Entdecken von Charismen kann so zu einem dynamisierenden Faktor im Leben der Gemeinde werden. Indem die

Gemeinde damit dem Geist folgt und von ihm den Rhythmus von Aufbruch und Beharren, von Wandel und Kontinuität lernt, entfällt auch die (z. B. in der Strukturstudie zu beobachtende) Ideologisierung des ständigen Wandels, jene Auszugsverherrlichung und -strategie, die die Gemeinde nur um so fester beim Gewohnten verharren läßt. Eine charismatische Gemeinde bleibt in Kontinuität und Unterwegssein gleichermaßen angewiesen auf die Gnade Gottes und die Führung des Geistes.

3.2. Zur Bedeutung heute besonders auffälliger Charismen

a) Vor Gott sind alle Charismen gleich; denn jede Konkretion der Gnade ist freies Wirken des Geistes. Es kann also an sich keine qualitative Abstufung, keine hierarchische Rangfolge von Charismen geben. Darin herrscht im Prinzip auch Übereinstimmung. Dennoch kann niemand leugnen, daß in der charismatischen Bewegung einigen Charismen wie Prophetie, Heilung und Zungenrede besondere Wertschätzung entgegengebracht wird.

Der Grund dafür liegt nicht allein darin, daß gerade diese Charismen in den Gemeinden neu aufgetaucht sind, während die meisten anderen im Neuen Testament genannten stets irgendwie da waren. In dieser Wertschätzung konkretisiert sich vielmehr in besonderer Weise der Wunsch, im Glauben ein unmittelbares Verhältnis zu Gott zu gewinnen, Gott in seinem Wirken unmittelbar zu erfahren.

Das Besondere bei der Bevorzugung der drei genannten Charismen ist nun, daß die Tendenz besteht, die Unmittelbarkeit des Wirkens Gottes hier in einer gewissen Übernatürlichkeit manifestiert zu sehen. Man hofft, hier, wo alles Menschliche oder Psychische, die Rationalität des Menschen und die Naturgesetzlichkeit des Vorgangs scheinbar durchbrochen oder beiseite gelassen werden, das Verständnis für eine transzendente Wirklichkeitssphäre zurückzugewinnen, die in unser menschliches Leben hineinreicht und die eine verlorene Dimension der Gottesbeziehung wiedereröffnet.

b) Auch in seiner Zuspitzung ist dieses Anliegen durchaus verständlich als Reaktion auf einen verbreiteten vulgären Positivismus, eine Wissenschaftsgläubigkeit, die die Welt für im Grunde durchschaut hält und Wissens- und Erkenntniszuwachs fast nur noch quantitativ versteht. Und es ist ja auch nicht von der Hand zu weisen, daß die auffälligen Charismen in ihrer Transzendierung des Normalen, Eingefahrenen, Verbrauchten, Allgemeinverständlichen und schnell Erklärbaren über Vorfindliches hinausweisen und damit unseren Wirklichkeitshorizont erweitern können. Das ist ein Dienst, der durchaus auch für die Kirche wichtig ist; denn sie hat an der geschilderten Grundhaltung weitgehend Anteil.

Wer aber Phänomene wie die Glossolalie als »einen Protest gegen den Materialismus und Formalismus der westlichen Christenheit« ansieht,[22] muß sich fragen lassen, welche Gestalt der Protest selbst dann annimmt. Sollen nicht der materialistischen Leugnung der Existenz Gottes handfeste materielle Zeichen und sogar so etwas wie Beweise gegenübergestellt werden, und entspricht das nicht gerade dem materialistischen Zug der Zeit? Auch eine andere Frage muß man sich gefallen lassen: Der Ausbruch aus einer rationalistisch-technizistisch interpretierten und verwalteten Welt und der Hinweis auf die Stückhaftigkeit menschlichen Erkennens, auf eine Welt des Geistes oder auf Transzendenz geschehen ja heute durch eine ganze Reihe kultureller, geistiger, psychischer oder auch parapsychischer Phänomene und Unternehmungen. Einige sind als Vorgänge durchaus dem vergleichbar, was bei Charismen wie Prophetie, Heilung und Glossolalie beobachtet werden kann. Auch religionsgeschichtliche Parallelen sind nachgewiesen worden. Erleben wir also vielleicht nur christliche Varianten allgemeiner religiöser oder vielleicht auch besonderer parapsychischer Phänomene?

c) Wer diese Fragen beantworten will, muß sich dem tatsächlich gravierenden Problem der Orientierung an wunderbaren Vorgängen stellen: Wird nicht durch die Alternative zwischen natürlichem und übernatürlichem Geschehen Gott von seiner Schöpfung getrennt? Werden nicht Schöpfergeist und Christuspneuma gegeneinander ausgespielt? Hat Gott nicht durch die Menschwerdung seines Sohnes gerade gezeigt, daß er »hinter« seiner Schöpfung steht? Das aber bedeutet zweierlei: Er bedient sich auch in seinem unerklärlichen, scheinbar direktem Handeln seiner Schöpfung; und er ist es, der in ihrer Kausalität erkannte Vorgänge ermöglicht und sich ihrer bedient. Indem der Geist die Gnade Gottes in Jesus bei uns konkret werden läßt, drängt er uns auch, die Schöpfung in ihrem Reichtum tiefer und umfassender zu verstehen.

Damit öffnet sich auch die Möglichkeit, gelassen, ja gespannt auf alle wissenschaftlichen Erklärungs- und Deutungsversuche zu blicken. Sie zerstören nicht das theologische Verständnis, sie können es sogar fördern. Sie können nämlich davor bewahren, in der Fixierung auf ein mirakulöses Geschehen die eigentliche Intention des Geistes zu verkennen und an der eigentlichen Zuwendung der Liebe Gottes zum Menschen, die in der Tat höher ist als alle Vernunft, vorbeizusehen und so schließlich das Zeichen zu verehren und nicht den, der sich in ihm zu erkennen geben will.

d) Es zeigt sich, daß diese Position mit der Tendenz der paulinischen Argumentation konvergiert. Paulus läßt ja an sich in seinen Aufzählungen eine gewisse Reihenfolge mit wertendem Charakter erkennen. Er fordert auf, nach den »größeren« bzw. »besten« Gaben zu streben. Aber seine Wertung hat gegenüber jeder am Mirakulösen, äußerlich Faszinierenden orientierten Hierarchie von Charismen, zu der man offenbar in Korinth neigte, gerade eine kritische Funktion. Deshalb lenkt er hin zum einzig bestimmenden Kriterium der Auferbauung der Gemeinde in Liebe zum Bruder. Und gegenüber der nun auch von hier sich ergebenden Wertung durch die Verbindung einiger Charismen mit übergemeindlichen und ständigen Funktionen mahnt er dann, nicht hochfahrend zu werden, sondern nüchtern und besonnen zu bleiben nach dem Maßstab der Gnade (Röm 12). Vor Gott ist jedes Charisma gleich. Beachtet man diese prinzipielle Gleichstellung der Charismen und versucht man, Charisma als vom Geist erschlossene Schöpfungsmöglichkeit zu verstehen, dann kann man auch sinnvoll nach der Bedeutung solcher Charismen wie Prophetie, Heilung und Glossolalie heute fragen. Dabei werden sowohl biblische Kriterien als auch wissenschaftliche Kenntnisse über solche Phänomene, ihre gesellschaftlichen Bezüge und schließlich die konstruktive Bedeutung für die Gemeinde eine Rolle spielen müssen.

3.3. Prophetie

In der Bibel und in der Kirche ist in verschiedenen Zusammenhängen und mit unterschiedlicher inhaltlicher Füllung von Propheten und Prophetie die Rede. In der charismatischen Bewegung wird Prophetie sehr bestimmt als Reden unter direkter Leitung und Eingebung des Heiligen Geistes verstanden, das seinen Ort in charismatischen Kreisen und Gebetskreisen hat und sich in der Form von in den Kreis hineingesprochenen situationsbezogenen Weissagungsworten vollzieht. Einige setzen dieses Verständnis fast absolut und behaupten dann: »Der Dienst des Propheten und die Gabe der Prophetie (haben) im großen und ganzen in der Kirche gefehlt.«[23]

Mit diesem spezifischen Verständnis von Prophetie gilt es sich zunächst auseinanderzusetzen. Sodann ist zu fragen, welche Gesichtspunkte sich von daher für den prophetischen Auftrag der Kirche und in der Kirche ergeben.

Verständnis und Praxis der Prophetie in der Bewegung kommen weitgehend dem Verständnis nahe, das die neutestamentliche Exegese von der urchristlichen Prophetie gewonnen hat, wie sie uns in den paulinischen Briefen und in der Apostelgeschichte entgegentritt: »Urchristliche Prophetie ist die aus Inspiration heraus geborene Rede charismatischer Verkündiger, durch die der Heilsplan Gottes mit der Welt und der Gemeinde wie auch der Wille Gottes im

Leben des einzelnen Christen bekannt wird.«[24] Wir begegnen also auch in der Prophetie der spezifischen Bibelbezogenheit der Bewegung. Sie ist dabei auch ein Beispiel für den selektiven Charakter der Aufnahme des biblischen Zeugnisses. Denn Prophetie ist in der Bibel wesentlich mehr und reicher als das, was bei Paulus über die Tätigkeit von Gemeindepropheten und über den Empfang von Weissagungsworten in Gemeindeversammlungen gesagt wird. Das bedeutet, daß für das Gespräch mit der Bewegung die paulinische Argumentation einerseits gewiß große Bedeutung hat, daß aber andererseits für die Einschätzung der Weissagungspraxis der Bewegung im Gesamtrahmen des prophetischen Handelns der Kirche und für dieses selbst unbedingt die anderen biblischen Zeugnisse und Berichte von und über Propheten und besonders die des Alten Testaments heranzuziehen sind.

3.3.1. Argumentationen in Anknüpfung an Paulus

a) Kein Charisma hebt Paulus so hervor wie die *Prophetie*. Hätte er eine Rangfolge von Charismen aufstellen müssen, hätte er offenbar die Prophetie in die Spitzengruppe und die Glossolalie beispielsweise in die Rubrik »weitere Charismen« gestellt. Dieses paulinische Votum ist nach wie vor aktuell. Wenn man bisweilen das Argument hören kann, daß im Unterschied zu anderen Charismen als ständigen Gaben die Prophetie am allerwenigsten dem Einfluß des Christen unterliege, so mag das wahr sein. Aber es ist doch noch viel stärker zu beachten, daß gerade bei der Prophetie die Gemeinde aufgefordert wird, nach ihr zu streben. Im Streben nach Prophetie, im Prüfen und im Beherzigen von Prophetie soll die Gemeinde ausgesprochen aktiv sein.

Dies sollte in der charismatischen Bewegung, stärker und mehr noch aber in der ganzen Kirche, bedacht werden. Denn darin spiegelt sich die Einsicht wider, daß die christliche Kirche, wenn sie »sich in ihrem Wesen von Pfingsten her versteht«, »das prophetische Zeugnis als eines ihrer wesentlichen und bleibenden Kennzeichen wird anerkennen müssen«.[25] Die charismatische Bewegung hat sich in einer spezifischen und damit sehr begrenzten Form dem Geist der Prophetie ein wenig geöffnet. Ehe die Kirche eine solche Praxis – und sei sie noch so fragmentarisch – kritisiert, wird sie sich fragen müssen, wo sie selbst denn prophetisch ist, und wird viel entschlossener prophetischen Möglichkeiten heute nachzuspüren haben.

Allerdings wird man ja kaum behaupten können, daß die Kirche keine Propheten gehabt habe oder daß das Charisma der Prophetie einfach gefehlt habe. Vielmehr hat die Kirche immer wieder ihre Propheten nicht gehört, hat Prophetie nicht zum Zuge kommen lassen. Sie hat die Propheten unterschiedlichster Provenienz und Gestalt als Schwärmer, als Idealisten, als Utopisten, als Störenfriede oder als Ketzer abgetan.

b) Prophetie bringt den Willen Gottes in sehr direkter Weise zur Sprache. Auch bei der Prophetie leitet sich aber diese Unmittelbarkeit nicht aus einem bestimmten, als solchen erkennbaren übernatürlichen Vorgang her. Eine Unterscheidung wie die folgende läßt sich kaum neutestamentlich belegen: »Im echten Predigen ist der natürliche Geist geleitet durch den Heiligen Geist. Bei der Prophetie aber spricht der Heilige Geist durch die Sprechorgane des Menschen.«[26]

Die *Tendenz* der paulinischen Argumentation scheint gerade in andere Richtung zu gehen: Paulus redet mehr von »Propheten« als von »Prophetie«. Für ihn ist der Prophet Herr über »die Geister der Propheten«. Er stellt Prophetie als verständiges Reden der Glossolalie als unverständlichem Reden »im Geist« gegenüber. Um Prophetie soll man sich bemühen. Sie ist kritischer Prüfung zugänglich und bedarf ihrer. Paulus fordert auf, darauf zu achten, daß sie dem Glauben gemäß sei (1Kor 14 und Röm 12).

Das alles zeigt, daß auch und gerade bei der Prophetie der ganze Mensch einschließlich seines Verstandes beteiligt ist und sich der Heilige Geist durchaus des je verschiedenen menschlichen Potentials bedient. In die gleiche Richtung weist ja auch die Wirksamkeit der Propheten des Alten Testaments.

c) Prophetie muß geprüft werden. Was soll eine Prüfung erweisen? In der charismatischen Bewegung wird gern von der »Echtheit« einer Weissagung gesprochen, die sich z. B. darin zeigen soll, daß (so gut wie) nichts Menschliches, Seelisches, Dämonisches hineinspielte, daß beispielsweise eine Weissagung dem Charakter oder den Anschauungen dessen, der sie verkündet, *wider*spricht und so »eindeutig« Wort des Geistes ist. Das bedeutet aber, daß man das *»spiritus sanctus dixit«* im Blick auf den Vorgang, auf das »Ergehen« der Prophetie verifizieren möchte. Daraus ergibt sich dann eine außerordentlich formale Autorität der Weissagung, die zur Rezeption streng verpflichtet.

Demgegenüber dürfte es sachgemäßer sein, von der Wahrheit einer Prophetie zu sprechen. Um sie zu erweisen, müssen Prüfung und Rezeption ein ineinandergreifendes Geschehen in der Gemeinde sein, bei dem ausschließlich inhaltliche und pastorale Kriterien in Betracht kommen. Die Gemeinde wird einer Prophetie folgen, weil sie dem in der Bibel bezeugten Christusgeschehen entspricht, weil sie die Gemeinde in ihrer heutigen Situation trifft, weil sie sie gebraucht hat als Vergewisserung oder als Herausforderung, weil sie ihr hier und heute *weiter*hilft, sie vorwärtstreibt. »Prüfet alles, und das *Gute* behaltet« (nicht das »Echte«!, 1Thess 5,21).

Die Wahrheit erweist sich also weniger am Propheten als an der prüfenden und rezipierenden Gemeinde bzw. an dem, dem das prophetische Wort gilt: dem einzelnen, der Gemeinde, der Welt. Ihre Lebenssituation ist deshalb bei der Prüfung ein wichtiger Faktor, den außer acht zu lassen gerade zu unbarmherzigen und zerstörenden Forderungen führen kann. Wenn Prüfung und Rezeption so eng zusammengehören, kann die Prüfung prinzipiell nur Sache der ganzen Gemeinde bzw. Kirche sein, in keinem Fall aber ist sie auf die Gruppe beschränkt, in der das prophetische Wort gesprochen wird. Das Erkennen von Prophetie ist gewiß selbst Konkretion der Gnade, aber es gibt kein Pneumatikertum innerhalb der Kirche, das diese Gabe für sich allein beanspruchen könnte.

d) In der charismatischen Bewegung lehnt sich die Prophetie bis ins Sprachliche hinein eng an Zeugnis und Text der Bibel an. Darin zeigt sich nicht nur einmal mehr die besondere Art des Umgangs mit der Bibel, es ist auch aufschlußreich für die prophetische Praxis der Bewegung überhaupt. Der Aspekt der *Aktualisierung* des biblischen Zeugnisses tritt zurück gegenüber dem einer *Schriftgemäßheit,* die am Wortlaut der Bibel orientiert ist. Die geringfügig veränderte Zitation eines Bibelwortes macht aber geradezu den Eindruck einer »unprophetischen Prophetie«. Da wird dem Heiligen Geist nur wenig Spielraum gelassen, schöpferische Auslegung zu treiben, die neue Erkenntnisse bringt – sowohl im Blick auf die Interpretation des Glaubens im Wandel der Zeit wie vor allem im Blick auf das Leben der Gemeinde in Liebe und Zuwendung zu allen Menschen.

So müßte die Bewegung, wenn sie dem Geist folgen will, den die Bibel atmet, selbst viel prophetischer werden, sich in eine neue Zukunft weisen lassen. Und der Kirche würde es wenig helfen, wenn sie die Weissagungspraxis der Bewegung einfach übernehmen wollte. Sie muß vielmehr nach Wegen und Hinweisen suchen, wie sie in verschiedenen Lebensvollzügen und Sachbereichen den schöpferischen Geist der Prophetie erbitten und sich ihm öffnen kann.

3.3.2. Prophetie und Lebensvollzüge der Gemeinde

a) Im Neuen Testament stehen Amt und Charisma des Propheten neben denen des Apostels und des Lehrers. Übriggeblieben ist in unseren Kirchen das eine Amt des Predigers, das Elemente aller drei urchristlichen Charismen in sich vereint oder zumindestens vereinen sollte. Der Prediger verkündigt das Evangelium, er unterweist die Gemeinde – diese Elemente dürften kaum umstritten sein. Aber ist die Predigt prophetisch? »Insofern die Auslegung der Schrift auf Vergegenwärtigung zielt, eignet ihr ein prophetischer Charakter. Alles Predigen tendiert demnach zur Prophetie.«[27]

Diesem Postulat entspricht die Predigtpraxis selten. Angefangen von der Perikopenordnung über die unmeditative Predigtvorbereitung bis hin zum Predigtstil steht vieles der Prophetie im Wege. Tiefer reicht aber die Frage, ob der Prediger dann den Mut hat, sich dem Geist der Prophetie zu öffnen. Denn Prophetie ist Wagnis auf Zukunft hin. In Predigten wird analysiert, kritisiert und kommentiert, aber wie oft wird es gewagt, die »Zeichen der Zeit« zu deuten, Vorzeichen des Kommenden und also Anzeichen der Gegenwart Christi zu sehen und zu benennen? Auch die Verkündigung und Predigtpraxis der charismatischen Bewegung ist nur sehr fragmentarisch prophetisch. Und man wird oft zögern, den dort vorgebrachten Inhalten zuzustimmen oder sie als wahre Prophetie ernst zu nehmen. Vielleicht kann aber das in der Bewegung vorhandene Bewußtsein, einen prophetischen Auftrag zu haben, auch anderen Ansporn sein, auf verschiedene Weise und unter Ausnutzung der unterschiedlichen Gaben und Begabungen den Geist der Prophetie in die Predigt hereinzulassen.

b) Prophetie ist in der charismatischen Bewegung immer wieder auch individuelle Weisung. Sie wird erbeten und befolgt in dem Bestreben, sich möglichst konkret und bewußt der Führung des Geistes zu unterstellen. Solche Weissagung bildet dann gleichsam den Extremfall einer autoritativ geführten Seelsorge, und die prophetische Praxis der Bewegung stellt sich im ganzen dar als ein Teil des ausgeprägten Autoritätsbewußtseins und -bedürfnisses in der Bewegung. Über das Moment des Prophetischen ist auch in der allgemeinen Seelsorgetheorie in letzter Zeit nachgedacht worden. Prophetie wird da z. B. mit dem methodischen Element der Konfrontation im psychotherapeutischen Gespräch in Verbindung gebracht, das auf dem Boden durchgehaltener Solidarität versucht, den Partner aus einer Verhärtung oder Sackgasse herauszuführen. In der Seelsorge könnte das bedeuten, »daß die Menschen konfrontiert werden mit einem Stück Wirklichkeit, dessentwegen sie ihre vertraute Lebensart verlassen müssen«.[28] Wie kann solch prophetischer Anspruch angenommen werden? Nur wenn »wir mit Menschen kommunizieren in einem Klima von Sicherheit und Angenommensein«.[29]

Im Vergleich zur autoritativ-prophetischen Seelsorge in der charismatischen Bewegung dürfte hier die Behutsamkeit auffallen, die für jeden seelsorgerlichen Umgang mit Menschen, auch den prophetischen, empfohlen wird. Das dürfte gerade angesichts der Probleme wichtig sein, die aus der Bewegung im Blick auf konkrete Weisungsworte für einzelne berichtet werden, vor allem, wenn sie autoritär interpretiert und durchgesetzt werden. Prophetisches Reden will Personen und Gruppen verändern, aber nie zerstören, verängstigen oder unter Druck setzen. Auf der anderen Seite kann eine prophetisch-autoritativ geführte Seelsorge auch eine echte Anfrage an eine Seelsorge sein, die letztlich nur als ein Methodenproblem behandelt und verhandelt wird und die weithin nur noch in der Selbstfindung des Menschen ihr Ziel sieht. Daß der Mensch seine Identität in sich selbst nur dann findet, wenn er sie als eine geschenkte Identität erkennt, wenn er also *sich* in *Christus* wiederfindet, das wäre durchaus neu zu bedenken. Und das Vertrauen auf die Wirksamkeit des zugesprochenen Wortes, das solche Selbstfindung in Gang setzen kann, wäre neu zu gewinnen.

c) Das prophetische Handeln der Gemeinde darf aber nicht auf Predigt und Seelsorge oder andere innergemeindliche Lebensvollzüge beschränkt werden. Das geschieht weitgehend in der charismatischen Bewegung, wo es oft sogar auf den Kreis beschränkt ist. Dem entspricht dann, daß die Weissagungsworte sich auch in ihrem Inhalt auf geistliche oder Glaubensfragen beschränken und nur selten über den Kreis oder die Gemeinde hinausreichen. Der prophetische Dienst der Kirche gilt aber den Lebensfragen der Menschen überhaupt. Für viele artikuliert sich das heute im Eintreten für sozial Entrechtete, für Benachteiligte und Unterdrückte. Für dieses Prophetieverständnis ist die Entdeckung der sozialen Komponente im Wirken einiger alttestamentlicher Propheten konstitutiv. Und auch im Neuen Testament zeigt sich als Bereich der Prophetie »nicht das objektive Kerygma, sondern die Liebe, konkret die Fragen des gemeinsamen Lebens und das Verhältnis zur Welt überhaupt«.[30] Prophetie sollte das vorwärtsweisende Reden und Handeln der Gemeinde in den Lebensfragen der Zeit sein, das Erkennen, Aussprechen und Tun und Nichttun.[31]

Jede Gesellschaft entwirft auf irgendeine Weise ein Bild von der Zukunft. In der bisherigen Geschichte haben dabei die Religionen in unterschiedlicher Form mitgewirkt. Heute tragen die verschiedensten Wissenschaften die einzelnen Elemente für unsere Vorstellung von der Zukunft zusammen. Dabei stützen sie sich auf die Erkenntnis von Gesetzmäßigkeiten und verlängern die Koordinaten der Gegenwart in die Zukunft. Prophetie dagegen denkt von der Zukunft her und nimmt sie in die Gegenwart hinein. Prophetisch wird die Kirche also nur sein, wenn die ganze Gemeinde einen Lebensstil und eine Weise der Verkündigung entwickelt, der an der Zukunft orientiert ist. Der prophetischen Tat wird dabei mindestens ebensoviel Gewicht zukommen wie dem prophetischen Wort. Und das prophetische Wort wird nicht in der Predigt, und das heißt vom Amtsträger allein, ergehen können. Es käme verstärkt darauf an, prophetische Erkenntnisse von Gemeindegliedern zu Wort kommen zu lassen.

Prophetische Kritik und Verheißung wird, gerade wenn sie die Zukunft aller Menschen im Blick hat, durchaus bei der Kirche selbst ansetzen können und vielleicht müssen. Man kann noch so prophetische Worte zu Lebensfragen der Zeit sprechen, sie verhallen, wenn ihr nicht Zeichen der Existenz des einzelnen und der Gemeinde folgen. Wie diese Existenz aussehen soll, das ist die Lebensfrage der Zeit für die Gemeinde. Dafür braucht sie Propheten und Weissagung. Vielleicht hat sie sie. Dann muß sie sich ihrem Zeugnis stellen, es prüfen und, wenn es wahr ist, annehmen und befolgen.

3.4. Heilungen

Im Zeitalter der Medizin und des perfektionierten Gesundheitswesens mag manchem die Gebetsheilung, die Handauflegung beim Kranken unter Gebet, die Bitte und Fürbitte um Gesundung und Gesundheit als unzeitgemäße Kuriosität erscheinen. Wo Gebetsheilung als »Methode« neben die Medizin gestellt wird, hört man nicht selten den Vorwurf der unverantwortlichen Kurpfuscherei. Auf der anderen Seite sehen nicht nur Vertreter der charismatischen Bewegung gerade hier die verblüffendsten und überzeugendsten Wunder der Gegenwart. Wider alle Besserwisserei setze sich hier die Macht Gottes durch. Grenzen menschlichen Erkennens würden souverän überschritten. Die mannigfachen Fragen und Probleme, die damit gestellt sind, können im folgenden nicht ausführlich behandelt werden. Gemäß den oben erarbeiteten Grundsätzen sollen einige Fragen aufgegriffen werden, die sich gerade durch die entsprechende Theorie und Praxis in der charismatischen Bewegung und im Blick auf das Leben der Gemeinde stellen.[32]

3.4.1. Biblisch-theologische Argumente zu Krankheit und Heilung

a) Als ein Anliegen der Gebets- bzw. Glaubensheilung wird in der charismatischen Bewegung gern genannt, daß man Ernst machen möchte mit dem Glauben, daß Gott den ganzen Menschen heil machen will. Heilung ist Charisma: Die Gnade Gottes gilt dem ganzen Menschen und soll bis ins Körperliche hinein erfahren werden.

Damit wird ein Aspekt betont, der auch in anderen Zusammenhängen heute deutlicher gesehen wird: Wenn im Neuen Testament der Leib als Tempel Gottes bezeichnet wird, dann gilt der Imperativ des Glaubens dem ganzen Menschen als Einheit von Körper und Geist. Das vor allem vom Zeugnis des Alten Testaments und der Evangelien angeregte soziale Engagement und der karitative Einsatz der Kirchen sind von der Erkenntnis getragen, daß christliche Liebe und Solidarität dem ganzen Menschen in allen seinen Lebensbezügen zu gelten haben. Die Bitte zu Gott um körperliche Heilung bringt nun in besonderer Weise zur Geltung, daß auch der Indikativ des Glaubens dem ganzen

Menschen als Einheit von Körper und Geist gilt. Die befreiende Wirkung der Gnade wird bis ins Körperliche hinein erwartet.

Dem entspricht, daß Jesus seine Heilungen klar als Zeichen der Gottesherrschaft verstanden hat. Altes wie Neues Testament sind sich offenbar darin einig, daß im Reich Gottes, in Gottes Zukunft für den Menschen, Krankheit und Leiden keinen Platz haben.

b) Auf der anderen Seite muß klar sein, daß Jesus nicht einfach auf eine Gesellschaft der Gesunden zielte. An keiner Stelle wird in seiner Verkündigung das Ideal eines rundum gesunden, kraftstrotzenden Zeitgenossen erkennbar, wie es – mindestens zwischen den Zeilen – in der Heilungsliteratur bisweilen vor Augen gestellt wird. Jesus hat dieser Versuchung gerade widerstanden. Neben den Krankenheilungen steht bei ihm der eigene Weg ans Kreuz mit dem Ruf zur Nachfolge. Dementsprechend steht bei Paulus neben den Charismen der Heilung die Erfahrung, gerade in der Krankheit allein auf die Gnade verwiesen zu sein.

So kann zwischen Glaube und körperlicher Heilung kein direkter Zusammenhang hergestellt werden. Der Glaube befreit vielmehr zu einer natürlichen Sicht des Leiblichen ohne ständige geistliche Überhöhung.

Das bedeutet dann freilich auch, daß nicht nur in der Heilung, sondern auch im Tragen und Durchstehen von Krankheit die Nähe Gottes erfahren werden kann. Der dauernd oder zeitweilig Kranke ist genauso wie der Gesunde von der vergebenden Liebe Gottes umgeben. Die Gaben der Heilungen sind nur ein Charisma unter vielen, ohne jedes Anzeichen dafür, daß sich gerade an seinem Ausbleiben oder Erfolg erweise, ob jemand in Glauben, Gnade und Liebe lebe. So ist es dann auch unmöglich, vom Ausbleiben einer Heilung trotz Gebet und Handauflegung auf ein Versagen oder Fehlen des Glaubens beim Kranken zu schließen. Hier besteht gerade in Gruppen oder Gemeinden, in denen Glaubensheilungen vorkommen, eine wichtige seelsorgerliche Aufgabe.

c) Vor allem im Alten Testament, aber auch im Neuen Testament wird Krankheit in der Nähe zum Tod gesehen als ein menschliches Leben zerstörendes Geschehen, das im Zusammenhang mit Sünde und Schuld des Menschen steht. So hat auch Jesus Vergebung der Sünden und Heilung in engem Zusammenhang gesehen. Noch schärfer hat er sich aber gegen jede rigoristische Verallgemeinerung des Zusammenhangs von Krankheit und Sünde gestellt. Das biblische Zeugnis erlaubt keine ausschließlich oder einseitig hamartiologische Erklärung der Krankheit. Sie wäre genauso unbefriedigend wie das andere Extrem der rein physiologischen Erklärung jeder Krankheit. Die Bibel stellt jede Monokausalität in Frage.

Das bedeutet dann auch, daß der in der Bewegung gern hergestellte Zusammenhang von Heilung und konkreter Vergebung durchaus hilfreich sein kann: Er verweist darauf, daß Menschen krank werden an nicht vergebener Schuld, daß Vergiftung des menschlichen Miteinanders den Menschen krank macht, und drängt darauf, die befreiende und heilende Wirkung des Bekennens und Vergebens von Schuld ernster zu nehmen. Auf der anderen Seite muß genauso gewarnt werden vor jedem Suchen nach Schuld, jedem Drängen nach Schulderforschung, gerade auch in Fällen, wo Heilung versagt bleibt. Jesus hat nie auf eine vorherige Aufarbeitung der Schuld gedrängt. Er kam und kommt der Schulderkenntnis durch sein befreiendes und heilendes Wort zuvor.

3.4.2. Glaubensheilung und Medizin – einige Aspekte

a) In der Bewegung wird in der Regel kein Gegensatz zwischen Glaubensheilung und Medizin aufgebaut. Dennoch sieht man die Medizin deutlich in ihre Schranken gewiesen und die Glaubensheilung als die größere Möglichkeit Gottes. Die Tendenz, die das gesamte Charismaverständnis der Bewegung durchzieht, zwischen Schöpfung und Erlösung scharf zu unterscheiden, tritt hier zugespitzt zutage. Sie wird verstärkt dadurch, daß die ganzheitliche Sicht des Menschen dezidiert vom Geist her entwickelt wird, Seele und Leib aber als die bevorzugten Bereiche des Sündhaften hingestellt werden, die schrittweise konsequent unter die Herrschaft des Geistes gebracht werden müssen. Eine Medizin, die auf den Leib und bestenfalls auf die Seele orientiert ist, *kann* dann dem Bereich der vergehenden Welt zugeordnet und die Notwendigkeit ihrer Inanspruchnahme als Zeichen der Verfallenheit des Menschen angesehen werden.

Durch die Betonung des Wunderbaren bei der Glaubensheilung und des Irdisch-Gewöhnlichen bei der Medizin verbaut man sich aber den Weg zu einer Einschätzung der Medizin als dankbare Nutzung der Schöpfungsmöglichkeiten Gottes. Ist nicht eine gelungene Operation genauso ein Wunder wie eine Glaubensheilung? Wenn Erlösung die Wiederherstellung der Schöpfung einschließt, müßte doch die Gnade gerade auch im Gelingen der medizinischen Heilung wirksam werden und erfahren werden. Es hilft doch dem Glauben gar nichts, wenn er die Unverfügbarkeit bestimmter Vorgänge zur prinzipiellen Unerklärbarkeit hochstilisiert, und eine eventuelle medizinische Erklärung bedeutet keinesfalls die Eliminierung des Glaubensfaktors bei der Heilung.

b) Auf der anderen Seite birgt auch die Betrachtung der Glaubensheilung von der Medizin aus einige Probleme in sich. Die Medizin tendiert gern dahin, nicht von ihr beeinflußte oder diagnostizierte Heilungen zu bestreiten oder zumindest zu ignorieren. Dem kommt entgegen, daß in der Regel beim Geheilten gar kein Bedürfnis besteht, seine Heilung medizinisch bestätigen zu lassen. Einige der Krankheiten, bei denen Glaubensheilungen bevorzugt wirksam werden, wie Asthma und Herzkreislaufkrankheiten, werden auch nicht selten falsch diagnostiziert, so daß unter Umständen gar keine entsprechende Erkrankung vorlag. Und wo sich Krankheit und Heilung nicht bezweifeln lassen, neigt die Medizin begreiflicherweise dazu, auch den von ihr nicht beeinflußten Heilungsprozeß naturwissenschaftlich zu erklären. Dazu ist sie ohne Zweifel berechtigt. Sie neigt allerdings dazu, diese Sicht absolut zu setzen, das heißt: alle Erkrankungen des Menschen aus dem Körperlichen abzuleiten und zu erklären. Daneben gibt es aber auch medizinische Bereiche, in denen die psychosomatischen Komplexe im Krankheitsgeschehen wahrgenommen und bei der Heilung berücksichtigt werden. Gerade der christlich motivierte Arzt wird daher gut daran tun, auch andere, die naturwissenschaftlich orientierte Medizin ergänzende, Möglichkeiten heilenden Handelns ernst zu nehmen.

c) Als Heilungsalternativen zur Medizin stehen die charismatischen Heilungen nicht allein. Und auch Glaubensheilungen werden aus verschiedenen Bereichen berichtet: aus afrikanischen Kirchen unter dem Einfluß traditioneller afrikanischer Religionen ebenso wie aus nichtchristlichen Religionen und Kulturen, wie ja auch aus der vor- und nichtchristlichen Antike schon Heilungswunder erzählt werden. Wichtig ist dabei oft der ganzheitliche Ansatz im Verständnis des Menschen und folglich auch der Krankheit. Ganzheit bezieht dabei die sozialen Bezüge des Menschen mit ein. Die Krankheit wird nicht isoliert betrachtet, und der Kranke wird nicht aus seinen normalen sozialen Bezügen entlassen, bis er wieder gesund wird, sondern er wird bewußt in dieser Gemeinschaft gehalten.

Das wird in der Medizin im Prinzip auch alles gesehen. Vor allem in der psychosomatischen Medizin ist der Aspekt der Ganzheit des Menschen als konstitutiver diagnostischer und therapeutischer Faktor eingebracht worden. Die Medizin weist selbst auf Einseitigkeiten einer weitgehend naturwissenschaftlich-technischen Praxis hin und stellt ihr eine stärker personorientierte Behandlung gegenüber.

Vielleicht können die Versuche charismatischen Heilens als *ein* weiterer Anstoß in dieser Richtung verstanden werden und wirken. Die psychosomatische und sozialwissenschaftlich ausgerichtete Medizin dürfte ihrerseits wichtig sein für eine Überprüfung des Krankheitsverständnisses in der charismatischen Bewegung; denn sie weist auf die sozialen und gesellschaftlichen Faktoren gerade auch als krankheitserzeugende Elemente hin und kann so der Gefahr einer Individualisierung von Krankheit und Heilung begegnen helfen.

3.4.3. Heilende Möglichkeiten der Gemeinde

a) Paulus spricht von »Gaben der Heilungen« (1 Kor 12,9) und weist damit auf eine Pluralität der Formen hin, durch die die heilende Kraft der Gnade wirksam werden soll. Das ist ein für die Praxis der Gruppen und für die Gesamtgemeinde wichtiger Grundsatz. Die Gemeinde kann die Praxis der Gruppen als *eine* bestimmte Möglichkeit des Glaubens, die aus einer spezifischen Spiritualität und theologischen Grundhaltung heraus erwächst, akzeptieren, aber sie kann und wird sie deshalb gerade nicht kopieren. Sie wird viel stärker nach eigenen Möglichkeiten suchen müssen und wird dabei entschlossen auch die Kunst der Ärzte unter die Gaben der Heilungen rechnen. Wenn vielfältige Möglichkeiten des heilenden Handelns gesucht werden sollen, dürfen gerade die nicht allein gelassen werden, die vor allem in diesem Bereich tätig sind. Auch die Bewegung täte gut daran, Glaubensheilungen weniger als zusätzliche Möglichkeiten anzubieten, sondern sich mit ihren Erkenntnissen und Gaben in den Dienst des allgemeinen heilenden Handelns der Gesellschaft zu stellen.

b) In der charismatischen Bewegung werden Heilung und Gemeinschaft in engem Zusammenhang gesehen. Der Kreis entläßt den Kranken bewußt nicht aus seiner Gemeinschaft. Auch wo ärztliche Hilfe in Anspruch genommen wird, versucht man, den Kranken in jeder Hinsicht zu begleiten. Krankheit und Genesung werden so in personaler Hinsicht nicht zu Angelegenheiten allein zwischen Arzt und Patient gemacht. Die Kommunikation wird nicht vorübergehend abgebrochen, sondern bewußt gehalten. Sie kann so ihre heilende Kraft beweisen. Den Kranken nicht aus seinen sozialen Bezügen zu entlassen, sondern ihn und seine Familie mit allen Problemen bewußt in der menschlichen Gemeinschaft halten – vielleicht wäre das ein Charisma, das von vielen wahrgenommen werden könnte, eine wichtige Aufgabe der Gemeindediakonie, mit der sie gerade auch helfen könnte, die medizinischen Möglichkeiten, die die Gesellschaft hat, zu verbessern, zu ergänzen und wirksamer zu machen.

c) Es sollte zu denken geben, daß heilende Gemeinschaft in der charismatischen Bewegung vor allem Gebetsgemeinschaft ist. Liegt hier ein Potential, das neu zu erschließen wäre: die verbindende, gemeinschaftstiftende und damit bergende Funktion des Betens für den leidenden Mitmenschen? Könnte hier Fürbitte neue Konturen gewinnen?

Hier ist aber vor Verallgemeinerung zu warnen. Durch sie würden die andersartigen Gnadenerfahrungen anderer Gemeindeglieder zurückgedrängt und *ihre* Gaben der Heilungen verdeckt. Zu denen könnte gehören, daß man sich zusammen mit dem Kranken bemüht, sein Schicksal vor Gott zu begreifen und Krankheit und Leiden nicht zum Sinnverlust werden zu lassen.

Darin könnte auch ein Dienst für die Gesellschaft liegen: daß die Gemeinde ihr hilft, Krankheit und Leid nicht zu verdrängen, sondern es als Aufgabe anzunehmen – und das würde bedeuten, es nicht nur äußerlich möglichst schnell zu beseitigen, die Symptome verschwinden zu lassen, sondern die Ursachen zu finden und zu bedenken und anzugehen und damit den Menschen und die Gesellschaft im Gesundungsprozeß auch reifen zu lassen.

3.5. Glossolalie

»Wie viele reden in Zungen?« fragen die einen und möchten damit die Gegenwart des Geistes ermitteln. »Was, so viele!« wundern sich bestürzt die anderen und sehen hier eine für die Kirche beunruhigende und gefährliche Entwicklung.

Weil dieses Phänomen so wunderlich und seine Beurteilung so kontrovers ist, wurde und wird darüber am meisten geredet und geschrieben – in völliger Mißachtung der paulinischen »Rangfolge«. Auch wissenschaftliche Untersuchungen sind angestellt worden. Kann Zungenrede entzaubert werden?

Die charismatische Bewegung bemüht sich im allgemeinen um Nüchternheit und Zurückhaltung in der Beurteilung und Praxis der Glossolalie. Daran muß angeknüpft werden, wenn die Gemeinde im ganzen etwas aus diesen Erfahrungen lernen soll. Solche Nüchternheit muß aber auch durchgehalten werden! Sie wird verlassen, wenn gerade im Zusammenhang mit Zungenrede offen oder verdeckt superlativisch geredet wird, wenn Glossolalie propagiert wird oder wenn man sie – wie in einigen Pfingstkirchen oder pfingstlichen Bewegungen – als notwendiges oder hervorstechendes Zeichen für die Taufe im Heiligen Geist ansieht.

3.5.1. Biblisch-theologische Interpretationen

Kritiker wie Apologeten der Glossolalie beziehen sich gern und mit Recht auf 1Kor 12–14. Deshalb soll auch im folgenden an die von Paulus dort gegebenen Argumente angeknüpft werden. In ihnen zeigt sich auch Paulus nüchtern: Er ist weit davon entfernt, die Glossolalie abzuschaffen, aber es liegt ihm noch viel ferner, eine Magna Charta der Glossolalie oder etwas Ähnliches zu bieten. Das ist bei jeder Kriterienfindung zu beachten.

a) Glossolalie kann beim einzelnen den Glauben stärken. Die auferbauende Funktion der Glossolalie für den, der in Zungen redet, selbst wird von Paulus nicht in Frage gestellt. Zungenrede ist für ihn zweifellos eine Möglichkeit, Gnade zu erleben. Deshalb sagt er ausdrücklich, daß sie etwas Erfreuliches, ja

Wünschenswertes ist (1Kor 14,5.18). Auch heute wird immer wieder berichtet, daß Glossolalie eine beglückende Erfahrung sei, in vielfacher Weise hilfreich für Glauben und Frömmigkeit. Dies kann und sollte man nicht wegdisputieren. »Das Zungenreden hindert nicht« (1Kor 14,39).

b) Glossolalie ist keine notwendige und unentbehrliche Erfahrung. Man überinterpretiert Paulus, wenn man etwa so paraphrasiert: »Glossolalie ist etwas sehr Wichtiges für den Glauben.« Alle positiven Aussagen über Glossolalie sind relativiert dadurch, daß ihr etwas Wichtigeres und nun durchaus Unentbehrliches gegenübergestellt wird. In starkem Kontrast zur Prophetie lautet das letzte Wort des Paulus eben nur: »und das Zungenreden hindert nicht.« So stimmt auch die Reihenfolge der Charismen in 1Kor 12,8ff. und 28ff. hauptsächlich darin überein, daß die Glossolalie immer am Schluß genannt wird. Und in Röm 12,6ff. nennt Paulus die Glossolalie überhaupt nicht mit, obwohl er eine wahrhaft breite Palette von Charismen aufführt und der Abschnitt mehr als die Ausführungen im 1. Korintherbrief grundsätzlichen Charakter trägt.

Dem widerspricht nicht die mehrfache Erwähnung der Glossolalie in der Apostelgeschichte, denn hier erscheint sie in durchaus typisierender Weise als überwältigende Anfangserfahrung im missionarischen Aufbruch der Gemeinde. Und das Suchen nach versteckten Hinweisen auf eine weite Verbreitung der Glossolalie (Eph 5,19 und Kol 3,16; Eph 6,18; Judas 20 u. ä.) hat keinen vom jeweiligen Textzusammenhang her überzeugenden Erfolg. So wird schon jetzt deutlich, daß der gewiß nicht zu leugnende geistliche und vielleicht auch charismatische Notstand der Gemeinden sich nicht vor allem oder besonders deutlich im Fehlen der Glossolalie manifestiert. Für eine Propagierung oder möglichst weite Verbreitung der Glossolalie gibt es keine biblische Legitimation. Und man sollte sich – auch in der charismatischen Bewegung – klar darüber sein, daß auch bei einem Nachlassen oder Verschwinden der Gabe des Zungenredens ein voller und dem Willen Gottes nachstrebender »geistlicher Gottesdienst« möglich ist und bleiben wird.

c) Glossolalie führt nicht in besondere Unmittelbarkeit zu Gott. Die obigen grundsätzlichen Überlegungen[33] sollen hier nur durch einige exegetische Hinweise ergänzt werden: Glossolalie ist *Gebet*. Das zeigen Aussagen wie 1Kor 14,2.14. Der Skopus etwa in V.2 ist aber nicht eine besondere Unmittelbarkeit zu Gott, sondern die Belanglosigkeit für den Bruder. Wer in Zungen redet, redet »lediglich« für Gott. Es ist aber ganz undenkbar, daß Paulus nach der Einführung des Grundkriteriums der Liebe einen geistlichen Akt unter Umgehung des Bruders als besonders wohlgefällig und nah bei Gott hinstellen wollte. Genauso sagt V.14 nicht: Weil ich im Sprachengebet meinen Verstand aus dem Spiel lasse, bin ich unmittelbar bei Gott. Nicht nur V.15, sondern auch

Ausführungen wie Röm 12,1f. legen nahe, daß es gerade die Umgehung der nüchternen Reflexion war, die Paulus die Glossolalie zurückstufen läßt.

Für die Unmittelbarkeit zu Gott wird bisweilen auch das Argument gebraucht, daß, anders als im verständlichen Beten, der Geist selbst das Lautmaterial zu sinnvollen Sätzen forme, daß er also in besonderer Weise Subjekt des Betens sei.[34] Wie sich wissenschaftliche Deutungsversuche hierzu verhalten, wird später zu fragen sein. Hier ist theologisch festzuhalten, daß *jeder* geistliche Akt des Menschen nur Kraft der Wirkung des Heiligen Geistes geschieht. Es spricht nichts dafür, daß es bei der Glossolalie um ein Mehr geht gegenüber 1Kor 12,11a oder gegenüber Gal 2,20. Auch Röm 8,26 bringt da nichts Neues, ganz abgesehen davon, daß die Deutung dieses Verses auf Glossolalie nach wie vor umstritten ist. Gewiß hat Paulus wie sicher die Urchristenheit überhaupt die Glossolalie als Abglanz himmlischer Sprache verstanden. 1Kor 13,1 legt das nahe. Es entspricht auch damaligem religiösem Denken. Die christologisch-eschatologische Argumentation des Paulus folgt aber gerade nicht dieser Richtung. »Die Glossolalie hört auf«, denn sie gehört für Paulus zum kindlichen Stadium des Glaubens (13,8ff.).

d) Glossolalie *kann* der Auferbauung der Gemeinde dienen. Da solche Auferbauung ganz auf Kommunikation in Glaube, Hoffnung und Liebe abgestellt ist, stellt Paulus eine Bedingung, die dem speziellen Charakter dieses Charismas geradezu zu widersprechen scheint: Sie soll übersetzt werden. Was im einzelnen auch immer darunter verstanden wird, es ist jedenfalls damit gemeint, daß sie verständlich und nachvollziehbar gemacht werden soll und also auch kann. Das ist nicht nur für den konkreten Vollzug, sondern auch für den Gebrauch der Gabe überhaupt wichtig. Der einzelne wird als Glied am Leib Christi durch den Gebrauch dieser konkreten und individuellen Möglichkeit, Gnade zu erleben, gestärkt. Das kommt auch der Gemeinde zugute. Es hilft ihr aber nur dann wirklich, wenn sie tatsächlich das »Amen« zu dieser Art Frömmigkeit sprechen kann, wenn sie nachvollziehen kann, daß sich in solchem Beten tatsächlich Gnade ereignet und der Mitchrist wirklich geistlich erbaut wird, wenn also auch die ganze Gemeinde durch den privaten und öffentlichen Gebrauch dieses Charismas erneut auf die Gnade Gottes in Jesus Christus hingewiesen wird.

3.5.2. Wissenschaftliche Deutungsversuche

Die Glossolalie entzieht sich nicht schlechthin der wissenschaftlichen Untersuchung und Einordnung. Auch wenn es bisher nur wenig gesicherte Ergebnisse und einhellige Meinungen gibt, sind die gewonnenen Erkenntnisse doch z. T. hilfreich für das Verständnis und die Einschätzung des Phänomens.

a) Die Religionswissenschaft weist darauf hin, daß es in der Antike wie in der Gegenwart in nichtchristlichen Religionen Phänomene gibt, die der Glossolalie durchaus vergleichbar sind. Die Glossolalie ist als Vorgang nichts einzigartig Christliches. Der Heilige Geist benutzt hier etwas, was auch anderswo vorkommt.

b) Psychologische Forschungen haben gezeigt, daß für das Zungenreden ein besonderer Persönlichkeitstyp weder vorausgesetzt werden muß noch ihm förderlich ist. Psychopathologische Vorgänge konnten nicht nachgewiesen werden. Bisweilen wird Glossolalie mit der Sphäre des kollektiven Unbewußten verbunden (*Kelsey* in der Interpretation der Tiefenpsychologie C. G. Jungs). Da tritt dann freilich auch ein erhebliches Maß an Spekulation hinzu, so wenn die »Sphäre des Unbewußten, der nichtphysischen Welt« mit der »Welt des Geistes« gleichgesetzt wird und so Glossolalie als »eine unmittelbare Kontaktmöglichkeit mit der spirituellen Wirklichkeit« hingestellt werden kann.[35] Daß Glossolalie nur auf der Basis einer zeitweiligen Veränderung des Bewußtseinszustandes, z. B. einer durch Übererregung erzeugten Bewußtseinsspaltung, hervorgebracht wird,[36] ist bisher nur durch Untersuchungen in lateinamerikanischen Pfingstkirchen gestützt und wird gerade für die Glossolalie-Praxis in charismatischen Gruppen von anderen Forschern bestritten.

c) Linguistische Analyse hat gezeigt, daß Glossolalie zwar »wie Sprache klingt«[37], aber wesentliche Kennzeichen von Sprache fehlen: eine innere grammatikalische Struktur, semantische Beziehung zwischen Sprache und Wirklichkeit (die Interpretation ist nie »Übersetzung«!), die für normale Sprachen charakteristische Breite an Lauten und Lautverbindungen. Glossolalie kann deshalb *linguistisch* in eine Reihe gestellt werden mit zahlreichen anderen pseudosprachlichen Phänomenen wie magische Beschwörungsformeln, spiritistische Mediumssprachen, unter Kindern geübte Babysprache, pseudomagische Kinderreime, Jazz»texte«,[38] poetisch-künstliche Sprache wie Dadaismus.[39] Glossolalie ist somit keine übernatürliche Sprache, sondern eine natürliche Sprachanomalität.

d) Nach alledem zeigt sich auch die Glossolalie als eine natürliche menschliche Möglichkeit. Sie ist kein mirakulöses Geschehen, kein Vorgang, der schon an sich auf die Knie zwingt oder auf die Barrikaden ruft. Daß sie eine *normale* menschliche Möglichkeit ist, ist damit noch nicht gesagt. Sie scheint durch ihr Überschreiten des heute Üblichen, Allgemeinverständlichen, anerkanntermaßen Vernünftigen eher eine Erweiterung menschlicher Möglichkeiten zu sein, ein Randgebiet, in das man normalerweise nicht vorstößt. Solche Erweiterungen und Vorstöße sind fast immer ambivalent. Nicht alles Menschliche muß auch genutzt werden. Daß Glossolalie zum Guten, zum Heiligen nutzbar ist, hat sich deutlich gezeigt. Sie ist aber oft genug auch in ekstatischen Unsinn ausgeartet und hat so den Vorwurf der Dämonie, des Aberglaubens genährt.

3.5.3. Das Sprachengebet und die anbetende Gemeinde

Die Anbetung Gottes ist das Element christlichen Betens, zu dem die Gemeinden vielleicht am stärksten den Zugang verloren haben. Glossolalie wird bevorzugt als Sprachengebet bezeichnet und als besondere Möglichkeit der Anbetung Gottes verstanden. Bietet die Glossolalie einen gangbaren Weg, dieses wesentliche Element des Christseins wieder zu erneuern?

a) Nach den bisherigen Überlegungen ist das Sprachengebet als *eine* Möglichkeit der Anbetung auch heute anzuerkennen. Diese Möglichkeit darf aber unter keinen Umständen verallgemeinert werden. Nicht jeder Mensch ist musikalisch, und so ist erst recht nicht jeder oder auch nur die Mehrzahl der Menschen glossolalisch veranlagt. Es muß nicht jeder Christ nach dieser Gabe streben, Vielmehr sollte auch in der charismatischen Bewegung die Frage viel ernster gestellt werden im Blick auf den einzelnen: Ist das Sprachengebet wirklich ein Charisma für mich? Und das heißt doch: Verdichtet sich für mich die Gnade der Gegenwart Gottes sinnvollerweise immer wieder auch in der Glossolalie, so daß ich Gott in ihr als ein befreiter und erlöster Mensch anbetend gegenübertreten kann?

Bei aller Vorsicht ist auf der anderen Seite zuzugestehen, daß diese Frage so oder so oft auch mit Ja zu beantworten sein wird. Aber nicht jedes Zungenreden ist charismatisches Sprachengebet.

Sprachengebet als *eine* Möglichkeit anzuerkennen müßte davon begleitet sein, auch andere ungewöhnliche Formen der Anbetung zu respektieren und bewußter zu nutzen, wie z. B. Tanz, Schweigen, Meditationsübungen. Nur wenn die Gemeinde lernt, sich allen diesen Formen gegenüber freier zu verhalten, wird sie auch die Glossolalie annehmen können. Und es wäre ein Zeichen der Reife für die Gruppen wie für die Gemeinden, wenn solche Formen einschließlich des Sprachengebets dann auch im Gottesdienst der ganzen Gemeinde geschehen könnten und eingebracht würden. Denn erst wenn die Gemeinde in einer Vielfalt der Formen auch das Sprachengebet als Element ihres eigenen Anbetens erleben und respektieren kann, wird sie auch zur privaten und verborgenen Praxis dieser besonderen Frömmigkeit ihr Amen sagen können.

b) Unter den Formen der Anbetung – gewöhnlichen und ungewöhnlichen – erhält die Glossolalie auch dadurch ihre besondere Note, daß für sie beansprucht wird, in besonderer Weise Zeichen der Gegenwart Gottes, des unmittelbaren Verbundenseins mit Jesus zu sein. Der Linguist deutet es so: »Glossolalie ist ein linguistisches Symbol des Heiligen.« Sie sagt: »Gott ist hier«, so wie eine gotische Kathedrale sagt: »Gott ist majestätisch.«[40]

Die theologischen Überlegungen haben schon gezeigt, daß hier sehr sorgfältig argumentiert werden muß. Gott ist in der Glossolalie nicht in ganz besonderer Weise gegenwärtig. Aber das Sprachengebet kann eine Möglichkeit sein, die Gegenwart Gottes, von deren Wirklichkeit Christen und Kirche leben, zu feiern. Diese Art des Feierns müßte dann freilich verbunden sein mit Formen, in denen der Mitchrist und Mitmensch in unmittelbarerer Weise in die Feier einbezogen wird.

c) Feiern verlangt nach emotionalen Ausdrucksformen. Das Sprachengebet kommt diesem Verlangen entgegen. Emotion ist dabei nicht oberflächlich als »Gefühl« verstanden. Es geht vielmehr darum, Grundstimmungen des Lebens wie Freude oder Angst, Dank oder Bitte Ausdruck zu geben. Die Auslegung der Glossolalie ist ja oft nichts weiter als die Wiedergabe solcher Grundstimmungen. So ist die Glossolalie ein vielleicht extremes Beispiel für die Suche nach Erfahrungen mit Erlebnisqualität, mit der sich eine ganze Gruppe von Menschen gegen die jahrzehntelange theologische und spirituelle Destruktion der Erfahrung zur Wehr setzt. Daß bei der Glossolalie das Pendel nach der anderen Seite ausschlägt, zeigt, wie notwendig Frömmigkeitsformen wären, die Emotion und Intellekt verbinden, mit denen der Mensch verständlich und erlebnishaft zugleich im Geist anbeten kann.

d) Sprachengebet ist sprachlose Anbetung. Sprachlosigkeit kann Zeichen des Staunens, der Ehrfurcht, des Stillehaltens sein, aber genausogut der Hilflosigkeit, des Mangels an Erkenntnis, der zweifelnden Ungewißheit. Manche sagen, daß Glossolalie als transrationale Sprachform auf die vernunftbezogene Sprache des Menschen erholend, heilend, reinigend wirken könne. Glossolalie kann aber genauso Flucht aus der Sprache sein. Gott will aber, daß von ihm und mit ihm gesprochen wird. Deshalb ruft die Glossolaliepraxis nach Sprachmöglichkeiten der Anbetung.

Sprache ist eine Sache, in der der Mensch mit seiner ganzen Existenz beteiligt ist. Und Sprache ist ein soziales Geschehen. Glossolalie ist ein Geschehen, das scheinbar ausgegliedert ist aus dem Lebenszusammenhang des Menschen. Auch solcher Formen bedarf es, damit der Mensch zu sich selbst kommt und seiner ganz persönlichen Annahme bewußt wird. Solche Erfahrungen müssen aber wieder einfließen in die eine ganzheitliche Existenz des Menschen vor Gott mit allen ihren Lebensbezügen. So ist durch das Sprachengebet als einer ungewöhnlichen und in der Tendenz isolierenden Form der Anbetung einmal mehr die Frage gestellt nach Frömmigkeitsformen, die Anbetung und Existenz verbinden.

4. Die charismatische Bewegung und die Einheit der Kirche

Die charismatische Bewegung steht als eine betont geistlich und an ihrer eigenen spezifischen Erfahrung orientierte Bewegung von vornherein in Spannung zur verfaßten Kirche. Sie geht zwar davon aus, daß ihr Platz unzweideutig *in* der Kirche ist, nicht neben der Kirche. Es ist jedoch die Frage, wie weit sich dieser Anspruch aufrechterhalten läßt. Denn es besteht die Gefahr, daß die im Grundsätzlichen angelegte Spannung in ihrer Realisierung auf verschiedenen Feldern eine solche Intensität erreicht, daß aus der Frage nach der Einheit *in* der Kirche ein Problem der Einheit *zwischen* verschiedenen nebeneinander stehenden ekklesialen Realisationen wird. Und daß diese Spannungen und Gefahren nichts weniger als Spekulationen sind, haben die Ereignisse der letzten Zeit offenkundig gemacht.

4.1. Spannungsfelder

4.1.1. Die Frage nach dem ekklesiologischen Ort der charismatischen Bewegung

a) Bislang hat es die charismatische Bewegung nicht vermocht, ihren ekklesiologischen Ort wirklich deutlich zu machen. Ihr Anliegen einer radikalen Erneuerung und Umorientierung der Kirche zielt darauf, die Kirche als Volkskirche, die sie zumindest regional immer noch ist, mit institutionellen und finanziellen Absicherungen sowie einer weitgehenden Passivität und unverbindlichen Frömmigkeit der Mehrzahl ihrer Glieder sowie der »Geistlosigkeit« und »Weltverflechtung« ihrer Theologie und Verkündigung zu überwinden. Ihr Wille zur Erneuerung zielt darauf, Kirche zu sein ganz nach den eigenen geistlichen Leitvorstellungen und damit schon jetzt in jenem weiteren, sehr viel unverbindlicheren Rahmen der größeren Institution Kirche zu beginnen. Das setzt eine hohe kritische Distanz voraus, zugleich aber auch – zumal angesichts der bisherigen faktischen Ergebnisse – einen Willen zur Einheit der Kirche, der die eigenen Erkenntnisse und die eigenen Anliegen übersteigt.

Bislang scheint dies in der charismatischen Bewegung weder theoretisch durchschaut noch praktisch als Aufgabe angefaßt zu sein. Vielmehr sind ganz verschiedene, teilweise gegenläufige Tendenzen zu beobachten:

Einerseits wird das äußere Erscheinungsbild durch die mehr oder weniger spontane Sammlung von Gruppen, durch die Bildung von Zentren und durch Ansätze zu übergreifenden Kontakten und Arbeitsformen geprägt. Dem entspricht die Einschätzung des Phänomens und die partielle Selbstbezeichnung und ein entsprechendes Selbstbewußtsein als »Bewegung«. Dies erscheint realistisch.

Andererseits wird jedoch dieser Begriff »Bewegung« oft bewußt vermieden. »Das Teilhaben an der charismatischen Erneuerung« sei »nicht als Dienst von besonderen Gruppen oder überhaupt als eine besondere Bewegung zu verstehen«, sondern viel umfassender »als der im Neuen Testament vorgezeichnete Weg des Aufbaus der Gemeinde« schlechthin.[41] Auch gibt es spürbare Vorbehalte gegen eine weitergehende Organisation.

Einerseits wird mit deutlichem Selbstbewußtsein und Sendungsbewußtsein harte Kritik an der Kirche geübt, an ihren Lebensformen und an ihren Repräsentanten, bis an den Rand von Verwerfungsurteilen. Und dieser Kirche werden die eigenen Gruppen und Zentren gegenübergestellt, denen als tragenden Zellen zugleich auch eine exemplarische, teilweise sogar direkt alternative Bedeutung beigemessen wird. Andererseits wird immer wieder betont, daß man selbstverständlich in der Kirche stehe und sich ihr bleibend verpflichtet wisse. Alle eigenen Sammlungsformen stünden im Dienste dieser Kirche und dienten dem Interesse der angestrebten Erneuerung dieser Kirche.

Einerseits erhebt die charismatische Bewegung den Anspruch, durch die Erneuerung der Kirche nach den ihr eigenen Erkenntnissen, Erfahrungen und Leitvorstellungen die verbreitete Unverbindlichkeit und allgemeine Pluralität in der Kirche zu überwinden.

Andererseits lebt sie selber von ebendieser Pluralität und mangelnden Disziplinierung in der Kirche und findet gerade dadurch die Möglichkeit zu eigener Sammlung und Entfaltung.

b) Die charismatische Bewegung befindet sich insofern in einem komplizierten, spannungsvollen Geflecht von Anspruch und Kritik, Anliegen und Bedenken, das ihre Stellung in der Kirche und zu der Kirche zu einem Problem macht. Für gänzlich Außenstehende erscheint sie als ein Repräsentant der Kirche. Deren Kritik an der Bewegung, ihren Erscheinungsformen und Ansprüchen wird als Kritik an der Kirche allgemein vorgetragen und weithin auch so empfunden. Selber steht sie zwischen Kritik und Identifizierung in einer deutlich schwankenden Position je nach Situation und Personenkreis. Für weite Kreise in der Kirche hingegen gilt sie infolge derselben Erscheinungsformen und Ansprüche doch als sehr weit außenstehend, als *»ecclesiola in ecclesia«*, ja, auf der Schwelle von der Kirche hin zur sektenhaften Isolierung.

c) Die damit gegebenen Probleme lassen sich in einer Reihe von Grundfragen zusammenfassen:

Die charismatische Bewegung steht vor der Aufgabe, ihren eigenen ekklesiologischen Ort eindeutig zu machen. Sie steht vor der Aufgabe, einen Standort in der Kirche zu finden, der ihr die Möglichkeit gibt, sich als Bewegung innerhalb der Kirche zu realisieren, zugleich aber auch die Gefahr abwehrt, in eine *»ecclesiola in ecclesia«* abzugleiten.

Die charismatische Bewegung steht vor der Frage, inwieweit sie bereit und in der Lage ist, auf Dauer jene Spannungen auszuhalten, die sich aus den einer Bewegung innewohnenden soziologischen Zwangsläufigkeiten einerseits und ihrem erklärten kirchlichen Wollen andererseits ergeben.

Die Kirchen und die charismatische Bewegung stehen gemeinsam vor der Frage nach der Pluralität der Kirche: die charismatische Bewegung, ob sie bereit und in der Lage ist, sich auf Dauer als eine Bewegung unter anderen in dem weiteren Rahmen der Kirche zu artikulieren, die Kirche, ob sie bereit und in der Lage ist, ihre Pluralität auch auf eine solche wesentlich kritische Bewegung in ihrer Mitte auszudehnen und sich ihrem radikalen Erneuerungswillen zu stellen.

Die Kirchen und die charismatische Bewegung stehen gemeinsam vor der Frage, und sie stellen sie sich gegenseitig, inwieweit sie mit ihren jeweiligen Organisationsformen in der Lage sind, ihrem Auftrag in der Welt als »Kirche im Sozialismus« gerecht zu werden.

4.1.2. Die Frage nach der konfessionellen Identität

a) Gleichsam als »Innenseite« der Spannungen zwischen Kirche und Gruppe bzw. zwischen Kirche und Bewegung in der Kirche präsentiert sich die Frage nach der konfessionellen Identität.

Stark verkürzt und zusammengefaßt kann die Identität der Kirche beschrieben werden als bestimmt durch die Verkündigung des Wortes Gottes gemäß eines vorgegebenen Bekenntnisses und daraus sich ergebender äußerer Formen, dies aber nicht im starren Festhalten tradierter Formeln, sondern eingebracht in eine Pluralität von Aktivitäten und theologischen Meinungen gemäß der in Schrift und Bekenntnis vorgefundenen Pluralität. Von hier aus gewinnt auch die Teilnahme der Kirche an der ökumenischen Bewegung entscheidende Gesichtspunkte, die sich in den Modellüberlegungen von Konziliarität und »versöhnter Verschiedenheit« aussprechen.

Demgegenüber treten in der charismatischen Bewegung – trotz erklärter Loyalität zum kirchlichen Bekenntnis – doch eigene Ausprägungen christlichen Glaubens und christlicher Lebensgestaltung in den Vordergrund mit Ansätzen eigener Bekenntnisaussagen, Herausbildung eigener liturgischer Formulare und Setzung eigener Prioritäten hinsichtlich Rechtgläubigkeit und Häresie. Dabei tritt der überkommene Lehrbegriff in eine deutliche Spannung zur eigenen Glaubenserfahrung; und es ergibt sich ein der charismatischen Bewegung eigener ökumenischer Impuls, der gerichtet ist auf die Sammlung aller, die durch dieselbe Erfahrung, durch die gemeinsame Christusnachfolge nach denselben Erkenntnissen und durch dieselbe Wertschätzung des christlichen Lebens überhaupt verbunden sind aus allen Kirchen und Denominationen. Das bisher konfessionell Trennende, das Bekenntnis, die Lehre im engeren Sinne, tritt dabei deutlich zurück hinter Lobpreis, Dank, Fürbitte, Austausch und Beichte, wie der Untersuchungsbericht feststellt.[42] Damit hängt, wie gerade im Hinblick auf den ekklesiologischen Entwurf der Gemeinde als Leib Christi weiter herausgearbeitet wird, die Betonung eines spezifischen Einheitsgedankens zusammen: »Die innere Kirche umgreift alle Konfessionen und Länder. Die einzelnen Gemeinden sind Glieder, die allein nicht leben können.«[43]

b) Konkret freilich wird dieses fast idealtypisch zu nennende Bild immer wieder durchbrochen. Es zeigt sich, daß gewisse konfessionelle Spezifika und Anliegen (*theologia crucis*, Rechtfertigungslehre als Mitte der theologischen Entfaltung, Amtsbewußtsein, Liturgie) sehr wohl ihre Bedeutung behalten, teilweise sogar mit Nachdruck vertreten werden, abhängig offenbar von der jeweiligen Gemeindesituation, der Tradition sowie der persönlichen Prägung der tragenden Personen. Umgekehrt zeigt es sich, daß von einer transkonfessionellen Organisation der Bewegung, von der anderenorts berichtet wird, in der DDR trotz einzelner konfessioneller Grenzüberschreitungen doch kaum die Rede sein kann.

Insofern erscheint auch hier das Bild verhältnismäßig schillernd und uneinheitlich, in der jeweiligen Öffnung wie in der Kritik unreflektiert gemäß der Vorgabe, daß Erfahrung mehr ist als Lehre.

c) Die Spannungen, die sich hier ergeben, lassen sich wiederum in eine Reihe von Fragen und Aufgabenfeldern verdichten:

Die charismatische Bewegung steht vor der Aufgabe, ihren theologischen Standort, besonders hinsichtlich Bekenntnis und ekklesialer Identität, eindeutig zu machen.

Die charismatische Bewegung steht vor der Frage, inwieweit sie bereit und in der Lage ist, als Bewegung innerhalb der Kirche das geschichtliche Bekenntnis dieser Kirche bleibend mitzuverantworten.

Die charismatische Bewegung steht vor der Frage, inwieweit sie bereit und in der Lage ist, der Tendenz zum Aufbau einer neuen charismatischen Geistkirche aus und neben allen Konfessionen zu widerstehen.

Die Kirchen stehen umgekehrt vor der Frage nach den Maßstäben zur Bestimmung ihrer Identität, und zwar im Hinblick sowohl auf ihre innere Pluralität wie auf ihr ökumenisches Engagement.

4.1.3. Die Frage nach der Kommunizierbarkeit mit der Kirche

a) Die Frage nach der Einheit der Kirche erhält eine besondere Zuspitzung, wenn die Kommunikationsstrukturen der Kirche wie der charismatischen Bewegung in das Problemfeld einbezogen werden. Denn hier entscheidet sich letztendlich die Kommunizierbarkeit der Bewegung mit der Kirche wie mit der Welt wie auch die Möglichkeit einer gemeinsamen Schwerpunktsetzung und eines gemeinsamen Ansatzes für einen gemeinsamen Dienst. Alle Betonung kirchlichen Wollens wie alle Unterstreichung kirchlicher und u. U. auch konfessioneller Identität müssen ins Leere laufen, wenn in Subbereichen täglicher Praxis, der Sprache und des Bekennens Mechanismen und Zwangsläufigkeiten entstehen, die zu Gegenläufigkeiten führen.

Daß bisher verhältnismäßig wenig über das Wollen, Denken und Leben in der charismatischen Bewegung mitgeteilt worden ist, dürfte dabei kaum zufällig sein. Es entspricht in seinem Ansatz dem teilweise deutlichen Zug zum Arkanum und ist zumindest geeignet, Kommunikation äußerlich zu verhindern oder doch zu erschweren. Nach außen sich geschlossen gebende Gruppen mit einer bewußten Arkandisziplin bewirken darüber hinaus nach außen verstärkt den Eindruck bewußter Separation, und das heißt eines Mangels an Kommunikationswillen, wie sie nach innen Tendenzen befördern, ein gruppeneigenes Sonderleben zu entwickeln und die Kommunikation auch nicht mehr zu suchen.

b) Wir beobachten in der charismatischen Bewegung den Aufbau eines eigenen Plausibilitätsraumes, der die Kommunizierbarkeit der Bewegung mit der Kirche und mit der Welt ernsthaft in Frage stellt, das gegenseitige Verstehen erschwert und unter Umständen sogar unmöglich macht.

Das betrifft die Frömmigkeitspraxis in der charismatischen Bewegung. Die Praxis des Glaubenslebens hier ist gekennzeichnet von einer Vielzahl von Formen, die so in der Kirche gewöhnlich nicht vorkommen und in ihrer Sinnhaftigkeit Außenstehenden auch nicht ohne weiteres deutlich sind. Das gilt für Lebens-, Dienst- und Ständeordnungen in der Gemeinde ebenso wie für die Praktizierung verschiedener ungewöhnlicher Charismen oder die Versammlung der

Gemeinde zu besonderen Lob- und Dankstunden neben den herkömmlichen Gottesdiensten. Krankensalbung, Sprachengebet und Sprachengesang, Weissagungen, Exorzismus und andere spirituelle Besonderheiten führen in religiöse Bereiche, in die die Mehrzahl der Gemeindeglieder nicht zu folgen vermag. Da diese Praxis weithin ohne begleitende theologische Reflexion geschieht bzw. die Reflexion, sofern sie überhaupt geschieht, erst mit ziemlich zeitlichem Abstand auf die Praxis folgt, ist die Vermittelbarkeit der spezifischen Erfahrungen nicht nur in Frage gestellt, sondern stößt durch die Verspätung der Bemühungen auf zusätzliche emotionale Barrieren.

Das betrifft ferner in hohem Maße die religiöse Sprache. Die Sprache in der charismatischen Bewegung weist einen hohen Anteil von Begriffen auf, die aus anderen geistigen Zusammenhängen übernommen oder aber abweichend vom herkömmlichen Gebrauch mit neuen, spezifischen Inhalten gefüllt werden. Vor allem aber ist die Sprache in der charismatischen Bewegung eine in besonderem Maße biblisch orientierte Sprache. Biblische Vokabeln und Bilder spielen eine große Rolle bei der Entfaltung der eigenen Erfahrung. Ohne Zweifel ist dafür die dahinterstehende biblische Hermeneutik von ausschlaggebender Bedeutung. Eine Distanz zum Text wird ausdrücklich verneint. Es bedarf keiner eigentlichen »Übersetzung«. Der Prediger hat lediglich die Rolle einer »Durchgangsstation«. Es geht um die unmittelbare Relevanz des biblischen Wortes bis hin zum unkritischen Übernehmen auch des biblischen Weltbildes und Wirklichkeitsverständnisses. Und die zumeist bevorzugte Luther-Übersetzung erscheint offenbar besonders geeignet, mit Hilfe der sprachlichen Form die Glaubensinhalte manifest zu machen.

Das bedeutet: Die Sprache in der charismatischen Bewegung ist eine binnenorientierte Sprache. Durch die deutliche Fixierung der Bewegung auf bestimmte Glaubensinhalte und -praktiken erscheinen auch ihre verbalen Äußerungsmöglichkeiten einlinig festgelegt. Die Sprache dient eigentlich nur noch dazu, sich im eigenen Kreise verständlich zu machen, jedoch nicht mehr dazu, Kommunikation mit anderen, mit der Kirche insgesamt und mit der Umwelt, zu ermöglichen. Es fehlen weithin ernsthafte hermeneutische Bemühungen, um Verstehen und Gemeinschaft über die Grenzen der eigenen Gruppe hinaus zu befördern. So bleiben auch von dieser Seite her die Erfahrungen der Bewegung schwer vermittelbar. Es bleiben Barrieren, und das heißt zusätzliche Bereiche, in denen die Einheit der Kirche erheblich gefährdet scheint.

c) Die so angedeuteten Spannungen lassen sich in folgende Fragen zuspitzen:

Die charismatische Bewegung steht vor der Frage, ob sie sich der Gefahr bewußt ist, die in der Herausbildung eines eigenen Plausibilitätsbereiches liegt, insofern damit einerseits gemeinsame Grundlagen verlassen und Brücken des

Verstehens abgebrochen, andererseits neue Strukturen aufgebaut werden, die nach außen, zur Kirche sowohl wie (noch verstärkt) zur Welt, kaum kommunizierbar scheinen und damit das Zeugnis selbst wie dessen Gemeinsamkeit in Frage stellen.

Die charismatische Bewegung steht vor der Frage, ob und inwiefern sie bereit und in der Lage ist, der damit gegebenen Gefahr eines zumindest partiellen Exodus aus der Kirche auf Grund der hier einsetzenden inneren Zwangsläufigkeiten zu begegnen.

Umgekehrt steht die Kirche vor der Frage, wieweit der seitens der charismatischen Bewegung erhobene Vorwurf einer Anpassung an die Welt in Hermeneutik, Weltverständnis und Frömmigkeitspraxis zu Recht besteht und insofern eine Mitschuld der Kirche an dieser Gefährdung der Einheit aufdeckt.

4.1.4. Die Frage nach der geistlichen Autorität

a) Die Frage nach der Einheit der Kirche erhält eine weitere spezifische Zuspitzung durch die besondere Frage nach der geistlichen Autorität in der Kirche, denn um Einheit behaupten zu können, ist nicht nur Loyalität auf der strukturellen Ebene sowie hinsichtlich der konfessionellen Identität der Kirche notwendig. Entscheidend scheint vor allen Dingen die Frage der wirklichen geistlichen Einordnung in die Kirche. Die Spannung zwischen betonter Kirchlichkeit und praktizierter Exklusivität erhält hier ihre schärfste Ausprägung.

b) Kirche als Institution setzt einen Amtsbegriff voraus, der das Amt von der Glaubenserfahrung des einzelnen weitgehend unabhängig macht. Demgegenüber werden seitens der charismatischen Bewegung der priesterliche Charakter der Nachfolge wie die persönliche Glaubenserfahrung des Amtsträgers als entscheidende Kriterien für die Legitimität und Effektivität des Amtes betont. Oder anders: Autorität und geistliche Legitimität erhält das geistliche Amt nicht so sehr durch Beauftragung, durch die Ordination seitens der Kirche, sondern im vollen Sinne erst dann und dort, wann und wo ein kirchlicher Amtsträger auch nachweislich das besondere Charisma der Leitung und der Unterscheidung der Geister besitzt. Die suggestive Frage an den kirchlichen Amtsträger: »Bist du ein von Gottes Geist beglaubigter Christ?« läßt sowohl diese neue Begründung geistlicher Legitimität und Autorität wie auch die verhaltene Kritik am herkömmlichen kirchlichen Amtsbegriff deutlich werden.[44]

Sie mögen freilich praktisch durch eine Reihe von Faktoren wieder verdeckt werden. Es werden (noch) keine wirklichen Konsequenzen daraus gezogen, und das Bedürfnis nach Leitung bei gewissen Gruppen kommt dem allgemeinen Amtsverständnis des Pfarrers entgegen. Zudem macht die deutliche Unterscheidung zwischen »innerer« und »äußerer« Kirche das Amt in seinen überkommenen Strukturen und in seinem herkömmlichen Verständnis wenigstens für den äußeren Bereich, für die äußere Gestalt der Kirche wieder akzeptabel. Doch fallen gerade damit erhebliche Entscheidungen, und die Exklusivität der Bewegung mit ihrem besonderen Anspruch wird noch einmal nachhaltig unterstrichen: Denn damit wird herausgestellt, daß die Einheit der Kirche in dem Sinne doch nur eine äußerliche ist, keine auch wirklich geistliche, und es wird herausgestellt, daß sich die Bewegung in einem geschlossenen geistlichen Zirkel bewegt, in dem sie sich aus der Verantwortung durch die allgemeine Kirche enthoben sieht sowie sich – nach dem Grundsatz: »Geistliche Dinge müssen geistlich beurteilt werden« (vgl. 1Kor 2) – für von außen prinzipiell nicht hinterfragbar erklärt. Damit aber scheint der Tatbestand einer inneren Sezession, eines inneren Exodus der Bewegung aus der Kirche erfüllt.

c) Die so zutage tretenden Spannungen möchten wir wie folgt zusammenfassen:

Die charismatische Bewegung steht vor der Aufgabe, deutlich zu machen, welche Kirche sie meint und welche Einheit sie meint, wenn sie von der Einheit der Kirche spricht.

Die charismatische Bewegung muß sich fragen lassen, ob sie sich der Gefahr bewußt ist, die in der so vorgenommenen Unterscheidung zwischen einer »inneren« und einer »äußeren« Kirche sowie – damit verbunden – in ihren Kriterien für das kirchliche Amt liegen. Die charismatische Bewegung muß sich fragen lassen, ob sie bereit und in der Lage ist, die Konsequenzen daraus zu ziehen, daß auch von ihr grundsätzlich jede christliche Gemeinde und Kirche als charismatisch begründet und strukturiert verstanden wird.

Die charismatische Bewegung muß sich fragen lassen, ob sie nicht im Interesse der Einheit der Kirche bereit sein müßte, sowohl die von ihr beanspruchte geistliche Autorität wie ihre spezifischen Erfahrungen und Erkenntnisse von der ganzen Kirche prüfen und beurteilen zu lassen und auch vor der ganzen Kirche zu verantworten.

4.2. Die charismatische Bewegung als Erneuerungsbewegung – Wege und Möglichkeiten

4.2.1. Toleranz und Integration als unzureichende Versuche

Allgemein kann festgestellt werden: Die gegenwärtige Situation der charismatischen Bewegung in der Kirche, d. h. also soziologisch gesehen einer Bewegung innerhalb der etablierten, übergreifenden Sozialisationsform Kirche, ist weithin pragmatisch bestimmt. Ausschlaggebend dafür ist sicher nicht nur das Verhalten der offiziellen Kirche bzw. ihrer Repräsentanten in den Ephorien und Gemeinden. Wichtig ist ohne Frage auch eine teilweise mangelnde Profilierung der Bewegung im Sinne ihres Anspruches als Erneuerungsbewegung, ihre Differenziertheit sowie gelegentliche Überspitzungen und Konfrontationen. Ausschlaggebend scheint aber vor allem die Ratlosigkeit seitens der kirchlichen Leitungsgremien zu sein, bedingt durch fehlende Information und infolgedessen Mangel an Reflexion und Problembewußtsein. Hinzu treten historisch belastete Vorurteile, die möglicherweise von vornherein auf Konfrontation zielen (»Pfingstler«). Die Folge davon ist ein mangelhaftes Instrumentarium, das kaum Entscheidungsmöglichkeiten eröffnet, insofern auch keine Entscheidungsfreudigkeit schafft und aufs Ganze gesehen eine allgemeine Leitungsschwäche bewirkt sowie verhindert, die charismatische Bewegung wirklich in die Kirche hineinzunehmen.

a) Ausdruck des so bedingten Pragmatismus sind zwei Verhaltensformen, die weithin von beiden Seiten praktiziert werden: gegenseitiges einfaches Tolerieren bzw. eine weitgehende Integration.

Beiden Versuchen – das hat die Erfahrung bewiesen – kann man freilich nicht von vornherein eine gewisse Chance absprechen. In ihrem Grundsatz sind sie zumindest ambivalent.

Hinter der Bereitschaft, sich gegenseitig zu ertragen, die oft unter das Stichwort »Toleranz« gestellt wird, kann durchaus die Einsicht stehen, daß Pluralität heute eines der bestimmenden Strukturprinzipien auch in der Kirche darstellt, daß das Nebeneinander verschiedener Formen – auch Organisationsformen – durchaus eine Bereicherung bedeuten kann und nicht unbedingt eine untragbare Belastung bilden muß. Insofern kann auf die Bereitschaft, sich gegenseitig zu ertragen, als einer ersten positiven Grundbestimmung sowie auf Toleranz als (ganz allgemein) Verzicht auf den Einsatz von Macht oder Druckmitteln zur Aufrechterhaltung oder Durchsetzung bestimmter Anschauungen gerade auch im Überlegen der hier anstehenden Probleme und Möglichkeiten keineswegs verzichtet werden.

Ähnliches gilt von dem Versuch, die charismatische Bewegung, soweit es irgend geht, in die bestehenden Arbeits- und Lebensformen der Kirche zu integrieren. Jede größere Gemeinschaft benötigt integrative Prozesse, um sich als Gemeinschaft realisieren zu können, und damit ihre Glieder miteinander leben können. Der Untersuchungsbericht stellt auch eine Reihe positiver Tendenzen fest, die zur Integration führen.[45] Hinzu tritt als eine ausgesprochene Nötigung die äußere Situation der Kirche in der DDR, die das integrative Denken erheblich fördert. Nicht zuletzt darf wohl auch zuweilen eine gewisse Furchtreaktion angenommen werden, durch allzu deutliche Betonung des eigenen Ansatzes zum nicht gewollten Ausscheiden aus der Gemeinschaft gezwungen zu werden, weshalb dann alles Integrative besonders betont wird. Insofern bedeutet auch dieser Versuch nicht *eo ipso* schon, daß die Probleme nicht gesehen würden.

b) Dennoch muß festgestellt werden – und auch das hat die Erfahrung hinreichend deutlich gemacht –, daß beide Versuche nicht geeignet sind, die Problematik der Position der charismatischen Bewegung in der Kirche wirklich zu bewältigen. Beide nämlich nehmen die charismatische Bewegung in ihrem Selbstverständnis als Erneuerungsbewegung in der Kirche nicht ernst genug und verleiten dazu, daß an den Problemen letztendlich doch vorbeigegangen wird. Dies scheint auf die Dauer jedoch kaum möglich zu sein, und wo es nicht gelingt, entladen sich die angestauten Spannungen mit um so größerer Explosivität.

Findet die Bereitschaft, sich zumindest gegenseitig zu ertragen, nicht durch weitere positive Bestimmungen ihre notwendige Ergänzung, so führt sie faktisch in ein unverbundenes Nebeneinander: Jede Seite geht ihren eigenen Weg, verfolgt die eigenen Ziele, nutzt die eigenen Mittel und Möglichkeiten bei nur geringem Verkehr hinüber und herüber. Bei unvermeidlichen Kontakten beschränkt man sich auf sachlich-technische Fragen. Die brisanten geistlich-theologischen Problembereiche werden stillschweigend ausgeklammert. Als latent leitende Maxime steht das Interesse der Selbsterhaltung im Hintergrund.

Konkret bedeutet das: Eine charismatisch geprägte Gemeinde steht in einer kirchlich durchschnittlich ausgerichteten Ephorie weithin isoliert. Ihre Vertreter bilden in übergemeindlichen Gremien (Konvent, Synoden o. ä.) einen Faktor für sich. Auf das selbständige Einbringen des Eigenen wird weitgehend verzichtet, wie sie umgekehrt auch kaum auf ihre spezifischen Intentionen, Erfahrungen und Möglichkeiten hin angesprochen werden. Oder: Ein charismatisch bestimmter Gebets- oder Jugendkreis in einer sonst herkömmlichen Gemeinde bildet eine Einheit für sich. Neben ihm existieren in der Gemeinde andere Kreise und Gruppen, von denen man sich bewußt absetzt auch dann, wenn man sich nicht als ein geschlossener Kreis versteht, sondern offen für alle sein will. Steht der Kreis auch der Gemeindeleitung gegenüber, ist die Isolierung perfekt.

Sich in dem Sinne nur eben ertragen bedeutet im Grunde, obwohl der offene Konflikt vermieden wird, die unterste Stufe der Trennung insofern, als der je andere zumindest zeitweise schon abgeschrieben worden ist, weil man nichts mehr voneinander erwartet, oder aber, daß man sich freiwillig in ein Ghetto zurückzieht bzw. in ein Ghetto abdrängen läßt. Bloßes Ertragen bedeutet den ersten Schritt zur Entfremdung. Im Zeichen solchen Tolerierens verzichten die durch die charismatische Bewegung bestimmten Gemeinden oder einzelnen Kreise in einer Gemeinde letztendlich darauf, Erneuerungsbewegung zu sein. Denn Erneuerungsbewegung sein setzt voraus, sich um den anderen bemühen, das Eigene einbringen, wie ein Sauerteig wirken wollen. Der Weg des Einander-eben-Ertragens führt an den Spannungen vorbei, vermeidet den Konflikt und führt in Sterilität. Denn im Zuge des pragmatischen Laufenlassens der Dinge und Entwicklungen entzieht man sich faktisch der Aufgabe des Prüfens und gegebenenfalls auch des Entscheidens. Obwohl die Unterschiede offenbar gesehen werden, wird doch die Wahrheitsfrage sistiert. Toleranz in diesem Sinne kann kein Modell für die Existenz der charismatischen Bewegung in der Kirche sein.

Umgekehrt bedeutet Integration um jeden Preis – gleichgültig, von welcher Seite diese Verhaltensweise praktiziert oder gefördert wird, von den Vertretern der charismatischen Bewegung und denen der Kirche gemeinsam oder nur von einer Seite – den Verzicht der Bewegung auf eine berechtigte gewisse Eigenständigkeit. In möglicherweise ähnlich motivierter Furcht vor Isolation und Konfrontation wie die bloße Toleranz werden die Unterschiede eingeebnet, verzichtet man auf kritische Distanz, begibt sich hinein in die vorhandenen etablierten Strukturen, arbeitet dort mit den überkommenen Mitteln und betont in theoretischen Erörterungen das Gemeinsame in Bekenntnis und Anliegen.

Konkret bedeutet das: Eine charismatisch geprägte Gemeinde, die solche Integration sucht, wird peinlich vermeiden, ihr Spezifikum besonders zu artikulieren, besondere, den Rahmen der Gemeinde überschreitende Aktivitäten zu entwickeln bzw. diese deutlich herauszustellen im Sinne eines allgemeinen Angebotes oder Anstoßes. Sie wird einerseits an Verborgenheit interessiert sein, andererseits eventuellen an sie ergehenden, ganz anders bestimmten Ansprüchen weithin zu genügen versuchen. Ein weitergehender geistlicher Austausch findet kaum statt. Ähnliches gilt von entsprechenden Gemeindekreisen oder auch charismatisch ausgerichteten Personen in kirchlich herkömmlich geprägten Gemeinden.

Integration in diesem Sinne bedeutet – gerade weil jeder Konflikt vermieden werden soll – seitens der charismatischen Bewegung wiederum den Verzicht auf den Anspruch, Erneuerungsbewegung in der Kirche zu sein, den Verzicht auf Identifikation und Identität. Seitens der Kirche aber bedeutet der Versuch, die charismatische Bewegung so zu integrieren, die Verkennung des Charakters der Bewegung. Indem die Kirche versucht, voreilig spezifische Anliegen, vorgetragen von einzelnen oder Gruppen, als Gesamtanliegen der ganzen Kirche zu deklarieren, indem sie betont, daß die Unterschiede doch eigentlich gar nicht so schwerwiegend seien, verzichtet sie ihrerseits darauf, von der Bewegung weiterführende Impulse zu empfangen; denn durch eine solche Absorption der Anliegen werden diese neutralisiert. Integration in diesem Sinne bedeutet Domestikation, und das heißt wiederum Sterilisation; denn die Wahrheitsfrage wird hier ebenso wie in dem Verhaltensmuster einer bloßen Toleranz eigentlich ausgeklammert – und dies kann ebensowenig ein Modell für die Existenz der charismatischen Bewegung in der Kirche sein.

4.2.2. Eine verheißungsvolle Möglichkeit: »Dialogische Pluralität«

Als Alternative zu diesen pragmatischen Verhaltensweisen bloßer gegenseitiger Duldung bzw. weitestgehender Integration bietet eine Studie des Straßburger Institutes für ökumenische Forschung das Modell einer »dialogischen Pluralität« an.[46] »Dieses Modell geht von der ekklesiologischen, biblisch fundierten Überzeugung aus, daß im Bereich einer jeden Kirche Raum sein muß für eine verantwortliche Vielfalt theologischer Überzeugungen und christlicher Lebensformen, die im Rahmen der umfassenderen kirchlichen Gemeinschaft ihre besonderen Träger und Platzhalter haben und subsidiäre Gruppen und Gemeinschaften bilden können.«[47] Auf diese Weise würden die Kirchen vor Erstarrung und Verarmung, umgekehrt die Bewegungen vor der Verwässerung ihrer Entwürfe und besonders vor dem Exodus in Separation, Isolierung und gesamtkirchliche Unwirksamkeit bewahrt.

a) Theologisch beruht das Modell einer »dialogischen Pluralität« auf der Überzeugung, daß »Pluralität in der Kirche ... die Ausformung der jeden Menschen in seiner Eigenheit suchenden Liebe Christi« ist,[48] und dies in einer doppelten Weise, in der Berufung sowohl wie in der Sendung: Gott beruft seine Gemeinde aus allen Nationen, aus allen gesellschaftlichen, sozialen und kulturellen Lebensbereichen, ohne sie dabei einer Gleichmacherei zu unterwerfen. Er läßt den Griechen einen Griechen und den Juden einen Juden bleiben. Vielmehr ruft er einen jeden an seinem Platze, damit er wiederum dort in den unterschiedlichsten Räumen den Menschen mit den mannigfachsten Voraussetzungen, Bildungsvorgaben und Erwartungshorizonten das Evangelium von Jesus Christus weitersage und sein Charisma, sein Vermögen, seine Einsichten und Erfahrungen einbringe und nutzbar mache zur Auferbauung der Gemeinde. Insofern beruht das Modell auf der Überzeugung einer grundsätzlichen charismatischen Existenz einer jeden Gemeinde. Wo immer Gemeinde Jesu Christi sich versammelt, sammelt sie sich, lebt sie und wirkt sie durch den Heiligen Geist, der in vielen Formen und unterschiedlichsten Strukturen, in jedem und durch jeden, der auf den Namen des Herrn Jesus Christus getauft ist und seine Gnade angenommen hat, wirksam werden will.

Von daher gelangte schon die Reformation zu dem Bilde einer Gemeinde, die Recht und Vollmacht hat, alle Lehre zu prüfen, sowie zum Verstehen allen kirchlichen Handelns auf der Grundlage des allgemeinen Priestertums der Gläubigen. Von hier aus wurde im Zuge der Verwirklichung dieses Ansatzes eine Struktur der Kirche wie der einzelnen Gemeinde gesucht und erprobt, in der zur Auferbauung des Ganzen alle Kräfte zum Zuge kommen in Teilhabe an Lehre, Dienst und Verantwortung in einem beständigen verbindlichen Gespräch.

Die volle Verwirklichung dieses Ansatzes steht noch aus. Zwar ist Pluralität in unseren Kirchen längst eine allgemeine Tatsache. Sie scheint jedoch weithin weder hinreichend theologisch begründet noch in ihren praktischen Konsequenzen wirklich akzeptiert zu werden. Der synodale Vorgang auf den verschiedenen Ebenen unserer Kirchen dürfte nur zum Teil jenem Ansatz schon entsprechen. Denn nur Teilbereiche werden wahrgenommen, und nur eine Auswahl der Kräfte wird einbezogen. Auch der Prozeß der Kommunikation zwischen den verschiedenen Ebenen und Verantwortungsbereichen kann nicht befriedigen. Möglicherweise bedarf es eines besonderen Anstoßes, um die Situation und unseren Auftrag darin erst voll zu erkennen und dann über weiteres nachdenken und praktische Schritte tun zu können. Die charismatische Bewegung in unseren Kirchen könnte ein solcher Anstoß sein, sofern ein Konsens über jene Grundvoraussetzungen erzielt werden könnte.

b) Für unsere Kirchen sowohl wie für die charismatische Bewegung in ihrer Mitte ergeben sich daraus eine Reihe von Aufgaben, die zunächst allgemein und formal so beschrieben werden können:

1. Die Leitungen der Kirchen müssen sich verstärkt bewußt darüber werden, daß sie unter der Voraussetzung jener charismatischen Existenz der Kirche nicht von einem normierten, uniformen Gemeinde- und Kirchenverständnis ausgehen dürfen, sondern von einer Pluralität der Formen, Verhaltensweisen und spezifisch geprägten Anliegen und Begabungen. Um derer willen, die als Gemeinde Jesu Christi in unserer Welt leben, und um der anderen willen,

denen diese Gemeinde das Evangelium von Jesus Christus schuldig ist, ist von einer breiten Vielfalt von Verhaltensmustern, Gemeindemodellen, Formen der Christusnachfolge und Normen der Lebensgestaltung, von Gottesdienstformen bis hin zu theologischen Lehraussagen und Schwerpunkten der Verkündigung, auszugehen. »Dialogische Pluralität« bedeutet den Verzicht auf Einheitlichkeit in allen diesen Punkten in der einen Kirche sowie die Bereitschaft, hier überall zugleich Spannungen und Konflikte in Kauf zu nehmen. Denn »Pluralität ist nicht einfach harmonische Vielfalt, sondern ... Aufeinanderstoßen verschiedener Verständnishorizonte«,[49] und dies in einer Situation, in einer Gesellschaft, die mehr denn je nach Geschlossenheit zu rufen scheint.

Die vordringlichste Aufgabe der kirchlichen Leitungsämter ist infolgedessen die Wahrnehmung einer Einheitsfunktion, die alle Kräfte zum Zuge kommen läßt durch die Respektierung der Anliegen auch kleinerer Gruppen und die Ermöglichung ihrer Sammlung und Weiterführung. Dieses Amt der Einheit sollte zugleich auch dafür sorgen, daß nicht ein jeder nur auf seinen eigenen Weg sieht, sondern sich bei allen Aktivitäten, in praktischen Maßnahmen und theologischen Entfaltungen von dem Gesichtspunkt der Einheit der Kirche in all ihren Verschiedenheiten leiten läßt. Die Kirchenleitungen sollten nicht nur das Gespräch mit allen in der Kirche wohnenden Kräften und Begabungen suchen, sondern vor allen Dingen auch das Gespräch dieser Kräfte und Begabungen untereinander fördern. Und diese Gespräche sollten geführt werden unter dem Gesichtspunkt gegenseitigen Verstehenlernens, des Abbaus von Vorurteilen, der Herstellung möglichst vieler Gemeinsamkeiten und der gegenseitigen Ergänzung in Zeugnis und Dienst, zugleich aber auch zur gegenseitigen kritischen Befragung und Prüfung.

2. Entsprechend darf sich auch eine Bewegung innerhalb der Kirche nicht von einem ebenso uniformen, nun nach ihren eigenen Vorstellungen ausgerichteten Gemeindebild leiten lassen. Ein exklusiver Absolutheitsanspruch ist der erste Schritt zur Häresie. So muß sich die charismatische Bewegung dessen bewußt werden, daß sie nur eine Bewegung neben anderen ist, deren Kräfte ebenso wie die ihren zur Auferbauung des Ganzen eingebracht werden. Sie steht infolgedessen vor der Aufgabe, sich als Erneuerungsbewegung innerhalb der Kirche überhaupt erst voll bewußt zu werden und dann als solche zu artikulieren. Das schließt ein Mindestmaß eigener organisatorischer Sammlung nicht aus, sondern im Interesse einer partnerschaftlichen Begegnung und des Zusammenwirkens mit den anderen Kräften und Bewegungen in der einen Kirche gerade ein. Voraussetzung dafür scheint das Streben nach einer grundsätzlichen Offenheit zu sein, das allen Tendenzen zur Isolation entschieden wehrt und auch schon Ansätze zu einer innerkirchlichen Arkandisziplin abbaut. Denn jede Geschlos-

senheit und erst recht die Isolation bedeutet einen Verzicht auf das Einbringen des Eigenen in das Ganze und verhindert die Kommunikation sowohl mit der Kirche als ganzer wie mit den einzelnen in ihr wirkenden Kräften. Sie verhindert auch eine kritische Auseinandersetzung und verantwortliche Prüfung. Beides scheint jedoch eine unverzichtbare Aufgabe eines jeden, die ebenso nur im verbindlichen Gespräch miteinander wahrgenommen werden kann.

c) Um es ganz deutlich zu sagen: Wir halten dieses Modell einer »dialogischen Pluralität« mit diesen und weiteren Konsequenzen für die einzig mögliche Alternative. Wir sind uns jedoch dabei bewußt, daß es von allen Partnern weitergehende Einsichten und erhebliche Anstrengungen verlangt, ja manche es schlicht für unrealistisch und kaum praktikabel halten. Dies scheint nicht grundlos, denn auf beiden Seiten – Kirche wie charismatische Bewegung – stehen seiner Verwirklichung erhebliche Hindernisse entgegen.

Unsere Kirchen sind zu fragen, ob sie bei all ihren entsprechenden Ansätzen zu einem solchen Modell dialogischer Pluralität fähig sind, ob sie über die dafür notwendigen *Voraussetzungen* verfügen:

- Für viele scheint die charismatische Bewegung theologisch nicht akzeptabel zu sein. Es dürfte nicht zufällig sein, daß gerade in den am stärksten bekenntnisgeprägten Kirchen die höchsten Spannungen auftreten. Es herrscht offenbar ein Wahrheitsverständnis vor, das jeder pluralen Existenzweise der Kirche entgegensteht.
- Das Gemeindeleben ist weithin durch die bisherigen überschaubaren, einlinigen Formen der Versammlung so normiert, daß Gruppen, die hier ausscheren, nicht mehr koordiniert werden können. Und da, wo es verschiedene Gruppen gibt, sind diese kaum in ein fruchtbares Gespräch miteinander zu bringen.
- Gerade bewußte Gemeindeglieder reagieren oft ziemlich intolerant auf veränderte Einstellungen und Glaubensäußerungen. Sie sind meist am wenigsten bereit, Neues anzunehmen und sich auf Experimente einzulassen.
- Viele scheinen nicht mehr bereit zu sein, sich einem solchen Gespräch zu stellen. Sie haben die Erfahrung gemacht, daß Gespräche mißlingen, und ziehen daraus die Konsequenz, daß auf diese Weise nichts mehr ausgerichtet werden kann.

Kirchen, Gemeinden und einzelne scheinen zuwenig im Austragen von Konflikten geübt. Konflikte werden als störend und beunruhigend empfunden, als Beeinträchtigung der inneren Geschlossenheit und Bedrohung der Einheit, nicht als Impuls und schon gar nicht als positive Möglichkeit der Entfaltung.

Andererseits muß auch die charismatische Bewegung gefragt werden, ob sie bereit ist, sich auf ein solches Modell einzulassen:

– Im Bewußtsein der eigenen eindeutigen Gotteserfahrungen besteht kein Interesse daran, die eigenen Grenzen zu überschreiten. Vor einem anderen, Außenstehenden kann dann kaum noch etwas erwartet werden, zumal wenn in ihm wieder die Positionen begegnen, die gerade den Anlaß dazu gaben, einen eigenen Weg zu suchen. Insofern scheidet er als möglicher Partner von vornherein aus.
– Die soziologischen Zwangsläufigkeiten einer Gruppe, die in sich alles findet, sich aber von außen angefragt sieht, drängen dahin, sich selber genug zu sein und sich abzugrenzen.
– Die innere Plausibilität der Gruppen, die innere Geschlossenheit ihrer Frömmigkeit schafft nach außen hin zusätzliche Barrieren für andere, auch für diejenigen, die sich etwas von den Gruppen sagen lassen möchten.
– Ein ausgesprochenes Sendungsbewußtsein läßt den anderen nicht als Partner, sondern nur als zu Missionierenden ansehen.
– Mahnende, warnende oder auch nur distanzierte Stimmen von außen werden deshalb nicht als Stimmen von Brüdern, sondern nur als Bedrohung empfunden.
– Auch seitens der charismatischen Bewegung sind negative Erfahrungen gemacht worden, die begründete Zweifel daran aufkommen lassen, daß die charismatische Bewegung als echter Partner angenommen wird.

Die Schwelle solcher Hindernisse sollte nicht zu niedrig angesetzt werden. Dennoch scheint es keine ernst zu nehmende Alternative für das Modell der »dialogischen Pluralität« zu geben, wenn anders die Einheit der Kirche nicht von vornherein in Frage gestellt werden soll.

d) Das bedeutet, daß sich sowohl die Gesamtkirche wie die charismatische Bewegung als eine in ihr wirkende Kraft einem gemeinsamen Lernprozeß stellen müssen. Wenn das Modell einer »dialogischen Pluralität« nicht von vornherein an jenen Hindernissen scheitern soll, ist von allen Beteiligten je für sich wie auch gemeinsam eine *Reihe von Schritten* zu wagen, durch die diese Pluralität im Leben der Kirche insgesamt wie jeder einzelnen Gemeinde konkretisiert wird:

1. Wir müssen lernen, daß in unseren Kirchen wie in unseren Gemeinden einzelne Menschen und Gruppen leben, Heimatrecht und Wirkungsraum finden, die die bisherigen Eindeutigkeiten in Frage stellen. Es gibt keinen Grund, die charismatische Bewegung als Häresie aus der Kirche auszuscheiden. Ob sie freilich als eine »Erneuerungsbewegung der Kirche«, wie sie sich selber versteht, akzeptiert werden kann, wird davon abhängen, ob sie sich als eine solche erweist im Zusammenwirken mit allen anderen Kräften in der einen Kirche.

2. Wir brauchen das geduldige theologische Gespräch, das deutlich, aber fair miteinander geführt werden sollte. Dabei sollte kein Thema tabuisiert werden. Das Feld des Okkulten und die Praxis des Exorzismus sollte ebenso angesprochen werden dürfen wie die Bibelauslegung in ihren unterschiedlichen theologischen Ausprägungen. Wichtig dabei ist, daß das Gespräch nicht in einer Kritik der gegenwärtigen Praxis steckenbleibt, sondern sich den wirklich elementaren Herausforderungen, vor denen Theologie und Kirche heute stehen, zuwendet.

3. Wir brauchen den Dialog der Erfahrungen. Um den anderen zu verstehen, ist es wichtig, nicht nur seine Überzeugungen, sondern auch seine Erfahrungen kennenzulernen. Das hat zur Voraussetzung, daß wir uns für die Spiritualität des anderen öffnen, aber freilich nicht, um sie zu kopieren, sondern um deren tragende Elemente wahrzunehmen und die eigenen Ziele durch die Begegnung mit anderen zu bereichern. Nur so kann es gelingen, vor allem auch emotionale Barrieren abzubauen und eine Basis für gemeinsame Erfahrungen zu finden.

4. Wir brauchen in unseren Gemeinden Lebens- und Versammlungsformen, die allen ihr innewohnenden Gruppen und Kräften Gelegenheit bieten, ihren Frömmigkeitsstil einzubringen. Das gilt nicht nur für den Gottesdienst, sondern viel mehr noch für Gemeindetage und besondere Gelegenheiten, die durch ein bestimmtes, die ganze Gemeinde ansprechendes Anliegen bestimmt sind. Auch gemeinsame Aktionen (z. B. Gemeindeseminare oder diakonische Einsätze) gehören hierher. Sie sollten grundsätzlich so angelegt sein, daß sie alle Motivationen aufnehmen und berücksichtigen. Dies setzt freilich die Bereitschaft voraus, das einzubringende Eigene dem Dialog und damit dem Urteil der anderen auszusetzen.

5. Wir brauchen die Beteiligung aller Kräfte an der Gesamtverantwortung für unsere Kirche und an ihrer Leitung. Es müssen Wege gesucht werden, wie nicht nur die leitenden Vertreter, sondern auch die Gemeinden daran beteiligt werden können, wie ihre Fragen und Probleme in das Gespräch einfließen können und auf welche Weise sie Anteil bekommen an der geistlichen Verantwortung auch für andere.

So angewendet und eingeübt, scheint uns das Modell einer *»dialogischen Pluralität«* doch die Verheißung zu enthalten, aus einem pragmatisch ausgerichteten, letztlich sterilen Nebeneinander zu einem lebendigen Miteinander zu finden, um damit dem Anliegen beider Seiten, der Kirche wie der charismatischen Bewegung, gerecht zu werden, und das heißt dem Auftrag, dem sie sich beide uneingeschränkt verpflichtet wissen: der Auferbauung des Leibes Christi, seiner Gemeinde, der all unsere Kräfte gehören müssen. Nicht zuletzt dürfte eine Realisierung dieses Modells innerhalb unserer Kirchen auch eine effektive

Einübung in ökumenische Verhaltensformen bilden, die uns zunehmend befähigen könnte, auch im zwischenkirchlichen Bereich förderlich zu wirken.

Anmerkungen

1 Neue transkonfessionelle Bewegungen. Dokumente aus der evangelikalen, der aktionszentrierten und der charismatischen Bewegung (Ökumenische Dokumentation III), Frankfurt/M. 1976, S. 45.

2 Ebd., S. 15.

3 Vgl. *W. Hollenweger*, Charismatische und pfingstlerische Bewegung als Frage an die Kirchen heute, in: Wiederentdeckung des Heiligen Geistes (Ökumenische Perspektiven 6), Frankfurt/M. 1974, S. 53 und 68f.

4 Vgl. ebd., S. 67.

5 Vgl. *W. Hollenweger*, Enthusiastisches Christentum, Wuppertal/Zürich 1969.

6 Zu den sich daraus ergebenden Kommunikationsproblemen vgl. im einzelnen u. S. 178f.

7 Siehe ThWBNT VI, S. 394.

8 Zitiert nach *W. Pöll*, Das religiöse Erlebnis und seine Strukturen, München 1974, S. 32.

9 *H. Holzey*, zitiert nach *G. Ebeling*, Wort und Glaube, Bd. 3, Tübingen 1975, S. 5.

10 Vgl. auch den »präreflexiven Charakter« der Erfahrung, o. S. 123.

11 Vgl. dazu auch die Ansätze innerhalb der Bewegung, o. S. 50ff.

12 Vgl. dazu die ausführlichen Erörterungen u. S. 142ff.

13 *H. Mühlen*, Die Erneuerung des christlichen Glaubens: Charisma – Geist – Befreiung, München 1976, S, 35ff.

14 Vgl. o. S. 93f.

15 Siehe o. S. 121.

16 *E. Schillebeeckx*, Christus und die Christen. Die Geschichte einer neuen Lebenspraxis, Freiburg/Basel/Wien 1977, S. 792.

17 Vgl. *G. Delling* in ThWBNT VIII, S. 74.

18 Vgl. ebd., S. 74f.

19 Vgl. dazu im einzelnen u. S. 174ff.

20 *E. Käsemann*, An die Römer, Berlin 1978, S. 332.

21 *W. Krusche*, Schritte und Markierungen, Berlin 1972, S. 122f.

22 *M. T. Kelsey*, Zungenrede, Konstanz 1970, S. 204.

23 *M. C. Harper*, Prophetie. Eine Gabe für die Kirche Christi, Wetzhausen 1974, S. 9.

24 *G. Friedrich* in ThWBNT VI, S. 849.

25 *W. Schmauch*, Koexistenz? Proexistenz!, Hamburg 1964, S. 39.

26 *H. Horton* in *M. C. Harper* (s. o. Anm. 23), S. 10.

27 *R. Bohren*, Predigtlehre, München 1972, S. 72.

28 *H. Faber*, Prophetische Rolle des Seelsorgers, ZdZ 1978, S. 178.

29 Ebd., S. 179.

30 *J. Smolik*, Das prophetische Motiv in der Seelsorge, ZdZ 1978, S. 182.

31 *K. Barth,* Die Kirchliche Dogmatik, Bd. IV/3, Zürich 1959, S. 1027.

32 Vgl. vor allem o. S. 155f.

33 Siehe o. S. 134ff., 155f.

34 Vgl. *L. Christenson,* Die Gnadengabe der Sprachen und ihre Bedeutung für die Kirche, Marburg ³1976, S. 20.

35 *Kelsey* (s. o. Anm. 22), S. 212 und 209.

36 Vgl. *F. Goodman,* Speaking in Tongues, Chicago 1974.

37 *W. J. Samarin,* Tongues of Men and Angels, New York/London 1972, S. 121.

38 Ebd., S. 129ff.

39 *Bohren* (s. o. Anm. 27), S. 338.

40 *Samarin* (s. o. Anm. 37), S. 231f.

41 *P. Toaspern,* Zehn Thesen über die charismatische Bewegung, 4. 6. 1976, These 1.

42 Siehe o. S. 81.

43 Ebd.

44 Siehe o. S. 85f.

45 Siehe o. S. 96f.

46 Neue transkonfessionelle Bewegungen (s. o. Anm. 1), S. 9–43, bes. 41f.

47 *H. Meyer,* Transkonfessionelle Bewegungen – Hoffnung oder Gefahr?, in: Beiheft zur Ökumenischen Rundschau 32, Frankfurt/M. 1978, S. 55f.

48 *W. Krusche,* Die Gemeinde Jesu Christi auf dem Wege in die Diaspora, Umdruck 1973, S. 23.

49 *W. Krusche,* Pluralität und Identität in der Diasporasituation, These 7.